T5-BQA-292

Library of
Davidson College

900

Ramón Nieto
Los monjes

Ramón Nieto

Los monjes

Ediciones Destino
Colección
Áncora y Delfín
Volumen 580

863
N677m

85-8616

© Ramón Nieto
   Ediciones Destino, S.A.
Consejo de Ciento, 425. Barcelona-9
Primera edición: mayo 1984
ISBN: 84-233-1304-2
Depósito legal: B. 14.154-1984
Impreso por Edigraf
Tamarit, 130-132. Barcelona-15
Impreso en España - Printed in Spain

A José Luis García Sánchez, cuyas palabras de ánimo fueron decisivas para la existencia de este libro.

A Pili Robles († 1 de junio de 1983), que me habría reñido por haber tardado tanto en escribirlo.

1

Escena en el claustro. Una chica vestida de blanco, con muchos lazos, una gran pamela y medias blancas, corretea entre las columnas. Hace eses en torno a las columnas, eses y oes y jotas en torno al polen de las columnas, se desliza −planea− por los pórticos que comunican a otras galerías; de vez en cuando, en su alboroteo de gasas, roza los cuarterones apolillados. La persigue un hombre alto, con uniforme de legionario, la camisa remangadísima, largas patillas, gorrito ladeado, tatuajes en ambos brazos, tatuajes que se inflan y desinflan al correr, como lombrices en una losa de mármol. La chica antigua vestida de blanco desemboca en el paseo exterior, mira las hojas que amarillean. Vuelve a entrar por el hojaldrado portalón: tan pronto está dentro como fuera, y el legionario la persigue, de tan jadeante ya ojeroso (se desabotona, se abotona, se anuda el cinturón, se desanuda, se abre la bragueta, se la desabre, se sube-baja el pantalón, remetesaca la camisa). La chica se ha sentado en lo alto de la fuente del claustro, se desprende lentamente de las medias blancas; sus pies son tan blancos como las medias. El héroe, asomado ahora a un ventanuco del corredor superior, se enerva y alarga las manos tremolosas hacia ella, que ríe y ríe en el resplandor dorado de sus tirabuzones. Y cuando él desciende para intentar atraparla por las diez gotas de leche de sus pies, ella ya no está en el claustro, sino fuera otra vez, con una brazada de anémonas en el regazo, y todo el campo que rodea el monasterio ha reventado en un brindis de amapolas borrachas, y la chica del vestido blanco muestra los pechos blancos desabrochados y lleva un delantal abarrotado de flores, y un cestillo a la cintura de donde espolvorea ramilletes. Se ríe, despeinada, con una risa que ensaliva sus dientes y sus labios, y de pronto está desnuda en medio de las flores, en medio de las flores en medio de las...

Fray Arturo sacude la cabeza como un perro sus lanas para vaciarla de aquel sopor perfumado. Se pregunta si dormía, dormitaba o duermevelaba. Sueño-sueño no es, pues los mismos personajes se le aparecen a menudo, casi a diario, cuando canta el cuco, cuando la luna se atocha, cuando florece la jara y cuando granan los nogales. Los sueños-ensueños acuden dóciles, a la voz de una misteriosa campana que, en vez de sonar, reverbera. Él los llama sin llamarlos, sin que la voluntad intervenga, simplemente dejándose ir, dejando adormecerse sus sentidos, tumbado en su jergón, boca arriba, los ojos cerrados y las manos cruzadas sobre el pecho. Basta aquel mantecoso abandono para que se ponga en marcha la procesión de sus personajes, a los que se suman a veces una pareja de viejos y un adolescente que juegan a las cartas, todos ellos envueltos en una luz rutilante y en el zumbido ondulatorio de una música eterna... Ni personas ni flores envejecen. Hace aproximadamente diez años que le visitaron por vez primera: las flores siguen fragantes, no se mustian, ni la chica de los tirabuzones ha superado el estilo de adolescencia postal.

Con el amanecer tañe a maitines la campana. Salta del jergón, se arrodilla en las baldosas y reza, encorvado, con los dedos entrecruzados y la frente contra el suelo. Todavía perduran, mientras reza, algunos rescoldos de las escenas que desfilaron por su somnolencia: un lazo, un pétalo naranja, el dedo de un pie, un codo rechoncho con dos hoyitos... Da gracias al Creador por el nuevo día, por las avecillas que cantan, por las que no cantan, por la leche, por la mosca que flota en ella, por el pan... Recita salmos triturados, letanías, gajos del *Magnificat* y del *Te Deum*, y mientras canturrea mira el techo, donde no hay nada que mirar salvo un hilo de telaraña, que se balancea, se balancea y si se mira fijamente puede llegar a hacerse tan grueso, tan grueso como una liana, como una liana, como una...

En el momento en que sus párpados se inclinan, le sobresalta un estruendo parecido a la caída de un gran árbol añoso. Levanta la vista hacia el patiecillo que le sirve de huerto, de guardaaperos y de retrete, y el espectáculo le agarrota la garganta: ve el esplendor de su emparrado hecho añicos y el cesto de recoger manzanas reventado por efecto del desplome de un cuerpo extraño que en aquel paraje de penitentes sólo podría corresponder a algo escapado de la mano del buen Dios, verbigracia, un meteorito.

Se incorporó raudo, salió de la celda al patio y vio que la hecatombe, si bien causada probablemente por un cuerpo sideral, había arrastrado en su infernal caída a un cuerpo, aunque enharinado, humano y bien humano.

Medio incrustado el trasero en los restos de lo que había sido mimbre domesticado en cesto, pataleaba y braceaba, con aspavientos de veleta loca, un ser que no se sabía bien, bajo la capa blanca que lo cubría, si era hombre o mujer, celestial o terrenal, imaginario –aunque pesado– o de carne y hueso. Miraba fray Arturo a diestra y a siniestra por descubrir rastros del fenómeno que había catapultado al o a la de los aspavientos, cuando el o la abrió la boca y chilló:

–¿Pero qué haces ahí, mamón? Ayúdame a salir de esta mierda de canasta.

Mujer era, por la voz, aunque no por el lenguaje ni por la vestimenta.

Él le impuso silencio, siseó con el dedo índice sobre los labios. Estaba rigurosamente prohibido hablar en aquel lugar sagrado, y el-ser-caído-del-cielo, no contento con infringir la disciplina del silencio, lo hacía, para más agravio, con palabras soeces y el tono de voz de una eremita Oria o una mártir Catalina.

–Mira que tiene bemoles el cura este de las narices...

Otra vez impuso silencio. Una mujer en un cubículo monacal era algo que no se había visto desde los tiempos de san Bruno, ni siquiera cuando la Revolución francesa en que las mujeres pisaron por vez primera los valles y montes cercanos a los monasterios de clausura, pero nunca los claustros mismos. Claro que bien mirado un cesto había traído a Moisés balanceándose por las aguas del Nilo, y quién le decía que los designios del Señor no le deparaban a él el envío de una santa o una virgen, vete a saber, por el mismo bíblico procedimiento.

La ayudó a incorporarse y, al hacerlo, se escuchó el chasquido de la tela rasgada: en un clavo de los maderos que hasta segundos antes sostenían el emparrado ondeaba victoriosa la pequeña banderola de un fragmento de pantalón. Ella le mostraba, culpándole, aquel postigo en la cadera, mientras se sacudía el polvillo de harina, que la enneblinaba toda.

Él, a su vez, le mostraba, culpándola, el lastimoso emparrado, con las ramas tronchadas y sus tres racimos –pues más no daba– en sazón, hechos saliva y pellejo, y eran sus gestos de aflicción y no de ira, de abatimiento de payaso y no de tralla de domador.

Ella terminó de sacudirse.

–¿Tú eres mudo o qué?

Fray Arturo le rogó otra vez silencio con la mano en los labios. Indicó que se estuviera quieta, recitó mentalmente aquella frase de un salmo —«siéntate como pájaro solitario en el tejado»—, y, en dos zancadas, entró en la celda y volvió a salir con una hoja de papel y un lápiz. Escribió:

«Hermana, sirvo a Dios con el voto del silencio que impone nuestra regla. Que Él sea alabado».

Ella leyó y farfulló, meneando la cabeza:

—... alabado.

Al decirlo le miró como quien mira a un demente, pero en seguida cambió de actitud y le pidió al fraile el lápiz y escribió:

«Vale, chalao».

Le mostró el papel. Se lo arrebató de nuevo y añadió:

«Juro que ni dios sabrá que estoy aquí. Lo juro. LO JURO».

Él dejó de leer y releer para observarla más de cerca: unas gotas de sangre le brotaban de debajo del flequillo, se escurrían por la mejilla izquierda y resbalaban por la barbilla hasta desplomarse en el suelo. Eran como las gotas producidas por una corona de espinas o por un clavo. Haría mejor en ocuparme de esta criatura que se ha hecho daño con *mis* espinas y con *mi* clavo. *Mis* clavos, mejor dicho, pues uno había dado buena cuenta de los fondillos de su pantalón vaquero y el otro hacía manar de las sienes una sangre de crucifixión. Dios, ¿qué quieres decirme con estas señales? Habla más claro, para que te entienda este pobre pecador.

En la celda tenía un botijo de agua fresca, y en el patio-huerto un gran barreño-tinaja de agua para regar, fregar, echar por la taza del retrete, lavar la ropa y lavarse él. Trajo el botijo y un cazo, e hizo acercarse a la chica al barreño donde la obligó a agachar la cabeza, y le volcó el agua encima. Ella resopló y sacudió bruscamente la corta melena. Con un pañuelo le secó el garrochazo: al restañarlo se quedó reducido a un rasguño de apenas un centímetro. Nada grave. Te damos gracias, Señor. Arrancó una cebolla del minúsculo huerto, la peló y la partió con una navaja que extrajo de los profundos bolsones de la sotana. Se comió una mitad y la otra la colocó con la cara interior pegada a la herida. Ella frunció los morros y resopló. Él le indicó con un gesto que mantuviera la cebolla bien prieta.

Fray Arturo fue a sentarse en uno de los peldaños de piedra

12

que unían la parte inferior de la celda a la superior, y abrió el breviario y se puso a leer la Epístola a Heliodoro, de san Jerónimo, y a meditar.

Ella, sentada sobre una pila de leña, con una mano en la media cebolla y aquellos pelos de afgano salido del río, miraba, todavía con los labios fruncidos, el desastre del emparrado, el del cesto, el del pantalón. Le apetecía fumar un pito, pero temía que aquello profanara la profanación. Era mejor dejarle rezar, que se le pasara el disgusto causado por el destrozo de su minihuerta tomatera, que el tío remiraba como si fuera una plantación de marihuana devastada por un tornado.

El día traía un sol con ganas de calentar los campos de labor, los aposentos y hasta las almas de los hombres. Fray Arturo de vez en cuando hacía la señal de la cruz. Así pasó una media hora, sin que ninguno de los dos se moviera. Fue él quien tomó la iniciativa y se acercó a ella y levantó el trozo de cebolla y vio que la herida estaba perfectamente limpia y ya no sangraba. Le ofreció a la chica la cebolla y como ella la rechazara, él se la comió: el undécimo, no desperdiciar los alimentos que envía el Señor, aunque sea pringados de sangre ajena. ¿No había lavado el Redentor los pies trashumantes de sus discípulos?

En el reverso del papel donde habían intercambiado sus primeras impresiones, fray Arturo escribió:

«Ahora debéis partir, hija».

Ella vendría seguramente con alguien por el camino y se habría adentrado en la huerta y habría trepado a lo alto de su tapia para curiosear. Es una debilidad muy humana, sobre todo en el sexo débil, la curiosidad. No se la podía llamar pecado. Él la ayudaría a saltar de nuevo: un salto cura otro salto, y a ella le curaría además una herida. A él, en cambio, nadie le curaría de los mustios despojos de la parra que había tardado diez años en dar sombra, tantos como llevaba él sepultado entre aquellas santas paredes.

Ella echó otra ojeada a la marihuerta, y luego escribió:

«Qué hija ni qué... (puntos suspensivos). Me duele horrores la cabeza. Grave. Andar imposible. Stop».

Vaya por Dios. Todavía se entremezclaban en su boca el sabor de la sangre y el sabor a cebolla, y ahora le parecía que no había sido todo tan simple y que no era descabellada la eventualidad de una lesión interna... Pensó en ir a la farmacia del convento, traer algo del botiquín de urgencias, pero ¿el qué?

La campana le llamaba para el rezo en común. Entró en la celda a buscar el tazón de leche con migas de pan del desayuno que no había podido tomar. Se lo ofreció.

Ella lo agarró con ambas manos y empezó a sorberlo a lengüetazos, tal como haría un hermano perro.

Fray Arturo se apresuró para llegar en punto a los oficios. La diligencia era virtud esencial contra la pereza. Salió de la celda y se perdió en el largo y blanco pasillo. Una lesión interna sería un asunto de gravedad extrema. Dios no lo permita. La cabeza duele a veces para llamar nuestra atención y nos demos cuenta de que existe. Y también les duele a las mujeres por esas cosas que les pasan a todas, que le pasaban incluso a su bendita madre.

2

Cuánto silencio. Aunque ande de puntillas, sus pisadas resue-
nan como racimos de bailarinas fulminadas por un rayo. Opta
por quitarse las botas y llevarlas en la mano. Aun así, el roce de
las plantas de los pies reproduce en la bóveda el jadeo de una
gran bestia subterránea.

Sola. Sola entre los solos. Hace menos frío de lo que se pensa-
ría. Todas las ventanas tienen rejas. En las paredes enjalbegadas
se dibujan las sombras de esas rejas y las que forman los arcos de
medio punto.

Encuentra al final del pasillo una escalera estrecha y muy oscura. Es una escalera de caracol. A medida que desciende por ella,
la humedad y el frío son más intensos. El frío se le cuela por la
rendija del siete que se ha hecho en el pantalón al saltar. El pelo
ya está seco.

En lo bajo de la escalera hay una cancela, que ella empuja. No
está cerrada con llave. Chirría. Cómo retumba. Del otro lado hay
una lámpara de aceite. Emite muy poca luz. Distingue algo parecido a un gran sepulcro de piedra verdinienta. Es una monada
esta candela diminuta en una oscuridad tan grande. Cuánto tiem-
bla y cómo ensancha y achica el espacio. Huele a cera masticada.
Se habitúa a la penumbra y ve que hay dos tumbas, y no una,
completamente pegadas: se diría una sola tumba de matrimonio.
Encima hay una figura, sólo una, que no tiene a nadie con quien
compartir el lecho de piedra. Ocupa la mitad de aquel gran cua-
drado, y a su derecha no hay figura, sólo losa; quizá nunca la
hubo, quizá nunca hubo ni siquiera muerto, quizá alguien se llevó la figura que había.

Le entra curiosidad y enciende su mechero. La estatua yacente
no es de un rey, ni de un caballero con armadura, sino de un
hombre barbudo, un fraile importante, o un abad, o un obispo, o
quizá un apóstol de los que se ven en los cuadros y en las vidrieras de las catedrales. El pelo de la barba en la piedra forma zarci-
llos o caracoles. Las manos que se cruzan sobre el pecho sujetan
un pequeño libro y una serie de cuentas de un rosario. Sus pies
calzan unas babuchas o chinelas.

Entonces se le ocurrió subirse al túmulo y tumbarse junto al abad-obispo-papa-apóstol, con las botas por almohada. Se sentía a gusto en la losa; ni una pizca de frío. Quizá la muerte consista en tumbarse al lado de una estatua de piedra, en que una buena noche sea de piedra la cabecera, y que la mujer o el hombre que ha de quererenos, nos quiera de veras.

Imitó lo más fielmente posible la postura de la estatua. Si no fuera por la tiara, y porque los pies aparecían, contra toda norma anatómica, con las plantas pegadas a la losa, se habrían confundido lo vivo y lo inerte. Una pareja de abad-abadesa, papa-papesa, obispo-obispesa. Una pareja formal, los dos dormiditos uno al lado del otro, dormiditos y muertitos. Yo me hago la muerta, floto en una piscina dura, veo el sol de aceite que me ennegrece los párpados azules, veo, veo, ¿qué ves?, una cosita, ¿de qué color? El color de la ría de Turbia cuando las mareas de abril.

Tal vez aquello sí era una profanación. Pero se estaba tan a gusto en la penumbra de la palomita, con las manos cruzadas sobre el pecho y los ojos fijos en la bóveda por la que los titileos de luces y sombras imitaban el paso de las nubes... Oyó unos pasos que la sobresaltaron.

Pensó en incorporarse, esconderse. Pero luego prefirió permanecer inmóvil. Acercó su cara a la de la figura barbuda y descubrió que en sus labios se dibujaba una sonrisa lineal, así que ella cerró los labios y sonrió ligeramente e intentó no respirar apenas, y ya no veía nubes.

El ruido provenía de encima de su cabeza. Alguien andaba y movía muebles por el piso situado sobre la bóveda. Resultaba extraño tanto ruido en tanto sepulcro. Nunca había estado tan cerca de un sepulcro, tan cerca que estaba casi dentro. Y nadie creería que en un sepulcro no se tengan ganas de nada, ni siquiera de rascarse.

Ahora le parecía que los pasos se desplazaban hacia la escalera. Se fijó en que la cancela tenía una llave puesta por el interior. Se levantó, dio una vuelta al cerrojo y se guardó la llave. Antes de echarse de nuevo en el túmulo sopló la diminuta centinela de aceite, que se extinguió con un chisporroteo de escarabajo pisado.

Qué tonta. Si alguien viene, querrá entrar para encender de nuevo la luz que vela día y noche el sueño de piedra del hombre barbudo. Y no es falsa impresión mía, sino que el ruido de pasos se consolida en la escalera: pasos de andar titubeante y de sandalias flojas.

En la oscuridad compacta de la cripta vislumbró ahora una claridad desteñida al otro lado de la cancela. Claridad ondulante, de amarillecido vaivén. Y en esa claridad o en esa no-tan-completa-oscuridad se dibujó la silueta-sombra de un monje encapuchado, una picuda alma en pena, un viejo, se diría, por la curvatura de la espalda y la barba, a quien faltaba un ruido de cadenas para ser tomado por un fantasma. Un viejo monje con su hábito de crudillo que tanteó la cancela, y al ver que no cedía, dio media vuelta y emprendió cansinamente, como vino, la marcha escaleras arriba.

Ella no lo pensó un instante. Saltó del sepulcro al suelo. Estuvo tentada de encender de nuevo la lamparita. ¿Te enciendo, no te enciendo?, dime tú, lamparita, quién es la más bonita. No. Que piensen que se ha apagado sola, se ha aho-glu-glú-gado sola y blandamente en su aceite desoxigenado. Tras abrir la cancela, la entornó y dejó la llave puesta en la cerradura, tal como la había encontrado. Murmuró «¡chao!» a su compañero de lecho de piedra. Nos vemos de nuevo, nos llamamos, nos movemos el esqueleto, pero no te prometo que volveré a acostarme contigo.

Ni hablar de regresar por la escalera. Tiene que haber otra salida. Nunca le ha fallado esa intuición; cuando vivía con sus padres éstos la llamaban, por su intuición y por su perfil en forma de hocico, ratita. Y su primer nombre secreto, su primer código, fue Lemming.

La luz del exterior se filtraba en el pasadizo a través de unos altos ventanucos. Era inútil pensar en escalar los muros para alcanzar tales troneras aptas para orugas de tres metros. Continuó su marcha. A la vuelta del segundo recodo, tras una lámpara afarolada que parecía agrietar la bóveda con su peso, descubrió otra escalera iluminada perpendicularmente por el sol, sin puerta ni cancerbero que la guardara. Y no solamente estaba libre, sino que comunicaba con el patio enzarzado donde se alzaba el semiderruido pabellón que le servía de guarida.

Se miró, miró el cielo. Al fin el sol al alcance de la mano, sobre la piel. Perejil dondon, echa los cuernos al sol. Se remiró.

—¡Andá, las botas!

Contemplaba sus pies descalzos. Golpeó las caderas con los puños.

—Mema, imbécil, subnormal, meningítica, diputada.

Volvió a recorrer los pasillos de los ventanos colgantes: los haces de luz crucificaban el jalbegue, y su sombra en él. Encerrada y crucificada. Desanduvo el camino hasta la cripta, que olía aún a una hebra del último humo que hubo. Sólo oscuridad. Encendió su mechero. La llave permanecía en el agujero de la cerradura. Entró y recuperó sus botas. Sin calzárselas salió al corredor, casi a la vez que se oían de nuevo, en lo alto de la escalera, los pasos enchancletados.

Salió al patio y una espina de zarza frenó su pie. No había, en la quietud de la tarde, otro ruido que algún plañir de pájaro. Renqueando, alcanzó el pabellón sucio y destartalado. Era su refugio, su refugio de harina y sacos de paja y tolva oxidada y telarañas y silbo de viento y sol y luna.

Su mochila seguía donde la había dejado. Olvidó la espina del pie. Rebuscó, rebuscó, tiró fuera algunas ropas, una toalla, una cantimplora, unos calcetines sucios, unas tijeras, y encontró todavía un biscote y una lata de foie-gras medio vacía.

Menuda hambre.

3

Dos días y dos noches. Un mal sueño. Sí, consideraría que un
mal sueño le había taladrado si no revelara el emparrado la verdad brutal de los despojos: los malos sueños no tronchan ramas,
ni hacen astillas, ni desguazan cañizos, ni esmagan racimos.
Musita «Dios me lo dio, Dios me lo quitó, bendito sea su santo
nombre» y se retira al interior de la celda. «No quiero cantar en
el coro», le había dicho a su madre, cuando niño, y se había encerrado después con llave en su habitación. No quería formar
parte de aquellas voces blancas que el padre García modelaba en
los luises a fuerza de sonrisas, grititos y palmadas. ¿Por qué se
acuerda ahora de aquella escena, aquel golpear de su madre en
la puerta, diciéndole «el padre García está aquí, ven a besarle la
mano», y su silencio, hasta que ella se cansara y regresara con sus
pasos de geisha al salón?
    La intrusa. Su madre. Su madre y la intrusa. Se contará a sí
mismo que los destrozos los causó un rayo. O una fiera salvaje,
un tigre, un tigre de bengala. Eso es: un hipogrifo disfrazado de
tigre de bengala.
    La celda de fray Arturo se compone, como las otras, salvo la
del padre prior, que es más espaciosa, de una estancia, cuatro
peldaños por encima del nivel del patio, y un altillo algo más pequeño, al que se sube por los escalones donde había devorado a
lengüetazos su leche y sus migas la intrusa-hipogrifa-bengaliana.
En el aposento de abajo, que podría llamarse aposento principal,
hay una chimenea en torno a la cual se distribuyen los muebles:
un camastro medio oculto por una cortina menguada, un reclinatorio en el ángulo más oscuro, frente a la pared de la que cuelga
un crucifijo, un armario de hojas y gavetas, escorado hacia la izquierda a causa de la mala polilla, un arcón de basta madera ne-
gruzca, cuajada de surcos en los que se ha resecado una cera an-
tañona, una mesa con un solo cajón al centro, sin molduras ni
adornos, tal como las que en el campo acogen cerca del fogón la
primera leche caliente y el último trago de vino del día, y una silla de recias patas y breve respaldo. En la mesa tiene fray Arturo
una bandera de España. Un banderín que cuelga tieso, quizá al-

midonado, de una varilla de alambre montada en una peana piramidal. No se permiten los objetos profanos, no se admiten perros, niños verboten, no fumar, no licensed, curiosos abstenerse, silencio por favor se rueda (san Benito 33.3: «Que nadie tenga nada, absolutamente nada, ni un libro, ni cuadernos, ni lápices, en una palabra, nada»), salvo alguna fotografía familiar (antes también eso estaba prohibido, era forzoso romper con el afecto humano, con los afectos de aquí abajo, incluso el de la propia madre-intrusa-carcomida). Había recibido la bandera de su padre, un comandante que hizo la guerra civil como soldado raso y que después continuó en el ejército. Cuando murió, fray Arturo era novicio; le permitieron ir a su ciudad. Doncela, al entierro. Por toda herencia recibió aquel banderín, cuya posesión defendió ante el prior Macario Neptico, y ganó.

En el altillo hay un banco de carpintero, con algunas herramientas de trabajo, un cesto de ropa para coser y otra colchoneta de paja, que se usa para dormir en verano. Del techo cuelga una bombilla y en las paredes no hay otro ornamento que el hueco de la ventana. Todas las celdas de los frailes son iguales. La del prior es más grande, pero no tiene huerto-patio. Las de los hermanos legos son más pequeñas, y tampoco tienen huerto. Pero ellos se mueven con libertad por la casa y pueden hablar, y eso siempre ensancha.

> *Magnificat anima mea Dominum.*
> *Et exultavit spiritus meus in Deo salutari meo.*

En la mesa, al lado de la bandera, se encuentra el papel garabateado con el diálogo de dos días antes. Lo toma entre los dedos y lo relee. Las pesadillas no escriben, ni los meteoritos tampoco. Se acerca a la chimenea para quemarlo. Titubea, y al fin lo dobla en cuatro y lo guarda entre las páginas de un opúsculo titulado *Lumen Christi*. Lo desdobla otra vez y musita la última frase de ella: «Me duele horrores la cabeza».

Me duele horrores la cabeza. Una cabeza, piensa mientras asciende los escalones. Una cabeza mojada por la caída de una cascada, piensa mientras enhebra la aguja y se dispone a coser la corona de una manga deshilachada. Una cabeza de pardos flecos, *«quia fecit mihi magna qui potens est, et sanctum nomen ejus».*

Buñuelos de claridad platean desde el cielo. En la ventana se rebozan de silencio, mientras la aguja recorre, como una piel, el laborioso zigzagueo. Emana del hilo un perfil humano y un dibujo de árbol con una única rama sin hojas, medio quemado, muerto del morir de un rayo. Desde aquel árbol esquemático le mira la sonrisa aliciesca del legionario, que ha surgido, volante, y ha plegado las alas con habilidad de gaviota, mientras en vez de botones lo que hay en la ropa son ventanas y a cada ventana se asoma una minúscula cabeza femenina, ¿la chica de los tirabuzones? Difícil identificarla pues trae mojadísimo el cabello, como lo que queda de una margarita después de sí-no-sí-no deshojarla. El pájaro legionario agarra una escopeta de caza entre sus dientes y la chica repetida llora, gotea pececitos del párpado inferior. Se sacude las lágrimas con movimientos perrunos. El legionario apunta con su escopeta a todas las ventanas, a todos los pececitos-lágrimas, ella tiene la nariz de pájaro y se pasea por un emparrado, picotea las uvas, escupe los proyectiles de la piel y no se da cuenta de que él va a disparar, apunta a las gotas-peces del pelo sin párpado, va a disparar...

Fray Arturo ha dado una cabezada y se desvela sobresaltado. Siente una turbación en el alma, pues la figura que ha visto en su duermevela no es una entelequia ajena a este mundo, sino alguien real, que existe, existió, escribió en un papel, bebió migas y leche, se hizo un rasgón en salva-sea-la-parte y esto modifica las coordenadas de la voluntariedad de la veladuerme según san Aquino de Tomás no hay acto involuntario en el que uno se autorreconozca poner parte de su algo y él ha puesto de su todo una mujer mojada que gracia de la priva santificante y bautisma las manchas de la promesa. «Aléjate de mí», se dijo, e hincado de rodillas rezó el ángelus, invocó a la Virgen María que en un primer fogonazo se le apareció también con la cabellera empapada pero rápidamente la cubrió con su manto el manto de la Lourdes despojada de toda humanidad-humedad y la vio como al ángel Gabriel cuando se le aparece la Virgen y le dice,

no, no quiso verla más que como una estatua blanquecina de ojos inexpresivos, una estatua de cera, una imposibilidad.

Horrores la cabeza. Así la llamó: Horroreslacabeza.

Descendió al oratorio. Antes de sumirse en sus plegarias de mediodía, abrió el postigo del ventanuco donde el hermano Benito depositaba a diario el cuenco de potaje, el pan y la naranja del almuerzo.

Nada. Vacío. Ni una migaja misericordiosa. Horroreslacabeza había pasado por allí mientras él dormitaba. Como los antiguos romanos devastaban la cabeza, Horroreslamonasterios devastaba provisiones.

Había dejado un billete de cien pesetas y un mensaje:

«TENÍA HAMBRE. ME HE LLEVADO TAMBIÉN DOS TOMA- TES. Para que veas que no abuso TE DEJO UN BILLETE DE CIEN PESETAS CIEN QUE EL BANCO DE ESPAÑA PAGARÁ AL PORTADOR. TU SILENCIOSA QUE LO ES Carmela».

Fray Arturo se arrodilló al pie del catre y rezó, rezó largo rato. Cuando se le acabaron las oraciones, abrió la *Imitación de Cristo* y leyó, leyó, cuarta miseria, nuestra fragilidad e inconstancia, Carmela, normas para el buen uso de la consolación, a) al desearla, b) para aumentarla, c) para guardarla, Carmela, y recobrarla. No quería pensar en aquel billete de cien pesetas, en aquel papel, en aquella Carmela de bengala, en aquella fiera, en aquella maldición con que el cielo le castigaba.

4

Caminaba acompañado del chop-chop de sus sandalias. La ancianidad había reducido sus pies a un olivo de venas. Fray Sanjorge descendió lentísimamente las escaleras de la cripta, con una parada en cada escalón, donde juntaba los dos pies y tomaba resuello antes de atreverse con el peldaño siguiente. Desde hacía tres días bajaba a la misma hora, e intentaba comprender. La cancela de los sepulcros se abrió sin el menor quejido. Comprobó el pestillo, dio una vuelta a la llave, por si se engatillaba. Tal vez había olvidado pulsar bien a fondo la manilla, pues con la edad los músculos, como los muelles, se distienden. Fray Sanjorge prueba de nuevo: el cerrojo marcha como una seda. Si lo sabrá él, que lo engrasa una vez al mes desde hace cuarenta y cinco años... Aproxima la linterna a los goznes: perfectos, basculan sin un chirrido. El ejercicio de no hablar ha escamoteado a fray Sanjorge la evidencia de su sordera.

A la lamparita apagada le había encontrado una explicación aquella misma noche. Subido en una banqueta, descubrió un bulto oscuro en el interior del recipiente color púrpura. Introdujo la mano y extrajo una masa oleaginosa y blanda, poco más grande que una ciruela negra en almíbar. Era un murciélago, ahogado en el aceite, un murciélago al que sacudió cuidadosamente las membranas antes de llevárselo a enterrar en el patio de las cocinas, entre los despojos de un topo y los de un zorzal.

Se arrodilla en oración ante la tumba del fundador del monasterio y la del primer abad, un hombre modesto que no quiso esculturas ni dejó siquiera la memoria de su nombre; sólo pidió ser enterrado al lado del fundador y que por los siglos de los siglos bisbiseara la diminuta llama una oración sin palabras. A fray Sanjorge le habría gustado que aquellas dos tumbas contuvieran las reliquias de san Benito y de su hermana Escolástica, trasladadas el año 670 por Agulfo y sus compañeros desde Monte Casino hasta Fleury. Agulfo llegó a la abadía en ruinas, asolada por los lombardos, y buscó entre los sarcófagos aquellos que pudieran contener los restos de Benito y Escolástica. Por todas partes sólo huesos: nada que permitiera identificar al santo y a su hermana.

Mas de pronto, un niño del lugar que estaba gravemente enfermo de un mal incurable, tocó una urna y viose milagrosamente sano y salvo. La admiración cundió entre los presentes: sin lugar a dudas, aquellos restos eran los de san Benito. Ni tiempo tuvieron de salir de su asombro cuando una niña, también presa de fatal enfermedad, tocó otra urna y, en un santiamén, recuperó por completo la salud. Señal del cielo, al que todos, de rodillas, alabaron: era signo inconfundible de que en tal urna reposaban las cenizas de Escolástica. Gozosos, Agulfo y sus compañeros cargaron con aquellos santos restos y se los llevaron.

Fray Sanjorge ha visto en la iglesia de Fleury el bajorrelieve. Fue allí donde concibió, con su amigo Saavedra, estudiante de medicina, el robo de las cenizas y su traslado a España en un camión de mudanzas, idea que la guerra civil abortó; regresados a España, Saavedra fue inmediatamente trasladado al frente, y él se pasó a zona nacional y fue a caer en un monasterio, donde vistió el hábito simplemente para disfrazarse y ya nunca más se lo quitó. Cree todavía, en su vejez, que un milagro se obrará antes de su muerte, y los restos de Benito y Escolástica serán trasladados por los ángeles a este monasterio, o por Saavedra, si es que vive ancora.

En el pasillo que lleva al oratorio descubre, medio incrustada en una juntura del zócalo, una colilla. Quizá el albañil que en ocasiones ha venido a efectuar una «reparación mayor» —que de las «menores» la propia comunidad se encarga— la empujó con el pie tras haberla arrojado al suelo.

Una última mirada a la cripta para comprobar que todo está en orden: la cancela abre, la lamparilla parpadea, los pajaritos cantan, las nubes se levantan. Un hálito de humedad repta por las paredes cenicientas.

Paredes cenicientas. El haz de la linterna revela en el centro de su círculo la huella blanca de una mano. «Pintura rupestre», musita fray Sanjorge. Se sorprende de haber envejecido tanto esos últimos días, pues sólo a quebrantos de su vista, de su oído, de su tacto, de su glándula tiroidea, de su hipófisis malparturienta, son atribuibles apariciones como ésta.

Acerca su rostro a la huella, formada por un polvillo blancuzco, y lo toca con el dedo, y se lo lleva a la punta de la lengua, para gustarlo, como aprendió a hacer durante sus cinco años de trabajos en la Pharmacopeae del convento. No es cal, ni yeso, ni cemento blanco, como a primera vista parecería, sino pura y cándida harina, la harina del pan bendito en la mesa y de la santísima hostia de Alabado sea Jesucristo.

Fray Sanjorge mueve la cabeza, mientras se dirige con bamboleante paso de pato a la cocina. Duda si comunicarle al reverendo dom Macario Neptico, el prior, sus descubrimientos. No. Le responderá que chochea. Molestar al prior, romper el voto de silencio, por una palomita apagada, una colilla, una mota de harina...

En la cocina, fray Adolfo remueve los garbanzos de una olla, mientras fray Leopoldo lee en el libro de san Isaac de Siria:

«El periplo de la oración. El navegante, cuando navega, fija sus ojos en las estrellas, acomoda a ellas la marcha de su navío y espera que ellas le muestren el camino hacia el puerto. El monje fija sus ojos en la oración: ella dirige su marcha hacia el puerto impuesto a su carrera. El monje no cesa de dirigir sus miradas hacia la oración, para que ésta le muestre la isla donde arrojar el ancla sin riesgos, para embarcar provisiones antes de poner rumbo a otra isla. Ésa es la carrera del solitario, mientras pertenece a este mundo. Deja una isla por otra: los diversos conocimientos que encuentra son otras tantas islas hasta que al fin aborda y dirige sus pasos hacia la Ciudad de la verdad donde los habitantes ya no comercian, donde cada uno se siente colmado con aquello que tiene. Bienaventurados aquellos cuyo viaje se desarrolla sin inquietudes a través del vasto océano».

Fray Sanjorge prueba los garbanzos. A poco se quema la lengua y se casca uno de los tres dientes que le quedan. Todo le sabe a harina. Sentado junto al fogón, escucha la lectura y se concentra en la meditación. La marmita borbotea. Su humillo parece venir del mar. Mientras revuelve los garbanzos, Fray Adolfo ve veleros que danzan en una bahía de orillas blancas —cada garbanzo un velero— y se ve a sí mismo caminando sobre las aguas, mientras le saludan los pasajeros de un yate, y él los bendice.

Tumbada boca abajo sobre la zamarra, protegida así de las ortigas, Carmela aprovecha la claridad que se evade de aquel tragaluz para dibujar en un bloc. Las líneas forman pasillos, a los que se anudan cuadriláteros, cenefas de esquela mortuoria, ángulos rayados, semicírculos habitados por puntos negros y cabezas de alfiler, flechas, sinuosos flagelos, cruces de sumar y de multiplicar y otras formas de buñuelos y salchichas, que ahora explica por el reverso, con su letra picuda, como salida de una cerbatana:

✕ = punto de luz

+ = ventana

◯ = puerta sin cerrojo

⊕ = puerta con cerrojo

⟨ = huerto individual

? = zona sin explorar

• = cada punto es un fraile

◇ = aquí es donde vivo yo

5

Por un pasadizo sin puerta se llega a un claustro. La luz de la luna recorta los perfiles de un pozo, en un ángulo, y de una fuente, en el centro. Una fuente en la que el agua cascabelea. Es el único ruido, casi la única sensación, junto con un profundo olor a leño ardiendo. Diría que la fuente es lo único vivo en este mausoleo de piedra. Se equivoca: descubre ahora unos peces, cuatro o cinco rojos y uno negro, que deambulan por el agua transparente como un deseo cumplido, sin preocuparse de la hora que es, ni de qué estación del año, como peces-monjes de colores.

Carmela juega a salpicar el agua. Luego se lava la cara, las manos, los antebrazos, se desprende de las botas y se remoja los pies. Se ríe de sí misma, mientras chapotea en aquel agua casi helada.

Ve una campana colgada entre dos columnas del claustro. Descalza, se acerca a ella. Consigue leer, entre reflejos de luna: AÑO 1766. JHS. MARÍA JOSEFA MÓNICA RITA. Recuerda haber leído en alguna parte que las campanas tienen nombre. Le apetece sacudir el badajo de María Josefa Mónica Rita para ver si con el ruido se despiertan estas piedras, si el monasterio salta, con monjes y todo, en una euforia borracha, en una algarabía de tejas desplumadas. Se contenta con tirar un puñado de chinas, que el bronce picotea.

Camina bajo las arcadas del claustro, cabizbaja, las manos metidas en las bocamangas, como un monje en meditación. La mayor parte de las losas son tumbas, y ella juega a no pisarlas: cruz y raya, pisa medalla, le han dicho de pequeña que las tumbas no se pisan, los muertos no se ofenden, quien pisa cruz pisa al Niño Jesús. Durante unos ejercicios espirituales que había hecho en el colegio de las teatinas, el predicador, un jesuita gesticulante, de manos larguísimas que emergían de los puños de encaje como polaris, había tronado contra el pecado dejando chispear el rayo de esta exclamación petrificante: «¿Qué te esperaría para toda la eternidad si cayeras ahora mismo muerta fulminantemente? ¿Te salvarías o te desplomarías con todo tu peso en el fragor de las llamas eternas del infierno?»... No se había oído una mosca y todas se habían imaginado una lluvia de colegialas aterrizando, las faldas revoloteantes, en un mar de fuego que crepitaba al tragarlas. Y en el silencio que dejó flotando la pregunta del predicador, a una de sexto le resbaló el misal al suelo, con un estrépito que retumbó en la bóveda y arrancó un iay! de aquellas gargantas agarrotadas que, al volver en sí del colectivo pavor, se habían puesto a reír nerviosamente.

Unos cantos se escapan por una puerta entreabierta. Carmela echa a andar hacia el túnel de donde los cantos brotan, atraída por aquel extraño quejido varonil en la noche muerta. Sólo a la muerte se le puede cantar así, con tal amor.

Una bombilla macilenta alumbra el pasillo. Al fondo, sobre una especie de silla curul, hay una tabla de la Virgen, rodeada de ángeles florentinos, tres ángeles que a cada lado de la figura tocan diversos instrumentos. El niño que la Virgen sienta en el regazo va vestido de rosa y aprieta en la mano izquierda una paloma. Otras muchas palomas con ramas de olivo en el pico están bordadas con hilo de oro sobre el manto de terciopelo negro de la Virgen. Unos pasos más adelante, en el dintel de una puerta de amazacotados cuarterones, hay una orla con una inscripción ilegible.

Asoma la cabeza al otro lado de la puerta, que maúlla un poco. Penetra en un altillo que servirá tal vez de coro, un coro inhabitado o un mirador para visitas que no cantan ni siembran ni tienen graneros. Los frailes disponen allá abajo de su propio coro, en el centro de la nave, rodeado, como un parque infantil, por una cerca de madera con candelabros en las cuatro esquinas. Desde la oscuridad de aquel vicecoro Carmela asiste a los oficios de vísperas, al reglamentado y monótono levantarse, arrodillarse, reverenciar, soñar, ensimismarse, cantar con voz grave, o leve, o con dolor de muelas. Fruto de miles de horas de ensayo, sin que nada, ni un soplo de aire, altere la quietud placentaria. La representación continúa sin un titubeo: los monjes blancos permanecen ahora en meditación, hundidos en sus capuchas acapirotadas. Transcurren cientos de segundos y, de pronto, todos al unísono abren sus libros y chorrean una plegaria de gárgola a María, una plegaria plañidera a una Virgen que debe de ser la de la muerte. Luego, de nuevo el silencio, el espinazo doblado en una profunda reverencia, el aire que huele a ropa almidonada, las luces que se

apagan, las velas que se extinguen, la fila que emprende el sigilo-
so desvanecerse por una puerta lateral, y al fin sólo la penumbra
de una lamparita y el halo de una bombilla cadavérica en la que
flotan las alas de insectos que volaron.

Se asoma a la barandilla de madera del coro superior. No queda nadie abajo. El nombre de María, que cinco letras tiene: la be,
la e, la erre, la ene, la a, la erre. Desciende por una escalera de
caracol y se encuentra en el antecoro, clavada en la piedra, en-
friada por la piedra, oyéndose glaciares de sangre en los tobillos.

Ahora son unos pasos, unas sandalias que se acercan por la
misma puerta que se tragó las figuras blancas. Carmela se pega
al lateral de un confesonario, tras la mampara en la que un escalón invita a arrodillarse ante la celosía. Ella puede atisbar, a través de la celosía, la figura que, tras hacer una genuflexión, abre
las dos hojas puerta-armario de su parte delantera, se acomoda
en su interior y enciende una lucecita de litera de tren.

Las respiraciones invaden el aire, se aposentan en abrazos carbó-
nicos, se impregnan de susurro y de olor, se entremezclan y se tra-
gan la una a la otra a través de los trenzados listones de madera.
Respira ella, respira el fraile, ninguno se bebe un aire más que el
otro. La luz se ha congelado. La nariz de Carmela es recorrida por
unas raicillas. Intenta contener el aire en los pulmones. Pero cuanto
más lo contiene más grande es su ronquido de fuelle apolillado.

La respiración del fraile es uniforme. A Carmela le gustaría
flotar, como ciertas imágenes, y que una nube la elevara hasta la
bóveda.

—Ave María Purísima,

oye. Piensa que el fraile tal vez reza. No piensa que se dirige a
ella. Ahora tiene calor, un sofoco, como diría Candelaria. Que
venga el Josechu, el bulevar St. Michel, el jazz, santa Genoveva, y
la hagan desaparecer. Que me deshaga en el suelo como un cara-
melo, que suene la campana y me convierta en enana, que se
apague mi vela, de pan y canela.

—No sé quién sois ni qué hacéis aquí, pero habéis de saber que
venís a un sacramento y es Cristo quien os habla.

Carmela ladea la cabeza, incrédula. Jo, qué forma de expresar-
se. Ignora si él la ve. Estos seres de cera, después de tantos años
en tinieblas, penetran con los ojos la oscuridad, como los peces
abisales.

—¿Deseáis la confesión?

Ella inclina la cabeza. Él la ha visto por el rabillo del ojo, pues continúa su interrogatorio:

—¿La habéis preparado?

Ella niega con la cabeza.

—¿Queréis que os ayude?

Afirma.

Él se levanta y sale de puntillas. Ella ha podido descifrarle el perfil demacrado. Aparenta cincuenta y tantos años, aparenta la edad de mi padre, el tío, piensa Carmela, cincuenta y tantos años biodegradados.

Cuando regresa, ella se acurruca al máximo en el ángulo oscuro que forma el confesonario con el muro de la capilla, bajo un cuadro en el que se ve a Cristo resucitado en el momento de aparecerse a María Magdalena; él se apoya en una pala de jardinero, y ella dobla una rodilla ante él y le ofrece un frasco dorado que lleva en la mano.

—Tened —dice fray Celeste, y le tiende un librito— y volved cuando la confesión esté preparada. No olvidéis que Dios os mira, e id en paz.

Y se enfrasca en su lectura, a la luz de la lamparita ferroviaria.

Carmela se ha borrado de la capilla con su librito bajo el brazo. Mira asustada un lienzo en el que un apóstol levanta un dedo dictatorial y, a su conjuro, esclavos y barbudos que se escapan de las casas circundantes, arrojan libros a una pila ardiente: un viejo, incluso, rasga el volumen con gesto iracundo antes de echar sus fragmentos a la hoguera. Una etiqueta, en la parte inferior del marco, anuncia: «Predicación de san Pablo en Éfeso».

6

Empezaba el trabajo de la tarde. Fray Arturo se ató el mandil a la cintura y salió, por el boquete del portón, a la huerta. Una campana los llamaba: retumbaba en la colina donde se recostaba el convento y se fundía con las esquilas de un rebaño cercano. Un regato sucio corría perpendicular al muro; sus aguas serpeaban por las ringleras donde se apretaban, para protegerse del frío, escuálidas acelgas y lechugas. Dos frailes, uno subido en una banqueta y otro en una escalera, recogían las últimas manzanas; otros dos las llevaban en cestos a un rodal, que una vez lleno sería arrastrado hasta el pie del alpende. Allí las alinearían para constituir la reserva de cuatro meses de postre, hasta que sólo comerían un poco de piel con pulpa harinosa dentro. En primavera el postre era dulce de membrillo, y al madurar el verano la huerta daba algunas cerezas —si lo consentían los pájaros— y ciruelas, y unos melones; en otoño, higos y uvas. Cuando alguna cosecha venía retrasada, se echaba mano de los restos de dulce de membrillo —forrado de una capa de moho que, según fray Adolfo, era de lo más sano que hay—, hecho a comienzos de octubre con frutos degenerados y acribillados de avispas.

A fray Arturo le gustaba el trabajo de la tierra, el sudor de la tierra, la forma de apelmazarse los terrones y de desventrarse los surcos, el rezumar del humus, la flagelación de las hierbas bajo la solana de agosto, la huella negra de la escarcha en las últimas espigas. Terminado el maíz, se había puesto con el hermano Benito y el novicio Estanislao a sachar las últimas patatas. Alineados, cada uno abría un surco: avanzaban con tanteos de ciego en busca de restos de matas secas. Cavaban allí y, en la abertura, rodaban los tubérculos. Al finalizar un surco, desandaban los tres el camino con cestos de mimbre en los que recogían la escasa cosecha. Luego volcaban los cestos, cuando estaban llenos, en un saco, apoyado en un encino al borde del patatal. Al final del día, entre nona y vísperas, traían una carreta, cargaban en su tablar el saco y la arrastraban entre·todos hasta el cobertizo situado donde existió, tiempo ha, una destilería. Se almacenaban allí, además de las patatas, el carbón para las cocinas, unas barricas de aceite, y la leña seca. La leña húmeda se apilaba en el patio de la cocina: unos pocos leños deformes para las chimeneas de todo el invierno, que en parte procedían de un pequeño bosque contiguo a los terrenos de labranza, y en parte de un cargamento de un remolque que un labrador del término aportaba cada año a cambio de apacentar su ganado en pastizales pertenecientes al convento, sistema de trueque con el que la comunidad se abastecía también de huevos y leche, tras haber renunciado, una veintena de años atrás, a mantener un corral y un establo. Cuando no había bastante que hacer en la huerta, frailes y novicios se afanaban en la carpintería, o en el vivero, o concentrados en trabajos o reparaciones interiores del convento, y cuando llovía, o nevaba, o helaba, se ocupaban en desgranar el maíz, preparar estacas para las judías, moler el grano o reparar aperos, sacos, cacerolas...

Fray Arturo nota una garra de hambre en el estómago. Golpea con más fuerza el azadón en el suelo e invoca a la Virgen misericordiosa, turris eburnea, domus aurea, foederis arca, ianua coeli, para que no le deje caer en la tentación de apoderarse de una manzana de las que recolectan sus hermanos. La vista se le nubla un tanto, como a un bebedor de madrugada; y sin embargo no ha bebido otra cosa que algunas gotas del sudor que se desploma de su frente a los labios.

A través de esta bruma, el hermano Benito parece sonreírle, darle ánimos. Benito tiene los rasgos cuadrados y una mandíbula prominente que le valió de niño el mote de Benito Quijada. Colecciona Vírgenes, y en una ocasión empapeló su celda con varios centenares de estampas de otras tantas advocaciones. Alguien fue con el cuento al prior, quien dio la orden de devolver a las paredes su albor y en el siguiente capítulo reconvino así a la comunidad: «Tened cuidado, hermanos, que la devoción desorbitada no os exponga a la idolatría», con lo que todos entendieron que el verbo «exponga» no podía referirse sino a la exposición de estampas. Benito se flageló durante cinco sábados, al compás de las avemarías del rosario, y gracias a este arrepentimiento obtuvo del prior autorización para conservar las estampas, cuidadosamente coleccionadas en cajas de cartón vacías; al correr de los años, su número fue en aumento, pues algún lejano familiar o algún no menos lejano hermano de la orden le enviaban estampas de los santuarios de sus pueblos, para que las incluyera en la obra monumental que preparaba y cuyo título no sabía aún si sería «Las mil caras de María», «María una y mil» o «Virgo virginis».

Acarrea el agua su permanente inconsciencia regato abajo.

Ignoran los labriegos encapuchados, los estameñados campesinos barbudos que, en el confín del bosque, apenas pespunteados por el helechal y distanciados del sol poniente por unas gafas oscuras, unos ojos los observan. Los observan, los desobservan, ven cómo se agachan, no ven cómo se yerguen, pues intermitentemente su atención se concentra en un librito donde bullen y saltan como ranas las preguntas:

«¿Has leído o hablado algo contra la Iglesia Católica? ¿Tienes compañías peligrosas o perteneces a sociedades irreligiosas? ¿Lees periódicos o revistas malas, mundanas, irreligiosas? ¿Has tenido alguna vez supersticiones, consultado adivinas, espiritistas...?»

No lograba franquear el primer mandamiento. Se distraía contemplando las figuras que, allá abajo, inclinaban la cerviz hacia la madre tierra, o los ceñigos y los bledos que plagaban la cenefa verde con que el bosque limitaba. Tras la huerta aparecían alineadas las celdas, y luego aquel crucigrama de tejados, de los que sobresalían la cúpula de la iglesia y las dos torres de las campanas. Más allá el terreno formaba una nueva depresión por la que trepaba un camino polvoriento, en el que de tarde en tarde se levantaba la nube acordeonosa de una moto o una furgoneta. En una de las curvas se alzaba un edificio humeante, y en lo alto de la loma se adormecía una pequeña casa, quizá abandonada tras haber servido para guardar ganado o para peones camineros.

«Omnipotente y sempiterno Dios, dígnate enviarnos tu gracia que sea remedio saludable a los que humildemente invocamos tu santo Nombre, lloramos nuestros pecados postrados ante tu divina clemencia, y pedimos instante y humildemente tu serenísima piedad; y concédenos, por la invocación de tu santísimo Nombre, que obtengamos salud del alma y protección del cuerpo. Amén.»

Nada. Tras haber leído aquella oración que prepara cual infalible ungüento al examen de conciencia, en el polvillo de sol seguían flotando los mismos mosquitos, y abajo, en la hondonada, el mismo humo de una hoguera seguía reptando por entre los sarmientos de un viñedo. De tarde en tarde llegaban los disparos lejanos de algún cazador, a los que respondían ladridos de perros. Un ruido metálico, como de forja, irradiaba entre cardos y jaramagos secos. Nada quebraría esta paz. Nada quebraría ésta. Nada quebraría. Nada...

Carmela se volvió. A su espalda, se recortaba contra el cielo la silueta de un fraile, que se apoyaba alternativamente sobre uno y otro pie, en un pendular vaivén procesional.

—Qué susto.

—La paz sea contigo. ¿Puedo sentarme?

Ella se encogió de hombros. Él se sentó en la hierba, a su lado.

—Creí que no os dejaban hablar.

—Primum, no es que nos dejen o no nos dejen, sino que el silencio, para la mayoría, es la regla. Secundum, si me has escuchado hablar no es por desobediencia, sino porque esa regla no se aplica a mi caso. ¿Alguna duda más?

—Sí, muchas, pero déjalo.

—¿Qué lees?

—Las memorias de Casanova.

—¿Vienes a menudo aquí a leer?

—Pasaba por aquí. ¿Está prohibido este sitio?

—No. El convento se extiende hasta el límite de la huerta. Este pequeño monte es comunal. Mejor dicho, el convento es titular de la propiedad, y según un antiquísimo acuerdo todos los vecinos tienen derecho de ramoneo.

—¿De qué?

—De llevarse ramas para hacer fuego. ¿Quién dice que tú no estás aquí ramoneando?

—Eso es: ramoneando. Me gusta. Yo ramoneo, tú ramoneas, él ramonea. ¿Y tú no trabajas en la huerta con los demás?

—Como ves, no. Unos se santifican con el trabajo manual, y otros nos santificamos, si puede llamarse así, cuidando a base de paseos oxigenantes una caverna en un pulmón.

Se hizo un corto silencio, en el que contrapunteaba el eco de aquel lejano templar de hierro.

—¿Tú qué piensas de todo esto? —siguió el fraile.

—Vistos desde aquí, los frailes parecen insectos que no saben qué hacer ni adónde ir. Se han caído del cielo, o de un guindo, y ya está.

34

—Tal vez creen que están libando el néctar de las flores para hacer miel, y no se han parado a pensar si las flores que liban son artificiales.

Aquel fray Buenaventura fruncía el ceño y balanceaba la cabeza como las caballerías o los maestros de escuela mientras escuchan las respuestas del alumno. Después contó a Carmela que él había venido por primera vez a este monasterio cuando cumplía condena por un sermón que pronunció en su parroquia suburbial, sermón que un feligrés, por llamarlo de alguna manera, grabó y entregó en la Comisaría de policía. A él le llevaron a la cárcel de Mutanda, pero luego, cuando la sentencia se dictó, le enviaron a este lugar para cumplirla.

—¿Has oído hablar de la prisión concordataria de Anacrónica? ¿Sí? Pues también la conozco. Yo entonces no era fraile, sino cura de barrio, cura a secas, bueno, medio cura-obrero, o cura-trabajador, pues me ganaba la vida haciendo traducciones y fichas para enciclopedias y otras chapuzas seudo-intelectuales. Pero el intelectual acaba comiéndose su propio cerebro. ¿Sabes cómo lo llamo yo? El amantisamiento voraz de las ideas. La carcoma del alma. Una arcada con el estómago vacío.

—¿Por eso sigues aquí?

—Sí, por eso y porque es bueno para la salud. Como estoy enfermo no hago el mismo tipo de vida que los otros. Mis comidas son diferentes, no trabajo, duermo en una cama más cómoda, con sábanas, y hablo. Cuando tengo con quién, claro.

—Como hoy.

—Sí. No viene mucha gente por aquí. Los domingos. Es raro que tú hayas aterrizado por estos parajes. —Se levantó, se sacudió los rastrojos pegados al hábito—. Sí, es raro. Muy raro.

El sol inicia su declive y fray Bakunin desciende la ladera, con la cabeza gacha y andares de grulla en ceremonia nupcial. Los monjes de la huerta recogen sus aperos, empujan sus carretas, una de patatas, otra de manzanas, y emprenden la marcha hacia la fortaleza en la que se pondrán a entonar quejidos de almeja desconchada. Se ve ahora un perro cruzar el camino, mientras la luz arranca unos tonos coral de las tierras yermas y las encrespa como piel acariciada.

«Si eres hijo, ¿has respetado, obedecido, cuidado, alimentado a tus padres? Si eres padre, ¿has enseñado a tus hijos la doctrina, los has educado, corregido, castigado, vigilado, dado mal ejemplo, mimado, consentido, violentado en sus derechos, dejado ir a peligros y con malas compañías? Si eres superior, ¿mandas como debes y lo que debes y tratas con caridad y justicia a tus subordinados, criados y criadas? Si eres inferior, ¿respetas y obedeces a tus superiores con la humildad debida, cumples tus obligaciones y oficio?...»

Ahora que la huerta está deshabitada, Carmela aprovecha para ir a la pomarada, encaramarse a un árbol y arrancar una manzana, en la que clava sus dientes, a horcajadas en el arcén de una rama. Después coge cinco o seis manzanas más y llena con ellas los bolsillos de la zamarra. En la huerta desentierra unas cuantas zanahorias, las lava en el regato y se las lleva, formando un ramo, con un par de puerros.

«¿Has quitado algo ajeno? ¿Has dañado algo a tu prójimo en sus bienes? ¿Has cobrado más de lo justo, o dado menos de lo debido? ¿Has engañado en los tratos? ¿Has sisado? ¿Has tardado en pagar lo ajeno? ¿Das el sueldo debido y a su tiempo? ¿Pagas a tiempo en tiendas, a costureras, etc.? ¿Das limosnas, o todo lo quieres para ti aunque te sobre mucho? ¿Usas mucho lujo en vestir, comer, divertirte, etc.?...»

Irá a confesarse con el padre Gelatinoso.

No tenía prisa por regresar a su cubil. Refrescaba. La llanura estallaba de rubor. Nubes en pompón de colorete iban de aquí para allá, intentando aliviar la lividez de sebo derretido que se adhería a la superficie del cielo.

Se acordaba de su tío Asís, que permanecía horas y horas en silencio contemplando el horizonte, y cuando alguien se acercaba a preguntarle qué hacía, invariablemente contestaba:

—¿Yo? Colecciono atardeceres.

7

Era domingo. Revuelo. Los frailes tenían derecho al paseo semanal, el llamado «esparcimiento», hasta una pirámide elevada a tres quilómetros exactos del centro del claustro, a imitación de la que existe, para el mismo fin, en la cartuja de Liget, en el bosque de Loches. En torno al monasterio moscardoneaban los curiosos y los piadosos, los devotos y los marmotos, para quienes la iglesia se abría y ofrecía los meandros de una misa cantada tan despaciosamente que los fieles la escuchaban convencidos de que cada nota alejaba un año, y una misa entera un siglo, la hora de la muerte.

Prudencia. Encerrarse en el abandonado molino de harina y horno de pan era arriesgado. Merodear por patios y pasillos más aún. En la huerta se veía algún fraile acompañado de sus familiares y más arriba, en el bosque, retumbaban, que no ramoneaban, los chillidos de unas monjas balonvoleantes.

Salió por el mismo boquete en el muro por el que cinco días antes había entrado, y se alejó, como una chica desenamorada, a los matorrales del domingo. Contempló en lo alto del camino el crucero de piedra, en uno de cuyos peldaños se sentaba una mujer que daba de merendar a dos niños (uno de ellos señaló hacia el muro, y Carmela creyó que la miraba, pero no, pues farfulló entre pringues de chocolate: «¡Tía, mira qué gatito!»), y el nogal a cuyo pie yacía un balón de color azul, y el sendero que conducía a un manantial (y le pareció ver, por entre la arboleda, a un hombre que cavaba una zanja en la ladera, o era fray Durruti, afanado en cavar su propia sepultura).

Había traído papel en una carpeta y un bolígrafo. Deseaba escribir a Tomás y Angélica, una carta en clave de la que había garabateado el comienzo: «Resulta que dios tiene sus dudas acerca de la praxis de su obra». Corrigió: «Resulta que las siervas de dios tienen sus dudas...». Lo tachó y escribió debajo: «Si no se acaba pronto esta leche os juro que vomito». Se sentó en el tronco de un árbol derribado, justo en lo alto de la loma, en donde el camino, visto desde el monasterio, se perdía. Divisó las monjas que regresaban de sus juegos en el bosque, una de ellas con un balón envuelto en una redecilla, otra con la sombrilla protectora de un sol que por su decrepitud poco podía dañar los velos azulados, otra con una silla de lona, otra con una cesta de mimbre colgada del brazo, otras con nada, sólo con la sonrisa de comedor de mediopensionista. Marchaban en fila india hacia la iglesia del monasterio, donde el oficio de vísperas borraría con sus cantos lúgubres el arrebol de las mejillas y secaría los labios. Por entre las voces que iban de toca a toca se escapó un nombre: «¡Inés!» —¿cuál de ellas?–, y Carmela volvió a su carpeta y tachó la segunda frase que de pronto había perdido su sentido, y escribió encima:

«Inés»,

y esa palabra fue como una flor de azafrán en medio de un paisaje desolado.

Escribió de María Josefa Mónica Rita como de alguien vivo que se balanceaba entre columnas y saltaba a la comba sobre losetas grises.

Releyó lo que había escrito, tachó algunas palabras, escribió otras, y al final dobló el papel y lo metió en un sobre, sin ninguna crueldad.

«Yo nunca me iré mientras haya terrones en los que nacen monjes.» Rumió la frase sin escribirla, caminó con la frase en la boca un poco más, hasta divisar el paisaje al otro lado de la rastrojera: allá abajo cruzaba una vía férrea y se veía una nave en construcción, vigilada por una grúa amarilla, una Staedler Noris made in Germany varada en la fragilidad dominical. Hasta allí no llegaba la música de órgano ni los cantos que las monjas estarían paladeando. Aquel altozano marcaba una especie de frontera entre el mundo en movimiento y el mundo estático, el mundo de las mejillas coloradas y el mundo de la piel parafinada, el culebreo de un espermatozoide y la estatua de Ramsés II.

«Podéis imaginar cómo se me ha puesto el pelo de grasiento», había escrito Carmela. Se anima en aquel ambiente dominguero: nadie la observa, no necesita esconderse, la tierra no huele a jabón lagarto en escamas, ha visto un paisaje que mañana quizá se ponga en movimiento (pasará un tren, izará la grúa, rodará la hormigonera). Hay ahora una casona fea, con un manchón blanco encima de la puerta en el que está escrita con letras negras la palabra CANTINA. Delante de la puerta una mujer gorda y peluda se adormece con un niño entre sus senos. Dentro se sientan algunas personas en unos bancos de madera sin desbastar, delante de unos largos tableros apoyados en borriquetas.

—¿Qué le sirvo?

—Un café bien caliente.

—Café no tenemos.

—¿Y tabaco? ¿Tiene tabaco?

—Sí. Fetén.

—Me trae un paquete.

—¿Y de beber? ¿No quiere nada de beber?

—¿Qué hay caliente?

—Pues como haber, sólo leche le puedo calentar.

—Tráigame una taza de leche y una copa de coñac y mucho azúcar.

Conversaciones y cantos espolvorean el aire. De vez en cuando alguien ríe o palmotea. La vida. Carmela se extraña de no haber descubierto este lugar la noche en que llegó al monasterio. Quizá vio el edificio y lo creyó una casa de labor. Hay humo de cigarros y de freidura en la cocina. Unas botijas con la protuberancia de un sexo infantil se alinean en un vasar. En un calendario, una mujer triste semibosteza o semicanta al lado de unas perdices.

Carmela bebe la mezcla de leche caliente y coñac, y después se siente algo amodorrada. No sabe si duerme; sólo que las personas y las voces se aletargan, y que sus párpados metronomean. En aquel largo camino inmóvil se hace noche. El local se va quedando vacío. La mujer gorda lava unas tazas detrás del mostrador. Llegan dos cazadores, a los que acompañan tres perros achaparrados y largos, perros que se revuelven nerviosos como si hubieran olido un gato, para luego deslenguarse en el suelo a oxigenar el galope de su fatiga. Del cinturón de uno de los hombres cuelgan cuatro conejos cabeza abajo, y cuatro pares de ojos miran para siempre la oscuridad. Los ojos muertos taladran la mirada de Carmela con su resplandor de porcelana, su brillo cegado por un baño de sosa, su redondez de yema de huevo negro. Ella se estremece, pero no consigue desclavarse aquella mirada.

Paga su cuenta y sale. La noche es una piel de conejo acribillado a perdigonadas.

Huele a cantueso, y hay voces que se diluyen en la lejanía.

Library of
Davidson College

—¡Eh, tú!

Se vuelve. Uno de los cazadores la llama desde la puerta de la cantina.

—¿Me compras un conejo?

Niega con la cabeza.

—Peor para ti. Una buena cena te has perdido. ¡Mejor que la de los apóstoles!...

Ríe y agita un conejo en el aire. Carmela todavía ve el arco luminiscente que forman los ojos.

Cuando llega a la capilla y ve al padre Gelatinoso se lo imagina con ojos de conejo. La capucha le tapa el rostro: se ve su nariz, la punta del mentón. Inmóvil.

—Ave María Purísima. ¿Habéis preparado la confesión? Os escucho.

—Me acuso.

—Seguid.

—Me acuso. De todo. De haber leído y hablado contra la Iglesia católica. De tener compañías peligrosas y de pertenecer a sociedades irreligiosas. De leer periódicos y revistas y libros malos, mundanos e irreligiosos.

—¿Cuántas veces?

—Millones de veces.

—¿Y qué más?

—He dicho blasfemias y palabras irreverentes contra Dios, sus santos, su iglesia y sus ministros.

—¿Cuántas veces?

—Infinitas. Mil.

—¿Y qué más?

—No he oído misa, he trabajado sin necesidad, no he respetado, ni obedecido, ni cuidado, ni alimentado a mis padres.

—Callad.

Fray Jalea parece abatido. Y una mancha rubeolácea colorea la punta de su nariz. Carmela consulta su librito.

—No tengo hijos, pero si los tuviera no les habría enseñado la doctrina, ni los habría educado, corregido, castigado, vigilado, arropado, y los dejaría ir a peligros y con malas compañías...

—Ah, sí, seguid, soltad esa carroña, ese cólera morbo.

—Por hoy ya basta, tío.

—Decidme cómo os llamáis, para que os inscriba en los anales

40

del santo cenobio. Sois un cúmulo de pecados, la pura encarnación del pecado en la tierra.

Pero Carmela se había ido, pues oía pasos y fray Pulposo se excitaba y con su voz ronca acabaría por alborotar el gallinero.

8

Atardece. Avenida de árboles en otoño (hay unos bancos espaciados, hojas secas, un muro musgoso). Ladra un perro. Se le ve venir corriendo hacia la avenida, cruzar en dirección hacia alguien o algo que llega. Es un cuerpo de andar joven, de apariencia flexible, adolescente. El cabello cortado en línea recta a la altura de la nuca tapa ambas orejas. Viste pantalón tejano y zamarra de tejido impermeable. Un bolso en forma de saco cuelga de su hombro derecho: se diría un macuto de soldado. Calza botas de montaña y se cubre con una pequeña gorra, muy sucia, de visera.

El perro le olfatea los bordillos de los pantalones, ahora se mueve en torno a ese alguien que llega, agita el rabo, salta; el alguien, sin ladear la mirada ni detener el paso, deja caer una mano en lo alto de la cabeza del perro. Ha sido un toque leve y fugaz, y el perro lo ha aceptado, pues se entretiene con algún soplo de viento o algún ruido, y se aleja.

Las hojas de los árboles, ya secas, suenan con el viento a gravilla pisada.

La figura alcanza el final de la avenida: una especie de plazoleta triangular con un crucero de piedra en medio y, a la derecha, un amplio portalón enmarcado por un arco. Detrás se ve un campanario. Un alto muro cierra el recinto: un muro que se pierde, tras trepar entre malezas, desperdigados olivos y macilentas viñas, en el romo perfil de un montículo. En la parte izquierda del portalón hay una pequeña campana de la que cuelga una larga cadena; también a ella la mece imperceptiblemente el viento.

Al otro lado del muro se ven los tejados oxidados de un gran edificio irregular en torno a la torre del campanario. Desde la pequeña placita-atrio no se ve mucho más. Habría que empinarse a uno de los montículos de los alrededores para hacerse una idea de la disposición, tamaño y número de los edificios y pertenencias de aquella cartuja o monasterio o recinto conventual perdido en medio de un paisaje sin voz.

El alguien de aspecto incierto ha dejado el saco asalchichonado en el suelo y ha dado tres tirones al badajo de la campana; su sonido se ha esparcido entre retumbos como los disparos de caza, y ha hecho ladrar, asustado, al perro ahora invisible.

Pronto se abre un postigo enrejado en una de las hojas del portalón. Fuera hay poca luz, con el espectro de un sol amortajado por unos nubarrones; pero dentro la oscuridad es casi completa y medio se adivina un rostro barbudo.

—¿Hay sitio donde dormir?

—Alabado sea Dios.

—Alabado. Estoy perdido por estos caminos y me preguntaba si aquí dentro me darían posada.

—Ya no recibimos peregrinos, hermano. Preguntad en la carretera, donde la cantina, si os quieren dejar una habitación. La comunidad dedica todo su tiempo a la oración.

El postigo se cierra. La persona que está fuera vuelve a colgarse el macuto al hombro y hace un gesto de leve adiós con la mano.

Se rasca la cabeza por debajo de la gorra. Acaba de descubrir, en el chaflán que forma el lateral izquierdo del patio-atrio triangular un banco de piedra bajo una hornacina vacía, una hornacina que perdió al santo que contuvo.

Vuelve a desprenderse del equipaje y se sienta en el banco, extrae una cajetilla y un mechero de uno de los innumerables bolsillos de la zamarra y enciende un cigarrillo. Ahora vemos, por su gesto de adelantar la mandíbula y hacer sobresalir el labio inferior al expeler el humo por la boca, que se trata de un hombre muy joven, un muchacho, con un perfil algo picudo, pero que no recuerda a un pájaro sino, por sus ángulos duros y primitivos, a una escultura de un capitel. Al reclinar la nuca contra el muro y dejar perderse la vista en las volutas de humo y, más allá, en la palidez del cielo, se dibuja su largo cuello que forma una línea blanca perfectamente armónica con la pared, como incorporado a ella, y eso acentúa su estampa de bajorrelieve.

Cuando termina el cigarrillo, dobla las rodillas, levanta los pies hasta el borde del banco y rodea las piernas con los brazos. Permanece así mucho tiempo. Mira cómo se va definitivamente el día, cómo las hojas se desdoran, cómo desaparecen árboles y matorrales y cómo sólo queda dibujado el perfil de las colinas. Se enciende, justo en la esquina opuesta adonde él se sienta, una bombilla, único resto viviente de lo que fue un farol y único signo de vida en un paisaje del que hasta el perro se ha ido. Pronto rodean la bombilla mosquitos y moscas, que se entrecruzan danzando en las sombras del suelo. Enciende otro cigarrillo. Cambia de postura: abre los brazos en cruz, se despatarra, con las piernas rígidas. La sombra de las piernas le sigue por el suelo, la sombra de los brazos le sigue por la pared. Se entretiene en mirar cómo sube, y baja, y se encoge, su propia sombra, al ritmo de los movimientos de sus piernas y sus brazos. Sus gestos se emparentan con una definición en carne y hueso del tedio.

Es sólo un espejismo, un producto de la agazapada tinta de calamar que destila la noche. Ha tomado una decisión. Se pone de pie de un brinco y carga con su saco, esta vez como llevan las gitanas a los niños apoyados en la cadera.

Camina pegado a la tapia, entre ortigas y pedregales. Jadea y rezonga de vez en cuando algunos tacos. Se detiene. En una hondonada la tapia está medio derruida, quizá a consecuencia de una torrentera, o de un rayo, o de un árbol caído, o del simple paso del tiempo que lo desmorona todo. Alza el saco sobre su cabeza, toma impulso, arquea hacia atrás el cuerpo, y trepa por las piedras desperdigadas.

Una luna en cuarto creciente se abre paso entre las madejas de nubes que huyen no se sabe de quién ni hacia dónde.

Entre la tapia y un trozo de huerta plantado de hojas ásperas —¿tal vez unas tardías habichuelas?— hay una trocha de hierba por la que emprende el camino de las edificaciones. Sigue con el saco acodado a la cintura. Se mueve sobre las puntas de los pies, para no hacer ruido.

Chapotean sus botas en un prado encharcado. Imagina que un pequeño reguero agoniza diseminándose en el marjal de la hierba.

Un edificio con medio tejado hundido llama su atención. Se trata sin duda de un edificio abandonado, en cuya mitad poniente entra sin riesgo la luna. Vuelan unos murciélagos al pisar el umbral del porche que cobijó alguna vez una puerta ojival.

Una mitad del edificio está techada y protegen sus muros traseros ventanas y contraventanas que de tanto tiempo atrancadas habrán anquilosado sus goznes. Huele dentro, por aquella zona, a harina, huele a caliente. Huele a algo que tuvo que ver con el pan, quizá al mismo pan cuando todavía no era pan, al primer

44

pan. Palpa unos sacos, tropieza con un madero, una desvencijada barandilla de hierro frío le cierra el paso. Enciende el mechero: no puede, a tan incierta luz, precisar qué son esa especie de cubas, esas dentadas arandelas envueltas en telarañas, esos harapos de sacos, esas escalerillas —en cuya baranda ha tropezado—, esos como abrevaderos de fábrica corridos a lo largo de la pared. Sólo sabe que huele a caliente, mientras saborea un cigarrillo que telegrafía a la noche incoherentes mensajes.

Se desprende de las dos botas, que suenan a paletadas de tierra sobre el enlosado. Una de sus manos masajea los dedos de los pies por sobre los calcetines de lana. La otra sostiene el cigarrillo. Los ojos los tiene fijos en el va y viene de la luna, acosada por las nubes, en el boquete destejado.

—Carmela... —susurra a la oscuridad.

Silencio. Se oye un siflo algo ronco.

—Carmela...

Y del fondo negro de aquel hangar una voz chisporrotea:

—¿Eres tú, Pato? ¡Coño, qué susto me has dado!

9

Cortante y seco, Pato empujó a Carmela hacia el boquete del muro que había contenido una ventana.

—Condenados frailes: no paran de tocar la campana. ¿Es que no duermen nunca?

—Nunca duermen más de tres horas seguidas. A las campanas te acostumbras, tú. Y cuando les oyes los cantos te adormeces, no veas. ¿Me puedo ir con vosotros?

—No, tú sigues aquí. Nadie se acordará de que existes. Hemos ido borrando todas las pistas. Mira lo que le pasó a Madona. Fue un error que regresara a casa tan pronto. Te sueltan por falta de pruebas, pero te enfilan y no te dejan a sol ni a sombra.

—¿Y qué le pasó a Madona?

—Que estaba en el piso y llamaron a la puerta y el inspector quería saberlo todo: que cuándo lo había comprado, que si se iba a casar y cosas de ésas. Y no paraba de fisgar, y en una de sus idas y venidas a la cocina vio las cajas de cerveza y preguntó que para qué es tanta cerveza. Madona dijo para qué va a ser, para las fiestas, y era verdad que en una semana empezaban las fiestas. No pasó nada más, pero como comprenderás el piso ya no lo podemos usar. Oye, qué silencio hay aquí.

—¿No te quejabas de las campanas?

—Sí, pero este silencio es peor.

—Yo echo de menos las sirenas de los barcos, el olor a mar, el puerto.

Estaban los dos frente a la noche; garabatos de pista de hielo rayada eran las ramas de los árboles. Una capa lechosa de luna recién cubierta permitía ver la noche silueteada. Pato pasó su brazo por el hombro de Carmela y ésta hundió las manos en los bolsillos del pantalón y meneó la cabeza.

—No me importa seguir aquí. Sobre todo, que Bernar no piense que quiero volver. O que tengo miedo.

—Claro que no, ratón —quiso darle un tironcito a la nariz—. Y verás qué pronto esto dejará de ser un panteón.

—Te llevarás una carta que he escrito. ¿Alguien se ha interesado por mí?

—Todo el mundo está convencido de que te has ido a Francia.

—¿Y tu hermana? ¿Sabe algo? ¿Dónde está?

—¿Candelaria? Ni yo mismo sé dónde está. El único que lo sabe es Bernar. Pero él, como una tumba.

Se alejaron de la ventana y volvieron al rincón donde Carmela se había instalado. Un cangilón de una aceña servía de asiento: media docena de sacos viejos dulcificaban la dureza del roble y cajas de cartón desplegadas por el suelo aislaban de la humedad. Algo macizo y negro cruzó desde un escudillero hasta la orinienta máquina de amasar.

—¿Qué es eso?

—Un gato. Viene a veces, me contempla con ojos digitales y luego se aleja, sin hacer ruido.

Encendió una vela y la colocó en el extremo de una larga mesa que había servido para extender y enrollar la masa del pan.

—Estás bien instalada. No te falta nada.

—Velas hay las que quieras en la sacristía. Pero para la linterna no me quedan pilas. No hay más pilas que las del agua bendita.

Pato apuntó en un papel cuadriculado que sacó del bolsillo superior de la zamarra: «Pilas».

—Ah, y voy a necesitar también tampax. Super. Y las provisiones se me han terminado.

Apuntó «tampax super».

—Con provisiones no cuentes. Hay que reservar el espacio para el material técnico. Bernar no quiere que nos arriesguemos, dice que lo importante es pasar el resto de la mercancía.

—¿Volverás tú?

—Volveré yo o uno de los compañeros. Lo más probable, un domingo, cuando dejan entrar a las visitas.

—En plan turista, como las familias de ayer...

—Eso, y si no te vemos te dejamos la mercancía en la arqueta que hay al lado del muro derruido, al pie de la torreta de la luz.

—Vale, pero sé bueno, y tráeme aunque sólo sea una lata de foie-gras. Si esto sigue así voy a terminar por comer hierba.

—No me digas que con tu hocico olfateador todavía no has encontrado el camino de la cocina... ¿Te acuerdas aquella vez que en el pico de Peinacanas estábamos desfallecidos y tú dijiste «noto un olorcillo» y fuimos tras de ti y encontramos una cabaña donde alguien había abandonado un buen trozo de queso rancio? ¡Pura teta!

—Claro que sé dónde está la cocina, y el refectorio...

—¿El qué?

—Donde comen, se llama así, lo pone encima de la puerta. Pero por lo que veo los curas comen un día sí y otro también un potaje de garbanzos, espinacas, patatas y unas hebras que no se sabe si son carne o pescado. Y dime tú cómo me traigo un plato de potaje metido en el bolsillo.

Se quedó en silencio y al rato miró un aparato colocado encima de la mesa y dijo:

—Comeré hierbas. Oye, es muy chulo el radiocassette que me has traído.

—Bernar quería que lo tuvieras; es suyo, lo compró el mes pasado. Lo vio en un anuncio y lo compró. Dice que con la radio te enterarás de lo que pasa por el mundo.

—¿Y el cassette?

—No sé. Quizá un día recibirás instrucciones grabadas.

—Ya: que me cuide bien, que me lave los dientes depués de las comidas, que me fregotee detrás de las orejas y que rece mis oraciones antes de taparme bien arrebujadita con mis edredones de pluma.

Rieron los dos. Entraba, con el silencio, una cuchilla de sopor y de frío.

—¡Ah! ¡Y tabaco! —exclamó Carmela.

Apuntó Pato en su hoja cuadriculada.

—Ten cuidado dónde fumas. Los frailes están acostumbrados al olor a cera y agua bendita.

—En misa voy a fumar, mira tú. ¿Qué has traído en esa mochila?

—Hay varios paquetes, para guardarlos en lugar seguro.

—¿Pero qué tienen dentro? ¿Goma?

—No sé, no me preguntes. Creo que algunos contienen dinero, pero no me preguntes. Sabes que a Bernar no le gustan las preguntas.

—Ya sé que piensas como Juancruz, en la curiosidad femenina y eso. Para buscar el escondrijo adecuado en un lugar destartalado como éste, es conveniente saber qué contienen y cuánto tiempo habrán de permanecer ocultos. Humedad y esas cosas.

—Tampoco puedo responder a esta cuestión.

—Dime al menos si va a ser necesario utilizar su contenido a menudo, y si de día o de noche.

—Tú quieres más información que la Renfe. Lo único que puedo decirte es que han sido embalados con papel embreado, a prueba de humedad.

—Tu hermana no te ha dicho lo que han hecho con el dinero del banco.

—No recibo órdenes de Candelas. Anda, no hagas más preguntas y vamos a trabajar.

Apretó los labios y le hizo un gesto seco con la mandíbula. Carmela comprendió que no le arrancaría una palabra más sobre aquel tema. Salieron a la noche, pegados al muro del horno de asar, ella delante, Pato detrás con su mochila, en dirección al patio de la cocina.

—¿Has traído el plano? —musitó Pato.

—Sí.

Cruzaron un terreno de tierra apisonada, regado por los chorros de cal de la luna, y siguieron por la trasera de las celdas, compuesta de diminutos huertos individuales, como el de fray Arturo. Había doce en total, y al llegar al tercero se pararon al oír en el interior una voz que decía:

—Ya no puedo más. Declárome vencido, lo confieso.

Pato se acercó a Carmela, que había adherido su espalda al muro hasta formar con él una misma superficie rugosa de sombra de luna.

—¿Qué es? ¿Qué dice?

—Ensaya una oración funeraria.

—¿Quién ha muerto?

—Nadie. La prepara para cuando algún fraile se muera.

—Ya no puedo más. Declárome vencido, lo confieso —repetía la voz, en el interior—. Es menester que lo que sufro dentro de mí estalle fuera. Así como el abad de Claraval se quebraba en sollozos al evocar la figura de su hermano Gerardo...

Continuaron unos metros más. Ella dijo:

—Aquí es. Ayúdame.

Introdujo la punta del pie en un resquicio. Pato le hizo estribo con las manos cruzadas.

—No hay peligro. La puerta y la ventana las ha cerrado a cal y canto. Dame la mochila.

—Ten cuidado. Trátala con dulzura. Ni golpes ni brusquedades.

—Sí. Espabila, leche.

Montada a horcajadas en la tapia, Carmela depositó la mochila en algún lugar elevado, probablemente el tejadillo de un cobertizo.

—¿No quieres que te acompañe?

Por toda respuesta, Carmela saltó al interior del huerto.

Pato miraba las desperdigadas estrellas. La colina cercana recortaba las crestas de unos robles en la placidez del cielo. Se oían, espaciadas, algunas palabras del discurso funerario: «... así como mi corazón... Claraval... afligidísimo hermano... túnica empañada... rebozo... miel...». El sonido de un órgano, que parecía ensayar sin prisa en el fondo de un pozo, ahogaba fragmentos de la oración fúnebre. Venían de algún lugar distante unos gemidos, no maullidos, de gato, que se reflejaban, como en un laberinto de espejos, en el ábside de la iglesia y en las ruinas de los edificios del patio.

Carmela apareció de nuevo en lo alto de la tapia y Pato la ayudó a descender.

—Hecho. Podemos irnos.

Pato la siguió. Doblaron a la izquierda, bordearon el ábside, siempre fundidos con las paredes no iluminadas por la luna, y penetraron en la antigua destilería. Pato encendió la linterna y un estruendo de alas acusó aquella luz. Carmela se tragó un grito: una lechuza ganó la salida batiendo sus alas por encima de sus cabezas.

—¡Mecágüenlaputa!...

—Chist...

El aire quedó impregnado de una troupe de telarañas columpiándose.

En una alacena se alineaban las botellas polvorientas, y detrás de una de las filas, en el estante inferior, colocaron los tres últimos paquetes. A la luz de la linterna Pato examinó el plano confeccionado por Carmela. Marcó con sendas cruces los dos lugares donde habían ocultado la mercancía.

—Ahora voy a tener que irme —dijo Pato—. No me preguntes nada.

—Nada.

—Ya sabes: no hay que dejarse nunca dominar por sentimentalismos blandengues.

50

—Sí: alejemos toda tentación a la individualidad estéril.

—Chao.

—Dale recuerdos a Candelaria. Y a los otros, si los ves.

La besó en ambas mejillas. Se alejó en busca de la melladura del muro por la que había entrado. Carmela se ciñó los brazos en torno al cuerpo. «Sentimentalismos blandengues.» «Individualidad estéril.» Sentía ganas de llorar. Y en el vientre un crespón, un paraguas plegado, una tetera inglesa.

10

Huele a lluvia. La tierra y el cielo huelen a lluvia. Carmela mira a través de su ventana sin cristales, se palpa, ella también huele a lluvia.

El gato, sentado en el umbral, se niega a salir.

Carmela trae la radio junto a ella, la coloca en la ventana, la enciende: la música también se empapa de lluvia, de goterones de alero. Le entra un bostezo de tarde colegial, las ganas de morir de sus paseos adolescentes por el negror de la ría.

Un fraile sortea los charcos, viene hacia ella. Carmela se queda petrificada. Apenas tiene tiempo de apagar la radio y de medio arrebujarse tras una pila de sacos rotos.

El fraile está ahí, en el quicio de la puerta, con una escudilla metálica llena de leche. Se agacha y se la ofrece al gato. «Mira que ocurrírsele, con esta lluvia, traerle la comida al gato de las narices...»

Y no sólo se le ocurre servir su almuerzo al gato, sino dirigir su mirada impertinente al rostro enharinado que cubre con un saco los pelajos húmedos de la frente. No muestra sorpresa alguna sino la beatitud de quien comprende la fragilidad humana ante los fenómenos meteorológicos. Sin despegar los labios ni separar las manos de las bocamangas, invita a Carmela, con un ademán, a que le siga.

Ella lo hace, tras sacudirse de nuevo la polvareda de remoto trigo. Piensa que va a ser conducida ante un capítulo de la orden, un auto de fe con capuchones, máscaras cucusclanescas y antorchas bamboleantes entre crujidos de cadenas.

El fraile atraviesa un descampado, abre un portalón, continúa por un estrecho pasadizo, sale a un patio y se detiene ante una puerta de madera placada, en cuya cerradura prueba varias llaves. Al fin la quinta llave franquea la salida y, en efecto, al otro lado está, como siempre, la lluvia y el campo escarpado y yermo destripándose —eso cree él— definitivamente.

De modo que esta procesión sin monagos tenía por objeto ponerla de patitas en la calle. Carmela contempla muy seria a este fray Aldaba y se fabrica con él este diálogo: «Gracias, no hacía falta molestarse». «De nada. Aquí estamos para alabar a Dios y para ayudar a nuestro prójimo, dar de comer al desnudo, vestir al hambriento y enseñar a los muertos.» «Si te crees que me voy a largar, vas listo.» «Hermana, id con Dios.»

Hermanaidcondios agarra la mano que él le tiende; no sabe qué hacer con ella, hasta que él se la pone contra los labios para que la bese. Hermanopelagatos le ha hecho un gesto para que espere un instante, y de la faldriquera saca un papel, doblado en cuatro, que le ofrece. El diálogo mudo se reanuda: «¿Es para mí?». «Sí; un recuerdo de la casa, para que te acompañe por esos caminos.» «Llevaré este papel mugriento en mi escote, cerca de mi corazón.»

El fraile cierra la puerta y da dos vueltas de llave. Allí se encuentra Carmela, bajo la lluvia, el papel en la mano, sin saber adónde ir. De momento mejor valdrá no volver a su cobertizo, pues este Fraydescarríos puede ir de nuevo por allí a darle de mamar al gato. Y pasarse por la cantina no sería prudente: la reconocerían como la visitante del domingo y le preguntarían «qué la trae por aquí» y «no querrá usted un conejo frescamente difunto», y «qué, dando un paseíto por estos parajes dejados de la mano de Dios, Jesús, con tanto fraile no está bien hablar de que la mano de Dios nos ha dejado, ¿verdad?» y otras formas pueblerinas de sonsacar y de pegar la hebra y el canesú, que ya se murió el burro, tururú, dime que poesía eres tú y te diré con quién andas.

Ve la hornacina vacía que Pato había contemplado cuarenta y ocho horas antes, y trepa hasta ella, y se queda allí, primero como una imagen en éxtasis, después, más cómoda, como un buda.

Desdobla el papel y lee un poema manuscrito, debido sin duda al cacumen de Fraylamadrequeteparió:

GETSEMANÍ

«Cuando dejo caer los ojos adormilados,
y me duelen las aristas del alma fuertemente
me arrastro sobre la noche y voy hacia los sembrados
a estar solo con Aquel que vela eternamente...»
(La hostia.)

«Y Él, dueño de la tierra, dueño mío doliente,
llena de sangre Sus sienes que nunca lloraron tanto.
Él se acuesta por la luz y yo me voy quedamente
por las sombras agarrado a las aristas del llanto.»
(La leche.)
«Siento en mis ojos la dulce caricia de su presencia;
¿Por qué me dais este gozo, placer de gozo doliente
si no aspiro a ser feliz mientras me duele la ausencia?
Yo también quiero que perlen gotas de sangre mi frente.»
(Tu padre.) (Qué tío cachondo, fray Getsemaní. Con su aire de
gota de pelargón y larga versículos que ni en una florería.)

«Si has apreciado, hermano, el numen del humilde poeta a la
gracia de Dios debido, otras hojas como ésta, avecillas místicas, te
serán remitidas previo envío de una limosna para las obras pia-
dosas de san Alfonso María de Ligorio y para los gastos de fran-
queo.»

En la otra cara del papel hay un dibujo. Un círculo con varios
segmentos: en el superior la palabra «intelecto», inmediatamente
debajo «razón», seguida de «espíritu». En el centro-ecuador una
sentencia: «Utilícense los tres —nous, logos, pneuma— y grítese: Jesucristo, ten piedad de mí». En el hemisferio austral, a la derecha
«Jesucristo: el corazón», en el centro la palabra «ombligo», y debajo la frase «el error actúa aquí».

Caía la lluvia como si nunca hubiera caído.

Carmela tomó una decisión.

Descendió de la hornacina y desanduvo el camino, esta vez por
el exterior del monasterio. Los derrumbes sucesivos de la tapia
parecían más acusados con el brillar del agua: surgían los puñados de aciagos y corregüelas en las junturas, y los zarzales trepa-
ban lamiendo las piedras desmoronadas. Al pie del muro se
erguían las juncias secas. Se diría que el páramo había sido abandonado a la inclemencia de las trombas de agua. Ni lagartijas ni ratas.
Ningún ser vivo: sólo ella, que se colaba al interior del recinto por la
melladura de la tapia al lado del poste de alta tensión.

Franqueó el patio de las ruinas, aneblinado de lluvia, y en vez
de dirigirse hacia su destartalado refugio convertido en un carnaval de goteras, se encaminó a la tapia trasera de las celdas y al
llegar a la sexta trepó y saltó al otro lado.

Un barrizal. Eso era: un barrizal. Junto a los despojos de la parra, el invernadero anegado mostraba el naufragio de las plantas recién nacidas (total, iban a morir con los hielos del invierno, ninguna pena me dan), el lavadero desbordaba, y en el suelo se mezclaban hojas secas, madejas de esparto, virutas y tomates espachurrados. Carmela comprobó que los paquetes estaban bien al resguardo sobre unas tablas en el hueco inferior del lavadero. Se aproximó con cuidado a la puerta de cristal de la celda. Miró y no vio a nadie. Abrió. Dentro hacía la misma temperatura que al exterior pero al menos no llovía. (Para qué querrá este fraile la chimenea. A lo mejor no funciona, y está llena de telarañas por dentro.)

Por la estrecha escalera de fábrica, a un lado de la celda, se subía a un cuarto más pequeño donde había una colchoneta en el suelo —rellena de paja, seguramente— con un cobertor de estameña, una silla de anea, una mesa mal acabada, varios cacharros de cocina, libros y papeles. La ventana no cerraba bien y el aire se colaba dentro, con un suspiro de olla, pero la lluvia no. Divisaba el hilván de la acequia, a la derecha del terreno apisonado, y a la izquierda el lateral de la iglesia, con sus contrafuertes, y al fondo unas ruinas disfrazadas por la maleza. Entre la neblina que trepaba por los hilos de lluvia se alcanzaba a ver la colina de las encinas, donde había dialogado con su amigo Bakunin.

Este altillo de la celda de fray Arturo no estaba mal para guarecerse de la melancolía de la lluvia.

Empapada, se secó el pelo con el cobertor, y luego se arrebujó en él, se quitó las botas, se tumbó en la colchoneta. Grumos de borra le horadaban la espalda, como los cantos rodados en las calas de Altozana. Comparada con su lecho de sacos, la encontró mullida. Si cerraba los ojos, podía imaginar la presión del sol al rojo vivo en los párpados, y hasta la sombra de una gaviota. El rumor del viento era una ola que la envolvía toda y la humedad que destilaban su pelo y sus ropas sabía a la acidez del mar. Miró la pared de un blanco hueso, la miró hasta fundirla con sus ojos y ver en ella merengues de nubes desprendidas de un tren en marcha, y a los pocos minutos fue la pared entera la que se fundió con ella, en una calcárea inanidad, y se quedó dormida.

Cuando despertó era de noche. De abajo ascendía, unido a un débil resplandor, el susurro de una oración. Entre dos ráfagas de viento se hicieron audibles unas palabras: «... *Arbor decora, et fulgi-*

da, Ornata Regis purpura...». Luego, un sonido seco y blando a la vez, como el restallar de un cinto en un saco de badana. Otras palabras en latín, un silencio, y otro restallido de cuero. Carmela se incorporó y se asomó a la barandilla de la escalera. Sí, fray Arturo, hincado de rodillas y desnudo de medio cuerpo para arriba, se flagelaba. Ella le miraba, acurrucada en lo alto de la escalera, los ojos muy abiertos, sin otro movimiento que el aleteo de su nariz de pájaro. *«O crux ave, spes unica»,* exclamaba él ante un crucifijo grande y tosco, y se daba otro azote con un pequeño látigo de tres cuerdas terminadas en unas bolas de plomo. Carmela no sentía nada; sólo curiosidad. *«Largivis, adde praemium. Amen.»* Un último latigazo, con gesto maquinal (la mano derecha pasaba por encima del hombro y la correa formaba un arco y se desparramaban sus tres afluentes por la llanura en barbecho de la piel), acompañó el final de la oración.

Carmela le obsequió con unos aplausos.

A fray Arturo le acalambró una descarga eléctrica. Estaba de pie, intentaba cubrirse el torso, la miraba como si se le hubiera aparecido santa Marilyn Monroe. Se colocó al fin el hábito, extendió el brazo hacia ella, con ademán de vade retro, no te acerques, no me toques, desaparece de mi vista... Cerró con furia los ojos. Pero ella se acercó. Le agarró la mano que él alzaba para expulsarla, y se la estrechó:

—Has estado muy bien, macho.

Fray Arturo forcejeó para soltarse. Se frotó aquella mano en el sayal. Temblaba todo. No sabía adónde mirar. Buscaba un papel, al tiempo que meneaba la cabeza, como queriendo decir: «Eres mi perdición, hermana». Halló al fin el papel, y escribió:

«Si no desapareces inmediatamente, daré cuenta al reverendo padre prior».

Carmela le arrebató el lápiz y añadió al principio de la frase: «Querida hermana». Después abrió el postigo del casillero donde se depositaban las provisiones y se puso a comer el pedazo de pan duro que allí había. Sentada en el primer peldaño de la escalera —peldaño de terrazo, con los ángulos de madera roma—, mordisqueaba a ratos el pan y a ratos el lápiz. Al fin escribió:

«Hermano: tengo hambre; tengo frío».

«Llévate mi pan», escribió él.

«Se han abierto las cataratas del cielo.»

«Génesis, 7, 11. Mi celda no es un arca ni el monte de Ararat. Vete. Vete.»

«Me muero de frío. ¿No hallaré piedad en ti, hermano?» Tiritaba. El pan se le contenía a duras penas en la boca, tan intenso era el castañetear de sus dientes.

Fray Arturo le tocó una manga. Estaba empapada —y caliente a la vez—. Mangacaliente le miraba con ojos piadosos, más bellos parecéis a quien os mira, y el fraile se agachó y, como el mismo Cristo obraría, la despojó de los calcetines. Los escurrió y tintineó en el suelo una gota de hermana agua. No hizo ademán de besarle los pies, como el Maestro había hecho con sus discípulos antes de su pasión (¿o se los había lavado simplemente?) porque preveía que, de hacerlo, Calcetinesmojados sería muy capaz de arrearle un puntapié en las narices, cosa para la que el mismo Cristo no habría estado, en su altísima ultravisión, preparado. Ella escribió: «¿No tendrías por ahí algo seco para ponerme?»

Fray Arturo leyó la frase con el mismo desamparo con que, fuera, goteaba la lluvia. Se movía con la lentitud quebradiza de un cordero cojo. Miraba a Carmela como el perro a quien el amo deja, sin explicaciones, fuera de su festín. Se inclinó sobre su arcón y de él extrajo un hábito blanco similar al que llevaba puesto. Se lo tendió ceremoniosamente a Carmela.

«Es lo único que tengo —escribió—. No nos está permitido poseer otros bienes. El Señor tendrá misericordia del pobre y del menesteroso y defenderá la vida de los pobres. Salmos, 72, 13.»

Carmela tomó el hábito y lo sujetó bajo el brazo, mientras se desabrochaba el pantalón y bajaba la cremallera.

Fray Arturo la miró aterrado. Sus labios se abrieron, como las alas abatidas de un pájaro al morir, sin pronunciar palabra. Pero querían decir «her-ma-na», y Carmela lo comprendió y trepó, agarrándose los pantalones, escaleras arriba. Allí se desnudó —ay, qué bien vendría ahora una ducha— y se enfundó el áspero hábito que olía a crin. Se ciñó la cintura y levantó con varios dobleces las bocamangas. Sólo estaba aquel chamizo iluminado por el resplandor que reptaba por la escalera. Se acercó hasta allí, chistó suavemente, como quien quiere apaciguar a un niño que sueña en alto. Tengo tengo tengo, tú no tienes nada, tengo Bééé-Arturo, en una cabaña. Una me da un hábito, otra me da una cama, y otra me da un mendrugo, para toda la semana.

Ella empezó a descender, con aire que quería ser solemne, la escalera. La capucha le cubría la cabeza y las manos cruzadas las escondía en las bocamangas.

Fray Arturo no la miró. Arrodillado en su reclinatorio, lloraba. En el papel había escrito:

«Me voy a condenar».

11

No había pegado ojo en toda la noche. Ella se le aparecía, vestida con su hábito, burlándose de las posturas y actitudes más sagradas –bendecir, alzar los brazos para inciensar el ara, juntar las manos y doblarse en reverencia adorativa–, él persiguiéndola por un subterráneo de curvos pasillos, en un movimiento a cámara lenta, algo felino, y bajo una luz de antorchas equinocciales... Ella trepaba a una escalera circular y levantaba los faldones como si hubiera vislumbrado un ratón, y él se quedaba paralizado ante aquellas piernas de cien veces cien metros vallas. Se hundía en su reclinatorio, tejía y destejía rezos, trituraba oraciones, se aprisionaba las sienes para que el interior del cráneo se volviera oscuro: en las lianas de su cerebro saltaban evanescentes fragmentos de rodillas, de tobillos, de empeines, de dedos como percebes hambrientos.

A las tres y media sonó la campana. Salió afuera a rellenar el jarro de porcelana blanca con agua de lluvia. Se mojó la cara en el pequeño lavabo. Se afeitó. A las cuatro menos cuarto estaba en la capilla con los otros frailes para el rezo de maitines.

Maitines, meditación, prima, misa conventual cantada y concelebrada, tertia... Pasaron los rezos como una duermevela de cera y aceite rancio. En la beatitud de la capilla todo volvía a su orden sempiterno. «¿Quién habitará, Señor, en vuestro tabernáculo? ¿Quién reposará sobre vuestra montaña santa? Salmos, 15, 1.» «Aquel que camina sin mancha y obra en justicia, aquel que dice la verdad desde el fondo de su corazón, que no utiliza su lengua para engañar, que no hace mal a su prójimo ni acepta las injurias contra él. Salmos, 15, 2-3.»

Pasó por la celda a ponerse el mandil de labranza antes del trabajo de las diez. Su corazón palpitaba. No quería reconocer que, en lo más profundo de su pecho, deseaba que ella estuviera. Y al abrir la puerta, el orden y el silencio le abrumaron con ladridos sordos que decían: «Se ha ido», «se ha ido».

Se puso el mandil, hizo la señal de la cruz ante el crucifijo, y cuando iba a dar media vuelta vio algo en el patio que le paralizó. Hacía un tibio sol, que levantaba de la tierra un aliento condensado, tras la lluvia machacona de ayer. En ese sol y en ese vaho, colgaban de un alambre varias prendas profanas, y dos de ellas, a más de profanas, íntimamente femeninas: un encajito, unas gomitas, unas hebillitas, unos trocitos de nada. Sintió la fogarada de la cólera y de la vergüenza anudándosele en la garganta. «Guarda tu lengua del mal y que tus labios no profieran palabras engañosas. Apártate del mal y haz el bien; busca la paz y persíguela. Salmos, 34, 14-15.» Acudió al ventanuco donde se depositaban las provisiones mañaneras y lo abrió. Esta vez no sólo nada faltaba (rebosante de leche el tazón y el pan recién hecho para toda la semana) sino que un papel le saludaba con estas palabras escritas en mayúsculas con tinta verde:

«¡BUENOS DÍAS! ¡SE TE VA A ENFRIAR EL DESAYUNO!».

Bebió de un tirón la leche tibia, pellizcó el pan y, sin volver la vista atrás, salió, al tiempo que una voz chistaba en lo alto de la escalera:

—¡Eh, tú!

«Eh, tú», «eh, tú», «eh, tú». Tictaqueaba su corazón en el pecho, mientras se perdía por el corredor hacia la capilla donde zambulliría en salmodias su conciencia endurecida por el pecado.

Carmela, desde el mirador de la ventana del altillo, observaba a dos electricistas que iban de acá para allá con cables, herramientas y una escalera. Habían empezado con el sol, a eso de las ocho, y en poco tiempo habían tendido, como sombras de lagartijas, unos alambres a lo largo de la tapia. En la espalda de sus monos azules lucían entrelazadas dos letras rojas: E.N. (Electra del Norte). A ratos permanecían ocultos tras las piedras desmoronadas de unas ruinas, peinadas de zarzales, entre las que parecían haber instalado su taller.

Carmela bajó al huertecito y comió una cebolla. Comprobó que la ropa no estaba todavía seca. Y en un cubo volcado se sentó a tomar el sol.

Así la encontró fray Arturo, tras las oraciones de sexta y el almuerzo. Se recogió en su oratorio y luego se acomodó en el borde del camastro y se puso a leer, como si ella no existiera. Pura sombra, flatus vocis. En tal hora de lectura solía dar una cabezada, las más de las veces sentado, otras recostado contra la pared. Leía a san Francisco, el de Assise, para llegar a la conclusión de que si se debía amar a un lobo, con más motivo había que amar a una semejante. Tal vez Dios conducía las semejantes a los recintos piadosos para obrar algún género de milagro en el que era vano escarbar: pues si ya era difícil hallar mujer fuerte, más lo era comprender a una semejante. La semejante se le aparecía vestida de lobo, un lobo que se enroscaba a sus pies y se dejaba acariciar la pelambrera y rascarse la testuz entre las orejas. De pronto el lobo-semejante echaba a correr y desaparecía tras unos riscos, y él corría detrás, con zancadas de una legua, que a veces no tenían final y lo hundían en un vacío compuesto de espuma negra. Un resplandor ruidoso o unas vibrantes chicharras incandescentes, que ya conocía de otras ensoñaciones, le recogían en un paisaje en declive, y en aquel paisaje, que se volvía penumbroso, aparecía bailando la niña Pilara, aquella niña de pechitos aplastados que en su infancia de Dormida, cerca de Húmeda, daba vueltas a la luz de un farol, al otro lado de la verja de la finca de los señores, y con las vueltas se le levantaba la falda blanca y se le veían en un fugaz destello las braguitas también blancas... La falda se desplomaba y otra vez ascendía, al ritmo que ella marcaba cuando jugaba a ser bailarina, todas las tardes a eso de las ocho, y a su compás iban a morir por las otras farolas del paseo las polillas luminiscentes. El lobo venía entonces a devorar a la niña de las piernas tan blancas como braguitas, y a continuación se acurrucaba babeante a sus pies, vanidoso por haberle rendido el servicio de borrarle la niña Pilara, y él, en premio, le acariciaba de nuevo la pelambrera, le acariciaba el trigo de la pelambrera, le acariciaba el arpa de la pelambrera...

Se sobresaltó. Su mano derecha se enredaba en la pelambre escarolada de Carmela. Ésta, esparrancada en el suelo, dormitaba. Fray Arturo detuvo el leve rascar de sus dedos, pero no retiró la mano de la cabeza. Cerró los ojos de nuevo, y el lobo se había transformado en una salamandra, la misma salamandra que durante un verano le había contemplado, impávida, desde el remate de piedra que coronaba la puerta del huertecillo. Martillazos remotos venían del exterior. Sonaba a yunque que fabricara cilicios con clavos de cristo arrancados de un madero telegráfico. Con aquel mensaje de tam-tam se durmió de nuevo y al despertarle la campana no había cabeza de carmedogo, los marticristos habían cesado, y los corpúsculos de polvo se disputaban los rayos del sol.

En su pequeño huerto, nada. Volaron la camisa, el jersey, los pantalones, los calcetines, las braguitas y el sostencito. Hasta el cubo había vuelto al interior del retrete.

Sobre el arcón, el hábito extendido asemejaba un sudario esperándole.

Lo guardó en el interior. Ascendió al cuartucho de arriba. Abrió la ventana para que se fuera el olor a nada.

¿Era ella quien hablaba con un hombre de mono azul subido en lo alto de una escalera? Un pecoso granujiento que, al reír, enseñaba un teclado de órgano. Y ella, vestida con su pantalón arrugado y su suéter beige, se confundía con la parda piedra y la parda madre tierra. Distracción, humana distracción. «Que se vuelvan mis ojos a la Divinidad, a quien los ángeles informan en todo momento.» De un gesto brusco cerró la ventana.

Carmela hablaba con uno de los electricistas. Le habían ofrecido un bocadillo, que ella devoró, y una botella de tinto, de la que en dos tragos se limpió casi la mitad.

—¡Ah, esto es vida! Nunca me ha sabido tan bien un bocata. ¿Puedo ayudaros?

—Sí. Hay algo en el plano que no entendemos. Aparece marcado un paso entre la pared del patio y la cocina. Éste ha ido varias veces allí y no ha visto nada.

—Hay una especie de respiradero al ras del suelo. Tiene unos cristales por los que cabe una persona delgada.

—¿Sin rejas?

—Sin rejas. Las ortigas y otras hierbas casi lo tapan. Desde allí se ve la cocina, que está más profunda, fenomenal.

El otro se puso a silbar *Callejones*:

«Descansando aquí en la oscuridad
Eres como un ángel sobre mi pecho.

—Oye tú, no silbes, que aquí están más callados que los lagartos.

Simplemente otra trotamundos de corazones
llorando lágrimas de infidelidad.

—¿No vais a poner luz en el horno de pan?

—No tenemos órdenes.

—¿Puedo hacer algo más? De estar quieta se me hormigan las piernas.

—Ve donde las ruinas y con los alicates pelas todos los cabos de los cables.

—A la orden, jefe. ¿Me das otro trago?

—Sí, y si quieres más chori, hay en esa bolsa.

Carmela agarró otro bocadillo y se lo fue comiendo por el camino. Prefiero comer pan, que dormir en un diván; por San Juan unos vienen y otros van, din dán, las campanas sonarán, din dón, a la lima y al limón.

Peló cables, los desnudó de su gabardina gris. Entre las ruinas, descubrió la entrada casi tapiada de una cueva. Las zarzas impedían el paso. Arrojó una piedra al interior y escuchó su retumbar de bóveda.

—Antes de que sea·oscuro tenemos que terminar todo el trabajo —explicó, nervioso, el electricista de las pecas en uno de sus viajes a buscar más cable.

Cuando cayó la noche dijeron que se iban.

—¿Habéis terminado?

—No, nos queda un cacho por el lado del corral.

—¿Qué corral?

—Ese cobertizo que parece un corral.

—Es un almacén de leña, patatas y aceite. ¿Vendréis mañana?

—Seguramente. No depende de nosotros.

El que silbaba le preguntó al despedirse:

—¿Quieres lo que queda de la botella?

—Eres un tío salao.

—Menudo rollo con los curas. A ver si te convierten.

—Largaos. Si nos ven hablando la cagamos.

—Chao.

Los frailes, al regresar del trabajo vespertino, se enfrascaban en sus rezos de vísperas. Como todos los días, como todos los meses, como todos los años y los siglos, a las vísperas sucedería la cena en el refectorio, y a ésta el rezo de completas en la capilla, y la salve, antes de dormir.

Cuando era noche cerrada y sólo se oía el cadáver del silencio, Carmela se acercó al poste del tendido eléctrico situado junto a la quiebra del muro exterior, y buscó en la arqueta. Había dos paquetes como los que trajo Pato, embalados con papel embreado, y un tercero de papel de periódico, que contenía unos cassettes, unos auriculares y una pistola Browning.

Carmela saltó al interior del huerto de fray Arturo y escondió los dos primeros paquetes en el mismo hueco del lavadero. Luego fue a refugiarse en su rincón de sacos, en el calor del olor a harina rancia. Extrajo del tercer paquete la pistola, comprobó que estaba cargada, y la guardó en una profunda grieta de la pared.

Qué silencio. Lástima. Un poco de música no vendrá mal. A ver qué me han enviado. ¡Pero si son mis cintas, mis cintas!... Mi Springsteen, mi Giuliani, mi Harrison, mi Gilberto, mi Telemann... Ya sé lo que quiero escuchar ahora. Aquí está: *Walk on the Wild Side*, paséate por el lado salvaje, un tema de Lou Reed, deja las calles tranquilas y conocidas, los parques con niños, globos y mariposas, deja las campanas de las iglesias en las tardes de miel, deja el mercadillo de los jueves, deja los jueves, y vete a las calles sin iluminación del suburbio, a las calles tortuosas en las que sólo habita un gato que huye, vete a los bosques no talados, a los jardines abandonados y devorados por madreselvas y zarzamoras, vete a los caminos borrosos, a los helechos, a la roca movible del sol poniente, a la ciudad negra donde sólo brilla de tarde en tarde un navajazo, pero donde encontrarás tal vez el corazón de un borracho que tiene una vida entera que contar.

12

Fray Sanjorge recogió un papel cuadriculado que alguien había deslizado por debajo de su puerta:

«Los grupos revolucionarios de lucha antioligárquica continúan en el frente de la vanguardia para posibilitar un futuro noclasista y no intervencionista, concienciado y neutralista. Nuestras aspiraciones se concretizan en el determinismo de una sociedad articulada hacia un condicionamiento de autodeterminación apartidista.

»Hay que corresponsabilizar a las instancias populares de esta opción incuestionable.

»No nos dejaremos maniobrar por maniqueísmos desnaturalizadores y consideramos prioritario el nucleamiento en torno a motivaciones no instrumentalizadas.

»Abajo la dominación imperialista, la opresión ultramontana y la trivialización ideológica.

VENCEREMOS».

La leyó tres o cuatro veces. Musitaba: «Venceremos». Pensó en los electricistas llegados ayer en una furgoneta en la que se leía «Electra del Norte». Cuando él era joven, también escribían papeles semejantes, pero referidos al fútbol. Terminaban igual: «Venceremos», y animaban a jugar con ardor. De aquellos ardores habíase curado en estas soledades. «Consagrarse a la lucha...» «El Señor lo ha jurado y no ha de arrepentirse: "Eres sacerdote para siempre, según el orden de Melquisedec". A tu diestra aniquila el Señor a los reyes en el día de su ira. Juzga a los paganos, cubre la tierra de cadáveres y destroza cabezas entre las naciones.» Esto dice el Salmo 109, así que poca revolución ha de quedar ya por hacer...

Mensaje por mensaje, diente por diente, verso por verso, mejilla por mejilla, se propuso fray Getsemaní corresponder a los electricistas con otro de sus poemas de la trilogía «El huerto de los olivos», aquel que comenzaba:

Decid una palabra,
inclinad vuestra frente,
e iré a vuestro huerto cualquier tarde
de esas que fabricáis eternamente.

Caligrafió el poema entero en una cuartilla, con su mejor letra inglesa, lo encabezó con una cruz y, tomando un clavo y un martillo de la carpintería –donde a deshoras laboraba–, lo dejó clavado en un peldaño de la escalera de mano, que reposaba al lado del contrafuerte que encuadraba arco y óculo del ábside de la capilla de san Saturnino. Por poco no la apoyan en el relieve donde san Saturnino, obispo de Toulouse, aparecía en el momento de su martirio, es decir, en el momento en que, atado por los pies a un toro, éste, aguijoneado por el verdugo, lo arrastraba hasta causar su muerte. Bella muerte, que habría de poemizar un día, demostrando que la fuerza de un toro no podía nada, al cabo de los siglos, frente a la fuerza de la fe. Pero por si la fuerza de la escalera era mayor que la de un toro y la de la fe, corrióla unos metros a la derecha y apoyóla en el borde del rosetón, robusto de tamaño y pobremente moldurado.

Al regreso del bocadillo de anchoas y porrón de tinto que se tomaron en las ruinas, Ángel y Perucho hallaron el papel y la escalera movida.

–Aquí ha venido alguien a dejarnos un mensaje.

–A ver: «Decid una palabra, inclinad vuestra frente». Que me aspen si me entero. «Inclinad vuestra frente.» Nada, que no me lamo.

–Y han movido la escalera. Algo quiere decir. Luego le preguntamos a la tía esa. ¿Cómo se llama la del hocico picudo?

–Hamster, creo. Pero mejor no darle ningún nombre.

Carmela Ningúnnombre había ido a continuar la confesión con el padre Gelatinoso.

–Ayudadme en mi confesión, sed bueno. Libradme de las llamas del infierno que me acechan.

Fray Celestino imaginaba, como san Bruno cuando se convirtió, a aquella muchacha empavorecida entre el fuego que ennegrecía sus mejillas y su nariz, mientras crepitaba la carne en la olla o caldera hirviente que venía de la parte del Aquilón o Norte.

–¿Deseáis tal vez hacer votos en una orden?

–¿Hacer qué? ¿En dónde?

–Vestir los hábitos.

–Sí, vestir al desnudo.

–Renunciar al mundo, entrar en religión... Fundar quizá una nueva orden...

66

—Eso, eso, fundar una congregación medio contemplativa, medio mercantilizada.

—Habéis venido aquí llamada por una voz superior, de eso no cabe duda. Seguro que no conocéis la regla del monasterio de las santas Nunila y Alodia. Se trata de una regla monástica femenina, atribuida al abad Salvo de Albelda.

—He venido llamada por el santo Alvedro y la santa Alógena.

—Postraos, hija, y orad.

Él se concentró en profunda meditación. Ella intentó imitarle. Imitemos si queremos verdaderamente ser alumbrados y libres de toda la ceguedad del corazón (Kempis y Éfeso IV). Le miraba con el rabillo del ojo. Rabillo rabillo corre corre que te pillo, si no sanas hoy sanarás mañana, yo soy la viudita del conde laurel que quisiera volverme yedra y no tengo con quién.

Fray Solfeo sentía cocer en su cabeza un *pudding* de ángeles y dominaciones observando entre trompetas monteverdianas el instante aquel en que la futura madre fundadora venía a impetrar la gracia divina a través de él, pobre pecador.

—¿Por qué he de tenerme en más que otros, hallándose muchos más sabios y doctos en la ley que yo? Deberé comunicar al reverendo padre prior vuestra decisión, para que él tome las previsiones pertinentes.

—No, no lo hagáis. Acójome al secreto de la confesión.

—Todo se goza en este huerto con vuestra venida. Oíd la corriente agua de esta fontecina, cuánto más suave murmurio su río lleva por entre las frescas hierbas...

—Si reveláis mi presencia, que sólo Tobías conoce, os juro que volveré al mundo a pecar, y por vuestra culpa me iré al horno de Aquilón saca los cuernos al sol.

—A fe que es mejor decir verdades con poca erudición que mentiras con mucha elocuencia. No os turbéis, que no haré tal cosa. ¿Dónde moráis, hermana?

—Por ahí, por los campos y las sementeras.

—¡Ay, y cuán más agradable compañía harán estos riscos y malezas a vuestra intención, pues os darán lugar para que con quejas comunique mi desgracia al cielo, que no la de quien se pueda esperar consejo en las dudas, alivio en las quejas ni remedio en los males!

—¿Decíais algo?

—Así que queréis ser eremita, como Dorotea... Una doncella deshonrada y pecadora. Pero también la Magdalena fue perdonada, y era una gran pecadora. Y María de Betania, la hermana de Lázaro, trajo una libra de ungüento de nardo legítimo, de gran valor, y ungió los pies de Jesús y los enjugó con sus cabellos. Ungüento de nardo. Carmela rociaría con agua de colonia a su fray Arturo. Tenía que prolongar el coloquio del confesonario para dar tiempo a que los dos electricistas terminaran su trabajo en la sacristía. Por la moldura de una arquivolta introdujeron un hilo, que luego camuflaron entre los perifollos de un rústico altar y de un arcón para los ornamentos coronado por un espejo. Perucho había visto una ropa de encaje, como la que se enfunda un arrebolado clérigo en *El entierro del conde de Orgaz*, y la había guardado en su mochila. Proseguía Carmela su confesión, su interminable retahíla de pecados —me acuso de hacer acciones deshonestas... ¿Cuántas veces? ¿Sola o con otros? ¿Cómo decís? ¿Con el dedo? ¿Pero deleitándoos? Una delectación no sé; un esponjamiento... ¿Un esponjamiento? ¿Y deshonestos pensamientos y deseos acompañado? Pensamientos de una docena de cowboys, montándose, no todos al mismo tiempo, no se asuste, uno detrás del otro, encima de mí... Si no me entendéis peor para usted, o para vos. ¿Siempre cowboys? No siempre: a veces son amigos míos, o amigos de mis amigas, o sus maridos, sí, ma-ri-dos. Los buenos. ¿Como los cowboys? No, los que están buenos. ¿Leéis novelas, revistas o libros peligrosos? Léolos, y peligrosísimos. Ah, las malas compañías, las malas lecturas. Romper con todo eso, cortar de un tajo con esa cizaña que en el mundo os acecha; por eso huir, apartarse del mundo, irse a lo más apartado y escondido del monte Distercio, como el santo, hecho huésped de los collados, privado de la compañía de los hombres, disfrutando sólo del consuelo de los ángeles... ¿Prométesme? Prométoos apartarme de las compañías, soportar el rigor de los fríos, la tristeza de la soledad, lo torrencial de las lluvias y la aspereza de los vientos. Pero ¿seguiréis deleitándoos?—, y ahora Perucho introducía el prepucio del cable por una ranura del montante de la puerta, en busca de la escalera de caracol que conducía al coro, tal vez con un placer pecaminoso.

Se reunieron de nuevo los tres a la hora del almuerzo en las ruinas. Perucho ofreció a Carmela el alba de encaje.

—Mira qué mariconada.

—Para Ibiza en verano sería lindo, pero aquí con esta escarcha de bigotes...

—Puedes usarlo de camisón.

—Daos prisa y menos cachondeos —Ángel se impacientaba—. Hoy sin falta hemos de terminar el tendido previsto para ayer.

—Pero si había tres veces más faena de lo que nos dijeron.

—Con seguir más tiempo sólo conseguiremos hacernos reparar. La furgoneta delante de la puerta todo el santo día es un reclamo para esos cazaliebres de la Guardia Civil. Suerte que no haya rondado por aquí una pareja.

—Tú, topo de las nieves, a ver si obtienes información de dónde vive un albañil.

—Esta noche me enteraré.

—Pues aviados estamos, otra noche a dormir en la furgoneta, y en ese camino, que cada hoja que suena es un sobresalto.

—Venga, dejaos de discutir y no perdamos tiempo, mientras hay claridad.

Quedó sola Carmela con el tecleo remoto de alguna esquila. Estrechaba en el regazo aquella prenda de tacto tan femenino. También a ella le apetecía irse, salir de aquel reino carcomido por la familiaridad de la muerte.

Aquella noche, fray Arturo creyó sentir un roce minúsculo en el altillo, como un ratón que corriera. Subió.

No se veía casi nada; el viento soplaba fuera: en la ventana gemía y en el cielo destejía edredones de nubes. Sus ojos fueron acostumbrándose a la oscuridad, y entonces la vio, a la enviada del cielo, de pie a un lado de la ventana, envuelta en aquella gasa que asemejaba, no, que era el alba con la que se revestía en algunas ceremonias de culto, túnica semitransparente que apenas se apoyaba en las puntas de los pezones, como dos pájaros que la tomaran por sus picos, y que caía después recta hacia las caderas y dibujaba las piernas enturbiadas, las piernas que sus ojos veían enturbiadas sin que en tan profunda congestión se distinguiera la hermana oscuridad del pubis. Le invadió el convencimiento de haber visto aquella vestal, así desvestida, alguna vez, en alguna parte, quizá dentro de su adolescencia cuando efervescían en su sesera trapecistas y *écuyères* vestidas de rasos y tarlatanas, o simplemente en sus siestas tornasoladas de solsticio de verano. No le produjo, pues, un aneurisma verla, ni tampoco que ella diera tres pasos un tanto saltarines hasta estar tan cerca de él que podía sentir su corazón latir, y cuando ella susurró:

—A que sí, di que sí que te gusta,

él afirmó con la cabeza y no hizo ningún ademán de volverle la espalda, confrontarla a un crucifijo por si de una satanasa se tratara, huir escaleras abajo, o tan siquiera cerrar los párpados.

—No hables si no quieres, aunque sé que un día me hablarás. Trae tu mano.

Le acercó la mano derecha a su pecho izquierdo.

—No tiembles. Eso es.

Ahora empezaba a ser todo de papel de fumar y viento.

—Voy a fundar una orden religiosa. ¿Qué te parece?

Él asintió con la cabeza. Carmela pudo ver, por un destello que se produjo en su cara, que lloraba. Llora candelaria llora que cuando la candelaria plora el invierno se desflora.

—Para mi fundación necesito saber dónde mora el albañil que ha reparado la conducción del agua desde el pan bendito y las goteras de esa sala destartalada que llamáis biblioteca. No necesitas hablar si eso te da apuro: me lo escribes aquí.

Ella se separó para ofrecerle un papel y un lápiz.

Él mantenía el brazo extendido, dos dedos más estirados que los otros como se le quedaron a santo Tomás tras haber tocado las llagas de Superstar resucitado. Se oían en la cavidad de la celda el entrechocar de las rodillas y de los dientes.

Escribió en la oscuridad:

«Más allá de la pirámide del esparcimiento, a unos dos quilómetros hay una aldea que se llama Ocre; la casa de frente a la panadería, al lado mismo de la plaza».

—Buen chico. Ahora vete a dormir. Mañana me lo pondré otra vez; ya veo que te ha gustado.

Él no se movía.

—Que bajes, te he dicho.

Le empujó en el hombro para obligarle a dar media vuelta. Él entonces extendió los brazos para agarrarla por la cintura. Carmela se zafó y le condujo a empellones —se dejaba llevar como un ternero tozudo— hasta la embocadura de la escalera.

—No, san Lover. Ahora no.

13

Tres casas de adobe. Otras tres encaladas. Una iglesia. Dos árboles. Una fuente-abrevadero. Tres casas más, y algunos corrales.
En una de esas tres casas, perpendicular a la iglesia, se encontraba la panadería: una cortina de arpillera y pintado encima
«PAN». A un lado se balanceaban los rasgones abarquillados de
un pasquín que decía: «Concurso de piropos a la Virgen de la
Vera. Cada piropo constará como máximo de 14 versos. El piropo: brota, mana, nace con fuerza, siempre que el caudal de amor
y devoción por nuestra Virgen sea grande».

Ángel y Perucho entraron en la casa de frente a la panadería.
Habían aparcado la furgoneta delante de la iglesia. Soplaba un
viento polar, que removía sin destino preciso biznagas secas.

—¿Hay alguien?

Apareció una mujer gruesa y dentona secándose las manos en
el delantal.

—¿Está el albañil?

—Lo tienen ahí detrás, en el patio, con las bestias: un marrano,
una cabra, cuatro gallinas y otros tantos conejos, no crean que
hay más.

Hizo un gesto con la cabeza.

Ellos vieron en la claridad del marco de la puerta del fondo un
hombre agachado ante una artesa de yeso.

—¡Eh, Marcelo! —gritó ella—. Te buscan estos jóvenes.

El llamado Marcelo se incorporó. Presentaba una curiosa figura de mimo, con la cara y las manos embadurnadas de yeso.

—¿En qué puedo servirles?

—Somos de la Electra, estamos cambiando la acometida en el
monasterio y venimos a hablar con usted.

—¡Eh, Encarna! Trae donde sentarse aquí a la visita. ¿No les importa si sigo con esta lechada, no se vaya a perder el yeso? ¿Les
manda el hermano Benito?

—El mismo.

Atravesaron, en dirección al patio, el comedor-cuarto de estar,
donde se amontonaban muebles y cuadros. En una estampa se
veían tres barcos de pesca sobre un mar verdoso; en otra, una

virgen, o santa, o monja, apretaba un ramo de flores (¿gladiolos?) contra la pechera; en otra, un monje barbudo escribía con una larga pluma de ave.

—¿Para quién trabaja? ¿Para el monasterio?

—Por temporadas sí. El verano pasado estuvimos mi cuñado Jacinto y yo con la conducción de agua, que viene de un manantial desde el cerro de pan bendito. Trabajamos cantidad. De no parar. No me digan que ha habido un estropicio en una cañería...

—No.

—Menos mal. Porque recién terminada la obra vinieron a avisar de parte del prior que vaya Marcelo, por un servidor, que corre el agua de las celdas a la biblioteca que la llaman. Y ahí me tienen trotando, y luego qué correr el agua ni qué puñeta, el fray Segismundo, uno con más años que una tortuga, que estaba tocado y que se murió, había dejado abierto su grifo y se había ido a rezar. Oiga, ustedes no son de aquí.

—No. Venimos de la Electra, servicio de instalaciones, en Medieva, ya le hemos dicho.

—Ah, sí. Pues aquello está que menudo cristo. Se pidió una subvención, hace años. Pero aquí seguimos esperando la famosa subvención, y mientras tanto todo se ha venido abajo más y más.

En la llana amontonaba la pasta, que luego extendía por una pared de ladrillos, al fondo del patio. Suspiró.

—Rezar está muy bien, pero ya ven, si no hay dinero es la ruina.

—¿Qué hace usted ahí, en el patio?

—Un nuevo corral. Mi hija Ignacia que le tiene apego a las gallinas y va a instalar esto en plan moderno. Su marido se fue a Alemania y hace tiempo que no escribe, ni sabemos de él. Y a ver. Siempre el jodido dinero.

—Así que, si se le presentase un trabajo, usted no diría que no.

—Si se me ofrece, un suponer, ya mismo, diría que lo primero es dejar esto rematado.

—¿Y en una semana?

—En una semana el Jacinto, ¿saben?, mi cuñado, ya estará de vuelta y hemos de ir a ver si nos metemos con la rampa para el cargadero del silo de Rocosa, un pueblo ahí cercano, en la otra vertiente de la sierra.

Un silencio. Ángel y Perucho seguían en el quicio de la puerta que daba al patio, sin haber utilizado las dos banquetas ofrecidas por Encarna.

—Usted no cree que en menos de dos semanas...

—Siempre puede haber un arreglo.

Se lavaba las manos en una pila del patio que servía lo mismo para la ropa que para el agua de los animales y de los geranios.

—¡Eh, Encarna! Pon un vino a los señores. ¿Les apetece un vino?

Asintieron.

—¡Ten cuidado donde pisas, que acabo de fregar! —se oyó a la Encarna.

Era verdad que olía a lejía en penumbra.

—Así que andan buscando quien les haga la obra de fábrica para un transformador...

—Eso es.

—Ya lo decía yo, que un día u otro habría que cambiar el transformador para otro sitio más protegido. Que ahí no sé cómo un mal rayo no lo ha fundido, será que Dios no lo ha querido con todas esas almas cándidas rezando día y noche. Vengan que les explique. ¿Conocen bien el monasterio?

—No muy bien, ¿verdad, tú?

—Lo que se ve por fuera y poco más.

—Pues yo, como si hubiera nacido mismo dentro. Son treinta años de ir allí lo menos una docena de veces al año. Siéntense en torno a esta mesa.

Marcelo trajo un papel de envolver bastante limpio y un grueso lápiz de carpintero. Se puso a trazar rayas con pulso un tanto infantil, pero con la seguridad de quien sabe adónde va a parar cada línea. Adornaba su dibujo con explicaciones:

—... y esto, aunque no lo parezca, es la girola de la iglesia, y esto la nave... Los contrafuertes del ala sur y los vanos no los dibujo..., ni los arcos que, como decía aquél, cabalgan de columna a columna... El patio se estrecha más por el poniente hasta aquí, que lo llaman el tejar... Estas líneas son de la balconada del claustro que se cruza con la prolongación de la galería y daba acceso, por encima de las cocinas, a la destilería... Éstas son las cocinas y esto la biblioteca y en seguida les dibujo la planta del coro... Ustedes verán adónde voy a parar.

Conocía, en efecto, los muros del monasterio como si los hubiera levantado él.

—Esto es un muro maestro. En esta zona, más hacia la fuente, hacia este punto más o menos hay un tabique de rasilla, de un antiguo portón cegado, o algo así.

—¿Y se puede abrir?

—Como poder... Pero no le veo la ventaja.

—¿Y esto qué es?

—Qué va a ser: una escalera.

—¿Adónde lleva?

—A esto que lo llaman la sala capitural, o capirotal...

—Capitular.

—Eso es. Una sala que debió de ser una gloria, pero que está tan derruida que cuando se reúnen allí es como si se reunieran a la intemperie, tan grande es el boquete del cielo raso. Yo proponía construirle un falso techo de mampostería para que no entrara el agua, así con un ribete de artesonado, para hacer juego, y claro, retejar, con lo que se detendría la ruina, pero nadie me escucha y no tienen con qué pagarme, y uno, a ver, ha de ganarse la vida. Y si no, que ellos mismos, los monjes, habrían de hacer un curso de albañilería, y no quedarse bobaliconados esperando que el diospadre venga a sujetar la techumbre para que no se les caiga encima.

Hablaba Marcelo y bebían vino los tres. Trajo Encarna una hogaza y unas aceitunas negras. Apareció Ignacia, la hija, con un carretillo cargado con cuatro cántaras de leche.

—Tú siempre cascando, padre, y así nunca terminarás el corral.

Al plano rudimentario que Marcelo había trazado de todo el conjunto monacal sucedió un segundo, más detallado, de la zona de tierra apisonada, con los edificios en ruinas que la rodeaban.

—Una pena el abandono que hay. Yo conocí el monasterio con cincuenta frailes y veinte novicios, ¿verdad, Encarna?, y cuentan que llegó a haber doscientos frailes y cien novicios. Ahora se darían con un canto en los dientes si sumaran una docena de frailes y media docena de novicios. Yo pienso que la juventud, con perdón, no está por esas mandangas de encerrarse de por vida a rezar y a bostezocantar, que yo lo llamo así, y comer mendrugos y alubias, y la boca cerrada, que no entren moscas, ni mismo una exclamación cuando se te cae una viga encima de los huevos, a ver qué vida es ésa. La juventud pide jaleo, y marcha, y pasta, y yerba, y un cuatrolatas para recorrer el mundo; la juventud todo lo quiere ver y tocar. Que si no ven y no tocan no se lo creen. De vez en cuando Ángel miraba de reojo hacia fuera.

—Qué, ¿esperan a alguien?

—No, un vistazo ahí, a la furgoneta.

—Nadie se la va a llevar. Aquí otros vicios sí habrá, pero robar no. No es como en otros lados.

—Di que para lo que hay que robar... —intervino Ignacia, y enseñó el piñón negro que sustituía un colmillo.

—Pues más de una vez los chiquillos, por pueblos como éste, nos han hecho añicos un cristal o nos han dejado una rueda en el suelo.

Terminó Marcelo de dibujar su plano y explicó cómo veía él la forma de aislar el transformador:

—Muy sencillo y muy natural, y a nadie se le ha ocurrido: construir una garita entre este patio y el muro exterior, de cemento pero que parezca piedra, ¿ustedes me entienden?, con cemento se puede hacer todo: que parezca piedra, o mármol, o alabastro, o lo que se quiera: en eso mi cuñado Jacinto es un artista.

—Pero una obra así requeriría el permiso de Bellas Artes...

—¡Amos, anda!... Lo importante es no tocar la obra principal. Un transformador es algo de interés público. Y todo el mundo punto en boca. Les voy a contar qué ocurrió una vez que instalaron iluminación nocturna. Aquí vinieron un día unos seis o siete operarios, como ustedes, y, ¡hala!, se pusieron a tender cables e instalar focos a toda mecha, con grúas y todo, porque se celebraba el centenario de un rey que había construido el monasterio. A la misa asistió un presidente del gobierno vestido de marinero, de blanco, como el traje de primera comunión que le hubieran arreglado para cuando fuera mayor, porque era verano y por la calor, ya sabe, y con él los ministros y toda la pesca. Vino de día y se fue de día, pues habían cambiado la hora de verano y esas leches, y a las nueve de la noche era pleno día. Total, que no vio las luces, que se encendieron a eso de las siete, pero no se veían, y cuando al fin se pudo contemplar en todo su esplendor el cimborrio y el ábside, ya eran las diez y media, y para no gastar energía, como no había ni gobierno, ni ministros, ni policías, ni la madre que los parió, apagaron todo. Y no se volvió a encender, ahí donde lo ven, pues aquel mismo invierno desgraciaron la instalación la lluvia, los hielos y las pedradas de los chicos, talmente como ustedes dicen que les averiaron la furgoneta.

Ángel y Perucho preguntaron a Marcelo si podían contar con él.

—¿Saben qué les digo? Que a la rampa del silo que le den por el saco. De hoy en ocho empezamos mi cuñado y yo los trabajos. Bueno, si los paga la Electra: los monjes ya sabemos que no tienen un duro.

—Nosotros le damos a cuenta un anticipo.

—¡Quite allá! No es necesario. Ustedes son de confianza. Yo dije eso porque, un suponer...

—Es la empresa quien tiene este sistema de contratación, ¿comprende?

—Si es la empresa, y si es su sistema de contratación, entonces yo no tengo nada que decir.

Y se guardó los billetes que le tendieron.

—Ya que hemos venido con la furgoneta, pensábamos cargar algún material.

—Eso me arreglaría, pues Jacinto y yo subimos en la moto, y lo más que podemos acarrear cada vez es un saco o una pila de ladrillos. El cuento de nunca acabar.

—Veremos qué tiene usted aquí.

—De todo. Con la distancia que hay al almacén más próximo, que está en Medieva, me interesa disponer siempre de una pequeña provisión. Si se trata de una obra mayor, entonces se manda traer un camión, pero para arreglos y chapucillas, mejor contar con el propio arsenal.

Acercaron la furgoneta a la entrada de la casa y cargaron diez sacos de cemento, una centenada de ladrillos, dos sacos de yeso, algunas herramientas.

—La arena supongo que se la puede encontrar allí mismo.

—Y tanto. Queda un buen puñado apilada detrás de la antigua fábrica de velas, en lo que llaman patio de matalobos.

—¿Cuánto le debemos?

—Ni hablar. Es mi material. Cuando el trabajo esté terminado lo facturaré todo junto.

—De acuerdo, pero considere que esto es también un anticipo. La empresa prefiere este procedimiento.

—Bueno, si es la empresa...

Desgarró una esquina del papel de envolver donde había dibujado los planos y con su lápiz de trazos desmesurados alineó verticalmente unos cuantos números.

Le pagaron lo que pidió.

—¿Le importa que nos llevemos esos planos?

—A ustedes les serán más útiles que a mí.

—Entonces, hasta la otra semana.

Él se quitó la gorra y les dio las gracias, con los billetes en la mano.

—A mandar. Encarna, Ignacia, que se van estos señores.

La furgoneta arrancó. Pasó bajo una rasgada pancarta, reliquia del verano anterior, que decía: «Aquí nadie es forastero». Aumentó el polvo que arremolinaba el viento. Dos chiquillos salieron corriendo detrás. Marcelo, Encarna, Ignacia, saludaban con la mano.

14

Le quedó todo el día en la mano derecha el recuerdo del contacto con el duro pezón, bernarda dolorosa, bernarda temerata, violata y maculata. Era como el estigma de un clavo, un clavo al rojo vivo, de invisible –pero eterna– quemadura. Fray Arturo era incapaz de rezar, meditar, manejar el azadón, flagelar su espalda, leer las Escrituras, sin sentir en la palma de la mano la cada vez más aguda penetración de la punta del pecho, estrella nova o blanca, agujera bruna.

Concededme la gracia, bernarda –¿por qué la llamaba así?–, de depurar la memoria, refrenar la lengua, recoger la vista, mortificar los sentidos, llorar las iniquidades pasadas, rechazar las tentaciones futuras, corregir las inclinaciones viciosas, domar la naturaleza, guardar vuestra ley y merecer mi salvación.

El dolor se intensificaba al pensar que ella, la dueña de aquella conflagración milimétrica, seguramente retozaba tan campante por los peñascales sin portar el lastre de una caricia añorada. Oh, feliz la veneranda, praedicanda, mystica, que enarbolaba aquel tizón ignorándolo.

A él se le iba el pensamiento, como una música –esas escalas en un piano loco–, por los alados faldones de la perseguida causa nostrae letitiae por el legionario, leve ninfa de piernas rechonchas vestida de blancos lazos para provocar a un cazamariposas. Carminarevuela por entre las columnatas del claustro, nubla el reloj de sol y desaparece por el ángulo del pozo. En un salón con lámparas de vidrios colgantes dos viejos admiran un ramillete de capuchinas en un jarrón. Capuchinas siempre frescas: al contemplarlas les brota un halo rutilante que produce una vibración musical. Los viejos han espiado cada mañana por la cerradura del salón y nunca han visto a nadie cambiar aquellas flores. Ahora entra una chica de servicio, despeinada, canturreante, con el uniforme desabotonado que deja ver unos pechos que son todo pezón, oscuros y concentrados. Se expande a su paso un olor a cama. Trae en el delantal muchas flores secas, y agarra las del jarrón para echarlas en el delantal y sustituirlas por las secas. «Estúpida –dice el anciano–, esas que has tirado estaban frescas.»

La chica exhala una risa fría, sin ningún sonido, una carcajada muda. «Hace años que están frescas —corrobora la anciana—, y tú y yo, en cambio, somos cada vez más viejas.» La chica se derrumba en una butaca de mimbre y estalla en sollozos. Se tapa los oídos, pero un reloj pendulea en todas partes. El viejo la ayuda a incorporarse, le pone una gabardina de hule brillante, negra, le anuda el cinturón, la abotona. Al abotonarla, se hace más evidente su desnudez. Se sienta de nuevo, empieza a deslizar por la pierna una media blanca; alza la pierna doblada en ángulo recto y emerge tras la rodilla rojiza un muslo de leche merengada. Lenta, muy lentamente, el sol se pone, y el viejo sigue allí —la vieja ha desaparecido— de pie al lado de la chica que enrolla la media, y el reloj se para.

El silencio es tan grande que fray Arturo da un brinco, sobresaltado. No sabe cuánto tiempo ha transcurrido. Ahora escucha ruidos en el cuarto de arriba, o los imagina. Sube, para sajarse la duda. Las sombras se entrecruzan —ramas de árboles, nubes: las sombras de nadie—. Va primero a la ventana y luego se tumba en el jergón, los ojos desorbitados, las manos unidas en adoración. Se siente amortajado en una blanda sepultura. Acuna su espalda en el regazo que formó el cuerpo de ella. Divisa en la oscuridad la lejana silueta del viejo, que dice a la chica del impermeable: «Si consigues mirar fijo, fijo, llegarás a ver cómo se mueve la tierra». Están los dos parados al borde de una pradera medio seca y ella bruscamente se pone de puntillas y exclama: «Sí, lo veo, ahora lo veo; es magnífico, da vértigo». «Al principio marea un poco —responde el viejo, que en realidad es él mismo, fray Arturo, o su padre redivivo—, pero después es más suave: se tiene la impresión de que la tierra es mecida por alguien; alguien la mece para que no tenga miedo por el espacio, y para que se duerma, para que se duerma...», y repite, repite las últimas palabras mientras la luz del horizonte se vuelve rescoldo, y fray Arturo se duerme.

Medianoche. Carmela, Ángel y Perucho se afanaban en torno a las ruinas. Habían acercado la furgoneta a la más voluminosa melladura de la tapia. Desde allí descargaron los sacos y los ladrillos y los trasladaron a la embocadura del subterráneo donde dejaron el cable con la piedra atada. Ángel había fabricado con unas varas de fresno una especie de angarillas, capaces de contener un saco de cemento y soportar su peso.

—Hay que bajar —dijo Perucho—. Uno abajo desata los sacos y los apila, mientras los otros dos los descienden con unas cuerdas.

Carmela trajo de su escondrijo cuerdas que ataban restos de sacos podridos por la humedad. Fueron anudando los trozos en mejor estado hasta formar cuatro sogas de cinco o seis metros cada una.

—Bajo yo —dijo Ángel.

Perucho le agarró fuerte por la muñeca. Retrocedió Ángel a reculones hasta quedar medio cuerpo dentro y medio cuerpo fuera del agujero.

—Aguanta fuerte. Allá voy.

Se escurrió hacia atrás.

—Cuidado, que está muy profundo.

Ahora colgaba del brazo de Perucho, que se había arrodillado en el borde.

—¡Voy a saltar!

—Yo estoy listo.

—¡Suelta!

Se oyó su caída en el fondo de lo que parecía un pozo. Voló una pareja de murciélagos.

—¿Todo bien?

—Sí. Esto está hecho una mierda.

Encendió la linterna.

—Ten cuidado no tropieces con una calavera —bromeó Carmela, que se había tumbado boca abajo y fisgaba desde la embocadura el interior de la cueva—. Es más grande de lo que parece, ¿verdad?

—Por mí podéis empezar con el montacargas.

Carmela y Perucho instalaron el primer saco en la parihuela y con mucho cuidado lo descendieron, milímetro a milímetro, golpe a golpe, verso a verso, corre que te pillo corre que te agarro corre que te lleno la cara de barro.

Hora y media más tarde habían descendido todo el material. Para subir de nuevo, Ángel necesitó la ayuda de una cuerda: Perucho tiraba, y él iba escalando por las junturas de las piedras. Su mano derecha rozaba el borde cuando la cuerda cedió.

—¿Estás bien?

Primero un silencio negro. Luego unas interjecciones con lo más granado del repertorio de un pocero.

—No grites. Te van a oír hasta en la carretera. ¿Te has roto algo?

—Y yo qué coño sé. Echadme una cuerda que esté bien, leche.

Trenzaron las otras tres cuerdas. Ayudaron a la vez Carmela y Perucho hasta que Ángel tuvo medio cuerpo fuera del agujero.

—Bueno, basta ya, que me vais a arrastrar ahora por en medio de las zarzas.

—¿Puedes andar?

—Claro que puedo, leche. Si no, me habría quedado ahí abajo. Más fácil para vosotros: bastaba una lápida y un responso.

—Parece que cojeas un poco.

—Se me ha clavado una barrena en los riñones, quieres que no cojee. Y me he tragado esa mierda de yeso. Apaga la linterna, que ya estoy muy visto.

Carmela los acompañó hasta la tapia. No le apetecía que se marchasen. La furgoneta rielaba cubierta de rocío. Perucho se acomodó en el asiento del conductor.

Ángel se despidió con un beso en cada mejilla.

—Chao —dijo, y se subió por la otra portezuela.

—Ahora soy yo quien va a saber a yeso. ¿Volveréis pronto?

—Ni idea. Ve a lavarte la cara. Y escóndete.

El petardeo del motor soliviantó la noche. Las luces de los pilotos se hicieron cada vez más diminutas, el ruido se fundió con el crepitar del aire en las ramas secas, y pronto el silencio y el frío de las estrellas impusieron de nuevo su ley.

Carmela descendió a brincos el desmonte. Sale la luna vomitando estrellas, ay ay ay qué bellas, ay ay ay qué bellas; noche sin luna día sin fortuna, y cuanto más te miro más me resfrío; o cuanto más te miro más me río; o cuanto más frío hace, más el corazón me arde. A la pata coja, de mijo y de soja, la que no se moja se vuelve monja, no, se vuelve bisoja. Hoja que no has de beber déjala correr, mi jaca galopa y corta el viento, tú eres mi tormento, convento, ay mi convento, capote de valentía y muerdo de remordimiento. A la una aceituna, a las dos arroz y a las tres un lenguado meunier.

La carrera, sumada a los trabajos de persiles y la vida es sueño, le habían abierto el apetito. Se introdujo de puntillas en la celda de fray Arturo. Desierta. Pasaron cinco, seis semanas, no había na-na-nada que comer, oé, oé... Quedaba un mendrugo en el postigo. Lo rumiaba, más que lo masticaba, mientras ascendía las escaleras que conducían al cuartucho superior.

Vio al fraile dormido en su jergón. Le apeteció hacerle cosquillas.

Lo pensó mejor y se fue al camastro de abajo. Se extendió, cerró los ojos, es mi colchón, corazón de melón, corazón santo, tú reinarás, me duele el riñón, anima e cuore, la anunciación..., la concepción..., la concesión..., y se quedó dormida.

Cuando la campana despertó a fray Arturo para el rezo de maitines, su primer pensamiento fue arrodillarse y rezar el «yo pecador»: «...*Ideo precor beatam Mariam semper Virginem, beatum Petrum et Paulum, omnes Sanctos, et te, Pater, orare pro me ad Dominum Deum nostrum*». Se santiguó y descendió las escaleras. En el oratorio encendió una vela. Oía una respiración, se acercó a su lecho.

Se acercó a su lecho. No quiso mirar aquel pájaropinto dormido. Volvió al oratorio, se arrodilló, se azotó furiosamente con el látigo de tres puntas. Las correas restallaban en el aire y su trallazo en la espalda retumbaba en la celda como un tronco de doce caballos arrastrando por la bóveda celeste una diligencia.

Y cuando cayó hacia adelante, extenuado, sintió que varios pececillos le acariciaban la espalda y una voz, que ya conocía y que se le antojó dulcísima y prudentissima y stella matutina, decía:

—Ven que te cure,

y se dejó llevar hasta caer de bruces en el lecho que olía a mujer y a yeso, y allí rompió a llorar, a llorar, *beatam Mariam semper Virginem, orare pro me ad Dominum Deum nostrum*.

15

Volvió al domingo de la cantina, a las dos bombillas escuálidas que colgaban del techo, a las dos acuarelas de toros moteadas de humedad. Dos parejas de jóvenes, con un transistor, se habían puesto a bailar. Tom Petty y los Heartbreakers.

Good love is hard to find

—Eh, vosotros —la dueña—, que aquí no se baila. ¿No habéis visto el letrero?

You got lucky babe

—El letrero dice que se prohíbe cantar bien o mal.

Good love is hard to find

—Pues eso.

You got lucky babe

—No dice nada de bailar. ¿Quién lo prohíbe?

When I found you

—Yo.

Yeah go

—Si es así...

Just go

—Y la radio bajadla, que aturde a los clientes.

But remember

—Así se anima esto un poco. Menuda tumba.

Good love is hard to find

—Cállate Manolo.

You got lucky babe

—Si no os gusta, ahí tenéis la puerta.

Yeah go

Se sentaron refunfuñando,

Just go

y refunfuñando

But remember

disminuyeron el volumen de la radio. Bebían todos ellos coca-cola. Cármela un café. Este domingo había café con leche ya preparado en una gran perola plateada, café recocido pero al fin y al cabo caliente. Era su primer café desde hacía casi dos semanas.

Juancruz entró y miró hacia donde ella bostezaba. Juancruz vestía una zamarra negra con el cuello forrado de pelo de cordero, unos pantalones de pana verdáceos, botas de piel de borrego, y el gorro que cubría su cabeza hacía juego con sus guantes, que también eran de lana y a franjas negras y azules.

Se acercó a ella y a guisa de saludo hizo ademán de ir a calentarse las manos en su cuello.

—Creí que no ibais a venir ninguno —murmuró ella en su oído.

—¿Me haces un sitio?

Ella se corrió y empujó a dos chicas sentadas en el mismo banco que jugaban con una tercera la consumición a los chinos.

—Perdonad. ¿Qué bebes?

—Un coñac caliente.

—¿Cómo va nuestra familia?

—Como nunca. Oye, hace frío en esta estepa.

—¿Has venido en la moto?

—Sí.

—Ahora te pido el coñac y salimos a dar un paseo.

—Cuando me haya calentado un poco.

Hablaban muy bajo. El volumen del aparato de radio había aumentado de nuevo

Oh oooh heart of light oh oooh heart of light

y la última mesa libre se había llenado de jóvenes ruidosos: dos echaban un pulso y los otros jaleaban y aplaudían. La tarde, con el humo, las voces y la radio,

84

se espesaba.

Carmela terminó su taza y Juancruz engulló de un latigazo su coñac, que le restregó las mejillas.

—Señora, ¿qué se debe?

—¿Qué fue?

—Café y coñac.

Dejaron tres monedas sobre la mesa y salieron.

—Tú y yo, Carmela, amartelados como unos novios. Órdenes del jefe.

Le pasó el brazo por los hombros. Ella el suyo por la cintura. Así enlazados caminaron despacio pendiente arriba. El cielo estaba pizarroso y una luz de estaño cadaverizaba los muñones de los árboles.

—¿Te ha dado Bernar algún recado para mí? —preguntó Carmela.

—Recuerdos. Que te cuides. Que no te aburras.

—¿No me necesita en otra parte?

—Aquí no estás mal. ¿Adónde quieres ir?

—A donde vea gente.

—En la cantina había un montón de gente.

—No puedo pasarme el día en la cantina. Se fijarían en mí. El domingo pasado entraron dos cazadores y no hacían más que mirarme. Y luego, aquellos conejos con los ojos de cristal...

—¿Qué conejos?

—Nada. Tú qué sabes. No me lo recuerdes, que todavía me dan escalofríos.

—Fuiste tú quien sacó el tema.

—Igual que los de mi hermano Moncho cuando lo mataron.

—Olvídalo ya. Tú ten cuidado, Carmela.

—Eso hago. Creo que no hago otra cosa más que eso: tener cuidado.

—¿Y a los monjes los ves?

—Sí

—¿De cerca o de lejos?

—De cerca y de lejos. ¿Me has traído lo que pedí a Pato?

—No sé lo que pediste a Pato. En la moto hay un paquete para ti.

—Juancruz: los sacos y el resto del material están en el subterráneo de las ruinas, y la instalación eléctrica se ha terminado. ¿Qué hago ahora?

—Y a mí qué me cuentas.

—Pato me dijo que se necesitaba una celda vacía. Todavía no la he encontrado. La hay, claro, pues antes vivían en el monasterio más de cincuenta frailes y ahora no llegan a una cuarta parte. Pero no voy a ir llamando por las puertas: ¿eh, hay alguien aquí? Mañana exploraré la galería de novicios, aunque éstos me parece que duermen en camaretas, separados por cortinas. Pregúntale a Bernar si esto nos interesa.

—Tú crees que duermo con Bernar. Menuda perra con Bernar.

—¿Tienes noticias de Madona?

—Se ha ido.

—¿Adónde?

—¿Adónde te has ido tú? Nadie contestará a esta pregunta. Se ha ido. Evaporada. Leve pájaro de la noche.

Se veía allá abajo la vía férrea que cruzaba en línea recta unos eriales cuya superficie quieta enturbiaba la bruma. Una columna de humo que brotaba de la casucha de peones camineros describía un arco antes de desplomarse y confundirse con toda la griseidad del paisaje. Juancruz se sentó en el suelo, con la espalda apoyada en una encina. Chupaba un hierbajo seco. Miraba a lo lejos, en silencio.

Silencio, los caporales están llorando, mentira, que son pañuelos, pañuelos blancos llenos de llanto. Carmela se acuclilló frente a él, instándole con la mirada a que hablara.

—En aquel golpe del banco —empezó Juancruz— yo iba con Madona. Sí, todos creyeron, y me parece que tú también, que era Chérifa, tu amiga la argelina. Sí, al principio era ella quien iba a participar. Madona se quedaría en la retaguardia. Pero al final se cambiaron los papeles: la foto de Chérifa acababa de aparecer en una revista de su país, donde se la citaba largamente a propósito de los movimientos independentistas en el norte de África. Bernar consideró más prudente dejarla atrás y sustituirla por Madona. Lo decidió en el último minuto, sin tiempo para comunicaros a los demás el cambio de planes. Después, todo salió bien: nadie se preguntó quién era quién, pues los cuatro que participamos en la operación no dijimos nada. Fue una temeridad, de todas formas, que Madona se hiciera pasar por una farmacéutica casadera que iba a comprar un piso al contado. Ninguno nos dimos cuenta de que una vez situada Madona en la primera línea debía continuar allí y no regresar al mundo civil camuflada de niña bien. La visita de la policía al piso pudo haber sido una catástrofe. Suerte que aparecieron en el momento más inocuo, cuando no había nadie y el único cuerpo del delito eran unas cervezas. ¡Sabor a cerveza sin gas! ¡Paredes al temple picado con una doncella que espera su alcoba! ¡Invitaciones, listas de boda, de qué si no van a ser las listas, más un mapa de España con chinchetas para elegir la ruta del viaje de luna de miel! Salió perfecto. Luego la triste doncella ha desaparecido...

—Tú sabes dónde está...

—Te juro que no. Si lo supiera, quizá la llamaría o le escribiría una carta, y eso nos comprometería a todos.

Se hizo un silencio de grillos muertos o dormidos.

—Tú no me dirías, como Pato, que te gustaría pasar la noche conmigo para darme calor.

—Decírtelo sí te lo diría, pero ¿serviría de algo?

Ella sonrió.

—Gracias, majo. Tampoco te lo he pedido, ni iba a aceptar.

—¿Entonces para qué hablas de eso?

—Seré una obsesa. Cualquier noche acabaré acostándome con un fraile, qué emoción san simón. Oye, ¿por qué no me cuentas cuál es nuestro objetivo? ¿Volar el monasterio?

—Qué dices. Estás chalada.

—Yo no me creo que preparemos refugios para otros compañeros. El hogar del compañero necesitado. Haz un agujero y salva a un compañero. Campaña internacional: siente un perseguido a su mesa.

—Estás majareta.

—Que no me lo creo y ya está.

—Pues te lo tienes que creer. En el paquete que traigo hay latas de alimentos: son para guardar. Órdenes: constituir una buena provisión.

—Como las hormigas. El invierno está a la vuelta de la esquina.

—Tú eres una impaciente, Carmela.

—Me gusta la acción. No me gusta pasarme las horas de brazos cruzados. De niña ya era así, mi madre se irritaba toda, se ponía que no veas: «Vamos, niña, estáte quieta de una vez, que me crispas». Yo crispo, tú crispas, él crispa. De crispa, crispín. Qué verbo más tonto. Yo no serviría para ser estilita.

—¿Estilista?

—No. Estilita. Mira que eres bruto. Sin ese.

—Es que me enrollas, con los verbos. Y luego saltas a otra cosa y no hay quien te siga.

—Pues eso, los estilitas eran unos tíos que vivían años y años sobre una columna. San Alpidio pasó diecinueve años sobre una columna. Pero quien batió el récord fue san Simeón: vivía en una columna de cinco metros de alto, siempre de pie, rezando, predicando, y dormía sentado. A ver, si no había sitio, cómo tendría el culo. Así pasó treinta y siete años. ¡Treinta y siete años! ¡Si yo pienso que esa edad nunca la veré! ¿Te das cuenta, tú, pasarte los días y las noches, con lluvia y con sol, invierno y verano, sin moverte durante treinta y siete jodidos años? Más que una vida. ¡Más que una guerra!

—¿Quién te enseña esas cosas? No me digas que te lo crees...

—Me lo creo más que la historia del hogar para refugiados. Lo he leído en un libro de fray Arturo. Es más majo, fray Arturo... Cuando murió, el Simeón, su columna había crecido, que diga, su nueva columna que le habían construido sus admiradores tenía quince metros de alto, y la plataforma era de cuatro metros cuadrados. Se había trasladado, como aquel que dice, a un apartamento más espacioso. ¿Te imaginas a mí subida en una columna de quince metros de alta? Tú te ríes, pero sería una atracción: camarada Carmela la estilita.

Se recreaban, durante el silencio, en respirar la frescura y fineza del aire, oliente de retamas y de hierba seca. Se movían para combatir el frío: saltos, palmadas en los costados y en los muslos, resoplidos en las manos.

Algunas nubes que se escurrían perezosas por el resbaladizo cielo se incendiaban al declinar el sol.

—Me acuerdo en el colegio —continuó Carmela—, había una monja, madre Sanjurjo, muy seca y áspera. Una mañana nos anunciaron que no teníamos clase porque la madre había muerto. Todas las compañeras salieron alborozadas al patio de recreo. Yo me eché a llorar encima de mi pupitre. ¿Sabes por qué? Porque cuando tenía cinco o seis años la madre Sanjurjo me había sentado en sus rodillas. Tú no puedes entender lo que representa que una monja te siente en sus rodillas.

Un autobús renqueaba por la carretera de grava, allá abajo, y levantaba una polvareda blanca, rápidamente absorbida por la bruma.

—Ni yo me he sentado, ni tampoco he sentado a una monja en mis rodillas. ¿Por qué te acuerdas ahora de la monja?

—Pensaba que es el único sitio, las rodillas de una monja, donde he permanecido sentada mucho rato.

—Si seguimos en esta ladera frigorífica nos vamos a congelar.

—Sí, paseemos un poco. Soy tonta, no me hagas caso. Tengo un día tonto, un día tonto lo tiene cualquiera, pero yo tengo algo peor: una día tonta.

Descendieron a campo traviesa, en dirección a la vía del tren. Caminaron paralelamente a ésta y contornearon el altozano para encontrarse de nuevo, corridas las cortinas de la noche, en las cercanías de la cantina. Hablaron mucho de los meses que Carmela pasó en París, donde conoció a Chérifa en un mitin de la Sorbona y luego la acompañó a vender libros y folletos en un tenderete instalado en la fiesta del pecé. Como no querían que los vieran juntos, y algunas gentes remoloneaban, querenciosas de la oscuridad o recelosas del olor desabrido del hogar, señaló Carmela un boquete del muro donde Juancruz podía depositar el paquete, y se separaron.

—Ah, que estés atenta a las noticias de la radio.

—¿Cuándo? ¿Hoy?

—Todos los días.

—¿No puedo saber a propósito de qué? ¿Información deportiva, taurina, de espectáculos, rock, clases de inglés?

—Tú no te pierdas la hora de las noticias. Lo que hayas de saber, ya te enterarás.

—Lo que has de hacer, hazlo pronto. Gracias por la maravillosa información.

—No te pongas así: te he dicho lo que sabía, más de lo que sabía.

Pero ella ya no le escuchaba. Cuando media hora más tarde abrió el paquete vio que no habían olvidado enviarle los tampax. Las conservas las escondió en una tinaja tapizada de telarañas.

No le importó no tocarlas. No tenía apetito. Tam-pax. Pax. Sólo le apetecía gritar. Puso la radio, arrimó el receptor a la oreja. Re-transmitían un partido de fútbol.

Gritar.

16

Bajó a los rezos para ver a los monjes, como fantasmas blancos, hundidos en sus reclinatorios o en sus remordimientos, navegando en una oscuridad casi total, amortiguada por un cirio colocado en medio del altar y por el resplandor que filtraba la puerta abierta de la sacristía. Era una somnolencia sin incienso, una barcarola seca, y de pronto se oía una voz:

—*Salve regina*...

y se encendían las luces de la iglesia y todos los frailes en pie cantaban la salve tan dulcemente, con tanta pena, como el gemido de un niño con mucha calentura. Con aquella nana se despedía el día y luego, al terminar de cantar, como si sólo cupiera esperar la muerte, las luces se apagaban de nuevo y los monjes caían de rodillas para permanecer mucho rato en posición de ave herida. Un silencio de páramo sin luna se concentraba en la oquedad de aquella tumba poblada de fósiles vivos.

Cuando se retiraron todos, se acercó al confesonario. Estaba vacío, pero ella bisbiseó las últimas cuentas de su rosario de pecados:

—Y odio. Odio. Amén.

Va a salir y le cierra el paso la figura de un anciano fraile que aprieta un haz de cirios en la mano.

—Ay, qué susto.

Él indica, con un signo de cabeza, que le siga. Su cara recuerda a un niño arrugado. ¿También él la creerá, como fray Aldaba, una visita-oveja descarriada y la conducirá al portalón que da al exterior? Oveja que bala, bala perdida, Balaam profeta extraviado, Bali demonio gigante y peludo. La conduce ceremoniosamente por una galería desconocida. Ve un cuadro de san Bartolomé, rudo y cejijunto, nariz aguileña y poblada barba negra de oveja negra. Un poco más lejos una arqueta colocada encima de las cabezas de dos leones dormidos. En un recodo, sobre un pedestal, una pequeña estatua de un obispo que eleva inútilmente el brazo izquierdo y cierra el puño para sujetar un báculo perdido. Tras aquel ángulo, dos puertas. La primera está coronada por una orla en la que se lee «EMAVS». Fray Pastor la abre y le indica que pase. Carmela se queda mirando la celda, amueblada con un somier, un armario, un lavabo, un perchero, una mesa y una silla, un cuarto de invitados, piensa, y a su espalda la puerta se cierra y los pasos del fraile ceremonioso se pierden por la galería.

Prueba la cama, salta en ella. Un somier con muelles, colchoneta de borra, sábanas y cobertor, es un tío grande fray Ritz. Y un interruptor anudado en el cabecero enciende y apaga la luz, bombilla tísica que se duplica en el espejo que ha ido goteando su azogue en el desagüe del lavabo. Tendría que ir a buscar sus cosas para instalarse aquí. Poder lavarse la cara en los espejos empañados y las llanuras muertas, cepillarse los dientes como perlas labios de coral, fregotear la cabeza que le picaba, piel de guindilla, y que acabarían colonizando caravanas de anteojos, leer en la cama, de cama ha de ser la piedra, dormir hasta la borrachera, de cama la borrachera, y cuanto más borracho más y más me he de acordar. Pensar tumbada con las manos en la nuca y los ojos descifrando las resquebrajaduras del techo: pelícano del Danubio que remonta el vuelo,
rodaja de pez espada en una marmita,
antiparras de joyero judío,
racimo de uvas ya comidas,
hoja de trébol, hoja de acanto,
madrépora, coral
y un jarro de hidromiel.
Se incorporó para mirarse al espejo fabricado de escamas: sucia y despeinada, vestida con la ancha zamarra color caqui y los vaqueros desteñidos, fray Descarríos Descarrock la había tomado por un chico en busca de pax spiritual al que había conducido al retiro para soledades vengo y voy.

Mira por dónde el buen samaritano le había revelado el lugar donde se encontraba la celda vacía que necesitaba Bernar. En este Emavs edificaré mi iglesia y te voy a señalar en el plano con tres estrellas.

Era cómoda la cama, pero no podía continuar allí. Convertida en el huésped oficial, el único, el Huésped por antonomasia, la obligarían a ir al refectorio, le harían la cama, la vigilarían y, en suma, no tendría libertad de movimientos.

Adiós el techo de telarañas tejidas en cáñamo de ortigas para

vestir a un cisne. Apagó la luz y salió. La segunda puerta ostentaba esta inscripción:

OBLATADO

En realidad no era una puerta sino una verja de madera tallada. Una bombilla encendida al fondo le permitió ver un pasillo
con cortinas a los lados. Empujó la puerta y se introdujo en el pasillo. Oyó respiraciones tras las primeras cortinas de estameña:
imaginó novicios que dormían. Al final del pasillo el silencio era
absoluto. Dio un pellizco a una cortina y miró dentro: un camastro, una mesa, nadie.

Dos pasos más allá se oía correr el agua de una cisterna. Abrió
una puerta y a la luz de la media luna distinguió a la izquierda los
cubículos entreabiertos de dos retretes, y a la derecha un armario
ropero y, al lado, una ducha. En el armario se apilaban media docena de hábitos y una especie de sacos blancos que eran seguramente los camisones de dormir. Olía a zotal.

Se apoderó de un camisón y de un hábito. Regresó a la camareta en la que había husmeado. La bombilla debía de estar fundida, o quizá cortaban las luces individuales a la hora de dormir y
sólo dejaban encendida toda la noche la bombilla que colgaba
del centro del pasillo.

Había un cabo de vela, que encendió. Se quitó la ropa, hizo
con ella un hato que escondió bajo el camastro, enfundó el camisón, se cubrió con la manta. Se oblató toda, con las rodillas casi
pegadas a la cara, qué bien voy a dormir. En su habitación de
Turbia conservaba una muñeca a la que su hermano había
arrancado una pierna, una pierna que él utilizaba para metérsela
en la boca, pues le habían prohibido con amenazas chuparse el
dedo. La pierna carnosa y blanda de la muñeca. La pierna muñe-
cosa. Qué bien voy a dormir.

Le despertó el chisporroteo de las últimas boqueadas de la
vela. Soñaba con un jardín, por el que ella se paseaba abriendo
y cerrando cercas de madera: ninguna daba al camino exterior,
todas daban a jardines ajenos, y ella tenía que pedir disculpas a
los dueños por pretender entrar en sus posesiones. Volvió a dormir.

Ahora la despertaron unos ojos que la miraban con la insistencia de la muñeca coja. Una nueva vela encendida había sustituido
a la que sólo fue una lágrima de cera. Un chico pecoso, de rubi-

cundos mofletes, vestido con un camisón similar al suyo, se sentaba en un taburete muy cerca de su almohada.

—Te he traído una vela nueva. ¿Cuándo has venido?

Carmela carraspeó. Luego impuso silencio.

—No nos oye nadie. Celestino ya se ha levantado para los laudes. Llegaste ayer, ¿no?

Asintió con la cabeza.

—Contigo somos seis.

La mira, la escruta como a una libélula atrapada, el de las pecas. ¿Qué hora será? Negrura total tras los cristales.

—¿Eres mudo o qué? El reverendo Celestino te ha dado un re-
paso ayer, ¿no? Pero ya te he dicho que nadie puede oírnos. Los
demás duermen. Está mi camareta de por medio. No te han pelado todavía por lo que veo.

El mofletudo ostentaba un pelo cortado casi al cero. Un centímetro de cepillo en la parte de la cresta. Era divertido pensar en
mirarse al espejo y verse como él, menudo plan.

—Ah, ¿te ríes? Ya me reiré yo de ti mañana. ¿Has traído alguna
revista o algún libro? Aquí no nos dejan leer nada. Bueno, no
hay nada para leer, sólo unos rollazos de milagros y cosas así.

Se agachó a mirar debajo del camastro, de donde intentó sacar
el ovillo de ropas. Carmela le agarró de la manga y tiró con tanta
fuerza que el taburete se quedó titubeando sobre dos patas.

—No iba a robarte. A ver por qué no me prestarías un libro.

—Porque no —habló al fin Carmela, con la boca casi cerrada,
para ahondarse la voz.

El intruso se sentó en el borde de la cama.

—¿Tú te confiesas a menudo? —preguntó.

—Bastante.

—¿Y de qué?

—De todo.

—¿Del sexto también?

—Del sexto qué.

—Mandamiento, qué va a ser.

—¡Ah! Sí, también.

—¿Y cómo lo dices?

—El qué.

—Eso. Que pecas.

—No sé.

—Yo una vez me confesé con un padre misionero y le dije que hacía cosas feas y me corrigió: «actos deshonestos». Él me enseñó también a decir «actos deshonestos conmigo solo con mi propio cuerpo». Yo lo repetí así y él entonces me preguntó: «¿Con derramamiento de semilla?», yo me puse como la grana pues en seguida caí en la cuenta de lo que quería decir, y desde entonces siempre digo «me acuso de cometer actos deshonestos conmigo solo con mi propio cuerpo con derramamiento de semilla».

—Arrea.

—¿Tú también lo haces con derramamiento de semilla?

—Más bien sin —entresuspiró Carmela.

—Es más grave con. También es más grave si piensas que haces cosas feas con una casada que con una soltera, con una monja que con una seglar. Yo desde que estoy aquí he conseguido no tocarme más que un poco, y a este paso pronto habré superado ese vicio. Porque es un vicio.

—Que si es.

—Yo, si no existiera eso, no pecaría.

—¿Qué hora es?

—Las tres y media.

—¿Hasta qué hora dormimos los novicios?

—¿No te lo han dicho? Hasta las seis.

—Pues déjame dormir.

—Si quieres algo, estoy al lado. Te dejo la vela. ¿La apago?

—Gracias. Sí.

Salió, enfundado en su túnica blanca. Al andar, meneaba la cabeza hacia adelante, como una tortuga, y el culo hacia atrás, como un chow-chow. Dejó tras de sí, junto al olor a sebo de la vela, emanaciones de coliflor transpirada.

Se oía una tos débil, repiqueteando como las alas de un ciervo volante, al fondo de la galería.

Carmela-novicio, vela que te quiero vela, barco cargado de esperma verde como un árbol nupcial, tiene ganas de encender un pitillo. Busca la cajetilla y el mechero en su zamarra y se va con ellos al vecino retrete, donde precavidamente abre la ventana antes de ponerse a fumar. Fumar es un placer que tienes que vender, y si el humo ciega mis ojos, me postraré de hinojos para los días flojos que no me abandona rex-ona, sed lex, sed cautos y los novicios rojos no descubrirán vuestros piojos.

Entre harapos de nubes la luna de tarde en tarde reaparece, y a su fulgor, desde el observatorio de la ventana en la que expira su humo, Carmela traza con las coordenadas de la vista el punto geométrico en que se halla: abajo se desdibujan los restos de un jardín, donde arcos de hierros oxidados recuerdan los rosales que treparon y las rosas que perfumaron; a la izquierda brilla a ratos el hilo de la acequia; las celdas de los frailes, entre ellas la de fray Arturo, se encuentran, pues, justo a su espalda. Y puesto que en ninguna de las dos galerías que recorrió anoche ha visto escalera alguna, forzoso es pensar que la comunicación con la planta baja se realiza por alguno de los otros dos costados, probablemente por el de la fachada.

Termina el cigarrillo y tira de la cadena. En el exterior ve un armarito en el que está escrita la palabra «Botiquín». Lo abre. He aquí lo que busca: unas tijeras.

No es muy intensa la luz que desprende la solitaria bombilla del fondo del pasillo, ni aun ayudada por el reflejo de seda que a intervalos envía la luna. Carmela va a buscar la vela, la enciende y, ante el espejo que hay frente a la ducha, empieza a dar tijeretazos a su flequillo. El corte descubre su frente abombada, estiliza su nariz, atiranta sus orejas. Tris tras, un mechón por delante y otro por detrás, el de alante corre mucho el de atrás se quedará, pase misí pase misá por la puerta de Alcalá, arroyo claró fuenté serená, quien me va a ver peinada saber quisierá, tris tras, los labios apretados, el ceño fruncido, la de Orleans me llamarán, quién eres santa doncella, más pura la luna bella, cabalgaré en los cielos por un mechón de pelos, tris tras, y cuando arroja por la ventana el puñado de cabellos siente que le recorre desde la punta de los dedos a todo el cuerpo el placer con que las devotas lanzaban pétalos por el balcón al paso de la procesión del Corpus, o las no tan devotas lanzaban sus prendas íntimas a los barbudos y tatuados buscadores de oro que en la quietud de la noche las recibían con el más silencioso de los rugidos.

17

Atención. La noticia. LA NOTICIA.

Con la radio pegada a la oreja, Carmela escucha el relato que el locutor paladea con fruición cuasideportiva:

«El señor Padmanabah Rajadran, presidente de la Conferencia de las Naciones Unidas para el Análisis del Fenómeno del Terrorismo Internacional, ha sido secuestrado hoy por unos desconocidos mientras efectuaba un recorrido por la ciudad de Naleda, en compañía de diversas personalidades locales y autonómicas y de los ministerios de Asuntos Exteriores y de Cultura. El señor Rajadran se disponía a visitar la catedral cuando el paso de su automóvil fue bloqueado por una furgoneta de reparto. Todo sucedió en muy pocos segundos: otro automóvil marca Talbot color blanco frenó a su altura y dos jóvenes abrieron la portezuela y asieron al señor Rajadran por los brazos, lo extrajeron materialmente de su vehículo y lo introdujeron en el asiento trasero del Talbot blanco, que arrancó velozmente, sin que los presentes se apercibieran de lo que estaba ocurriendo».

La paz de la huerta y las horas, la campana y la oración.

«Cuando los miembros de la escolta quisieron reaccionar, el automóvil color blanco marca Talbot y matrícula de Pétrea había alcanzado la vía de circunvalación del río Abrupto y, según testigos presenciales, había continuado en dirección a Mutanda. La furgoneta de reparto, naturalmente, estaba vacía. En un principio se acordonó la zona porque cundió la voz de que contenía explosivos, pero luego resultó una falsa alarma. Inmediatamente de producirse el secuestro se dio la alerta a todas las fuerzas de seguridad, se establecieron controles en las carreteras y en los aeropuertos. Los trabajos de la Conferencia de las Naciones Unidas han sido interrumpidos al menos hasta mañana, en que se espera una reacción oficial.»

El gato maúlla desde su guarida en las ruinas del tejar. Llovizna blandamente, como un coro de voces blancas. El patio entero es un velo de viuda.

«La Conferencia Internacional que se reunía en nuestro país desde el pasado jueves, y que tras la sesión de apertura dedicaba sus trabajos al estudio y aprobación del orden del día, fue decidida el pasado año por la Asamblea General de las Naciones Unidas, a propuesta de los representantes de siete países europeos. La Conferencia, que en un principio iba a versar sobre los medios de extirpar el terrorismo de los países más afectados por esta lacra de nuestro tiempo, se centró más bien en el análisis del fenómeno del terrorismo en ciertas regiones del globo. Su denominación inicial de Conferencia para la Represión del Terrorismo o para la Lucha Antiterrorista, como proponía Israel, fue sustituida por la de Análisis del Fenómeno del Terrorismo Internacional, con las siglas C.I.N.U.A.F.T.I. Una enmienda presentada por Luxemburgo para sustituir Terrorismo Internacional por Internacionalización de la Violencia (CINUAFIV), no prosperó.»

Fray Getsemaní tiene en su ventana una jaula vacía, habitada hace mucho tiempo por un pájaro que una mañana apareció muerto. Como llueve, introduce la jaula en la celda, para que el vacío del pájaro no se moje.

«El secretario de las Naciones Unidas ha declarado en Nueva York que los trabajos de la CINUAFTI no se interrumpirán a causa del secuestro de míster Rajadran, sino que esta circunstancia lamentable debería impulsar a los participantes a intensificar más, si cabe, el ritmo de sus trabajos, y a reflexionar más profundamente sobre algo que están sufriendo en su propia carne. Haciendo alusión a un despacho de la agencia France Press según el cual extremistas de varios países se habrían asociado para planear y ejecutar el secuestro, el secretario indicó que ningún grupo había reivindicado la acción y que, en consecuencia, todas las atribuciones eran prematuras.»

Fray Adolfo pela patatas y canturrea: «El vino de su sangre / nuestro dolor borró / y el pan de harina y vida / nueva Vida nos dio. / Toma mi mano hermano / Cristo nos redimió».

«Noticias de última hora llegadas a nuestra redacción dan cuenta de que el automóvil con el que se llevó a cabo el secuestro ha sido encontrado abandonado delante de un motel situado a once quilómetros de Empinada del Campo. Se trata de un vehículo robado esta misma mañana en Pedrosa de los Barros. Por otro lado, se afirma que los controles establecidos en los accesos a las grandes aglomeraciones urbanas, si bien no han dado por el momento ningún resultado positivo, han permitido la identificación y posterior detención de un número importante de delincuentes comunes buscados por la policía.»

Bajo un rótulo que reza *«Stat Crux dum volvitur Orbis»* —mantiénese firme la cruz aun cuando el mundo vaya de cabeza— fray Celestino arranca del órgano unos arpegios de caramillo. Sus ojos entrecerrados transforman el parpadeo de las velas en fibras acrílicas de luz.

«Al habla nuestro corresponsal en París. La noticia del secuestro de monsieur Rajadran ha caído aquí como una bomba. De paso para la Conferencia, monsieur Rajadran había declarado en Orly a los periodistas (voz en off de Rajadran): *Oh, il est certain que nous mettrons un accent particulier sur la voie de la raison et de la réflexion pour analyser la situation...* (la voz se va perdiendo y el corresponsal traduce): Oh, no cabe duda de que pondremos un énfasis especial en la vía de la razón y de la reflexión para analizar la situación. Esto nos llevará a fijar los justos límites del problema, con lo que ya habremos avanzado mucho. Un esfuerzo de síntesis será necesario para trazar las coordenadas que permitirán deslindar las fronteras entre lo legítimamente esperable, lo teóricamente deseable y lo hipotéticamente alcanzable.»

El novicio Lorenzo lee y relee en su celda la oración impresa en el reverso de una estampa: «Abrasa, Señor, en el fuego del Espíritu Santo nuestro corazón y nuestras entrañas, para que te sirvamos con castidad en el cuerpo y con pureza en el corazón. Oye favorablemente nuestras voces y libra nuestra alma de los malos pensamientos que la agitan, para que consigamos sea digna morada del Espíritu Santo. Amén». A cada lectura, se encoge sobre sus rodillas, contiene la respiración y luego resopla como una foca sudorosa.

«Hasta aquí las noticias que nos han llegado en relación con el acontecimiento del día. Seguiremos informando.»

Carmela veía lloviznar desde el quicio podrido del antiguo horno. Le enervaba el peso de la quietud y el silencio. Mientras ella se pudría también, la vida, la emoción y el riesgo, en otros lugares, efervescían. El enfervescedor que enfervesciere buen enfervescedor será.

Se cubrió con la capucha de la zamarra y caminó hasta la arqueta, al pie del poste del tendido eléctrico, donde habían convenido que se depositarían los mensajes. Nada. Sólo un charco en el que jugaban a multiplicarse las gotas de lluvia.

Cuanto la vista divisaba se sumía en los desagües de la muerte: no habían salido los frailes a trabajar en la huerta, los tañidos de la campana se algodonaban, el humo de la chimenea era absorbido por el aguacero, y hasta al gato se lo había tragado la tierra.

Quizá la noticia de la radio era una noticia más, sin ningún significado. Una noticia importante para el mundo, para Orly, para la olivetti del corresponsal, pero no para la Carmela de la Desconsolación y del Perpetuo Cabreo. Orfea soy y en orfea me convertiré. ¿Alguien se acuerda de mí? Y tú, quién sabe por dónde andarás, quién sabe qué aventuras tendrás, la aventura de querer llenar canastillos de agua.

Escuchó cada hora los servicios informativos. Los secuestradores y el secuestrado habían desaparecido sin dejar rastro: ni una huella de neumático en el pavimento, ni una colilla, ni un cabello, ni un centelleo de parachoques cromado en una gasolinera. Una furgoneta sospechosa, que maniobraba en el polígono industrial, fue interceptada: nada, el maniobrante-que-maniobrare-buen-maniobrador-será repetía ejercicios obligados para la obtención del carnet de conducir. Un testigo había creído ver a una mujer formando parte del comando, y que esta mujer se parecía a su sobrina Antoñita, sólo que de soltera. Reunión extraordinaria del Consejo de Seguridad de las Naciones Unidas: por ahora se trataba de estudiar si era o no procedente convocarla. Biografía del señor Padmanabah Rajadran.

Se imaginó al señor Padmanabah Rajadran. Calvo, de pequeños ojos, entre astutos y alcoholizados, astucoholizados, un poco tripudo, como el bedel Berenjeno, pies-planos, sí, fundamental los zapatos-planeadores, vestido de traje gris con una rayita blanca, o tal vez azul, no, mejor vestido de traje gris con una rayita gris, gafas para leer, agua para beber chico buarque, corbata de lazo, papillon, el papillon y la rosa, y tirantes, los tirantes y el blanco. ¿Cómo habría pasado su tránsito de mortal en volandas de excursión a desmortalado en la total soledad de la Virgen del Desamparo? Habría temblado, gemido, llorado. Estos hombres importantes se deshacían como azúcar centrifugado en cuanto se les apartaba de sus papeles y sus micrófonos.

¿Qué haría yo, Carmela del Abatimiento, si me secuestraran?

¿Y si estuviera ya secuestrada? ¡Pedirían un rescate por mí! ¡Alguien daría algo por mí! *But who cares, baby!* *¿A quién le importa, Carmela Joplin!*

Comió un trozo de chocolate, pan reseco, tomate, cebolla y manzana. A media tarde algo rompió el pastoso peregrinar del día, como un diplodocus que se introdujera en una ciénaga carbonífera. Por la pequeña carretera que discurría entre la muralla y la fonda, una camioneta con un altavoz encima anunciaba un circo:

—¡Todos al circo mañana a las cuatro! ¡Niños, mayores, todos al circo instalado en la plaza de Ocre!... ¡Con la fantástica trapecista Sandra Archetti y los divertidísimos payasos hermanos Sacocho...!

Parecía que la lluvia se bebía a sí misma al irrumpir en el bosque de sus gotas el estruendoso pregón:

—¡El circo os llama! ¡No tengáis miedo a la lluvia! ¡Vendréis bajo nuestra carpa y os daremos caramelos! ¡Caramelos!...

Culebreaba la voz por los cerros.

—¡No os perdáis el escalofriante salto mortal de Sandra Archetti!...

Se iban, se iban

—¡... Archetti!

y el que llegaba era el gato, que de un salto se le transformó a Carmela en un ovillo caliente para calcetar la nada.

18

Archetti... Archetti... ¿Cómo no había caído antes? La idea era reveladora del estilo de Moisés el Rana, quien había utilizado el mismo procedimiento en la famosa fuga de Petaca y Líbero del penal de Risueña: en aquella ocasión, los altavoces de una furgoneta que anunciaba un sorteo benéfico habían colado al interior del penal todas las instrucciones para la evasión (la fecha, la hora, el lugar por donde huirían...).

Archetti se refería, sin duda, a la arqueta. Caramelos era una palabra con resonancias de su nombre: Carmela... Y el payaso Sacocho tal vez hacía referencia al número ocho, a las ocho de la tarde. ¿Cómo había podido ella dormir tontamente con el gato en el regazo mientras un mensaje la esperaba?

Funcionó su olfato. Encima de la arqueta hay un gran saco de lona impermeabilizada de los que se usan para envolver tiendas de campaña. Saco, sacocho, de ahí viene el nombre del payaso. Le es imposible levantarlo del suelo; a rastras, paso a paso, oca a oca, lo acerca a la embocadura de las ruinas. Allí lo disimula en un zarzal. Tendrá que arreglárselas ella sola, al despuntar la mañana, para descender aquella carga al fondo de la cueva. Ni siquiera las angarillas —que deshicieron para trenzar la cuerda con que ella y Perucho sacaron a Ángel— la ayudarían: pues tendría que bajar a descargar, y volver a subir, y bajar y subir...

Una escalera de mano, eso es lo que necesita. ¿Dónde vio una escalera de mano? Sí, en el cobertizo donde se guardan las herramientas, al lado de la cocina, aquel edificio de sillares desiguales que había sido una destilería.

El cielo encapotado amortajaba las últimas claridades del día. Se deslizó con cuidado, pegada a los muros de la iglesia, para no ser avizorada desde alguna ventana.

Imposible franquear el patio colindante con las cocinas. Un fraile con un delantal de trabajo habla con un hombre de pelo gris cubierto de boina apolillada, al que llama Marcelo. Carmela, escondida tras los restos de columnas que en otro tiempo había, les oye hablar:

—Que no, Marcelo, que nadie ha preguntado por ti en esta última semana.

—Pero ellos me dijeron, hermano, que el material hacía falta para construir una caseta al nuevo transformador. ¿Y dónde está el transformador?

—Eso digo yo.

—Con el Jacinto pensaba venir; para eso no nos comprometimos en el cargadero del silo.

—¿Y se trajeron el material, dices?

—Sí, hermano. Una centenada de rasilla, dos sacos de yeso, diez de cemento, y la herramienta. Aquí lo tengo apuntado.

—Pues como habrás visto, hemos recorrido el monasterio en torno, y ni transformador ni tantos sacos como dices.

—Menos mal que me cobré un anticipo.

—Ya aparecerán. Se me figura que habrán cambiado de idea y que la obra del transformador no será para pasado mañana.

Se alejan. No oye más. Tiene que hacer desaparecer el saco de lona: si lo descubren, eso les llevará a mirar en el subterráneo de las ruinas, y allí encontrarán toda la albañilería. Va a la puerta del tabuco de los aperos de labranza. Está cerrada con llave. Carmela se muerde los puños de rabia. Le entran ganas de aporrearla, de apalancarla. Calma, calma, siempre decía Chérifa: piensa que estás cruzando en balsa el océano Pacífico, repetía, y Carmela la llamaba Chérifa Kontiki.

Vuelve a contornear el ábside de la iglesia. Sólo fray Arturo puede ayudarla. Salta la tapia de su huerto-patio, cae en un charco, se enloda un costado.

No hay nadie. Tirita, empapada. Con los restos del naufragio de lo que fue el emparrado intenta encender fuego en la chimenea. Chisporrotea la húmeda leña como si friera farinetas. Pero no arde. Carmela sopla sobre las insignificantes pavesas acarminadas, que revolotean y se desvanecen en lo negro. Cruza fuerte sus brazos en torno al cuerpo, se acurruca ante la chimenea que desprende —tal vez por no llorar— un poco de calor. Es de noche fuera. La modorra se le ha pegado a las piernas como las costras de barro a las botas.

Viene fray Arturo. Sujeta con ambas manos un tazón humeante, que le ofrece. Ella bebe la leche. Se relame: nunca gato alguno se relamió con tal fruición. Pide el bloc de los mensajes. Escribe:

«Eres un cielo. Te necesito».

Él ha encendido una vela. Le hace señas de que ella puede echarse a dormir abajo, en su camastro; con señas también, indica que él dormirá arriba; ella, con señas, rechaza el ofrecimiento: «no, no», mueve enérgicamente la cabeza; él acude al bloc y escribe:

«Gracias por haberme dicho Te Necesito».

Carmela se levanta, va hacia el camastro, se tumba en él. Fray Arturo la cubre con un centón; ella sonríe. Fray Arturo toca su frente; la roza apenas, con los dedos mágicos de la imposición de manos a los apestados, o de la unción a los ordenados, o de un nocturno a un piano.

«Tienes fiebre», escribe.

«Me has tocado la frente», escribe ella.

Él asiente, azarado. Si no fuera tan oscuro el cuarto ni tan parafinada su piel, a buen seguro que se le vería sonrojarse.

«Nunca me ha dicho nadie eso.»

«¿Que has tocado una frente?»

«No. Nadie me ha dicho Te Necesito. Te Necesito. Te necesito.»

Acompaña la frase que ha escrito y subrayado con un salto en el aire, una voltereta, mientras su brazos se extienden y luego se cierran para estrechar su propio corazón. Carmela ríe.

«Gracias por la leche —escribe—. Y por la frazada. Y por la cama. Y por esa pirueta de amor de Buster Keaton.»

«Nunca me ha dicho nadie tantas veces gracias.»

Carmela siente el calofrío de la calentura, y una flojera en las piernas, y un pájaro negro que se le posa en la cabeza en forma de pensamiento: «Voy a ponerme enferma de veras; coño, ahora cuando me necesitan, y no sólo este pasayo, se me ocurre atrapar una infección». El pábilo de la vela levita y balancea la sombra de él en la pantalla Twenty Century Fox de la pared. «¿A qué he venido? ¿Por qué se mueve tanto esa figura? ¡Cámara, estáte quieta! ¡Cuadro! ¡Cuadro!» (Y las alumnas de las teatinas saltaban en sus sillas de tijera, para desesperación de la monja que amenazaba, si la calma no se producía, con el corte total de la proyección.)

«Tengo que pedirte un gran favor» —escribe (ya sabe a qué ha venido: todo lo demás es celuloide).

Él, sentado en una banqueta al pie del camastro, oculta las manos en las bocamangas e inclina la cabeza hacia adelante, como un mandarín de flan chino.

«Un gran favor. Duerme.»

«Me hace falta una escalera de mano.»

Delira, pobre teófila mía. No sabe que en el mundo de los claustros no crecen las margaritas.

«La fiebre. Duerme. Reza.»

«Salud eterna de los creyentes, oye los ruegos que te dirigimos por tu siervo enfermo, para quien imploramos el auxilio de tu misericordia, para que después de recobrar su salud te dé gracias en tu iglesia. Amén.»

«Una escalera de mano. Sé bueno. No volveré a molestarte. Lo juro.»

«Oh, Dios mío, que investigas los corazones y conoces las conciencias de los hombres. ¿Has jurado? ¿Has cumplido tus votos? ¿Has dicho blasfemias, o palabras irreverentes?» Carmela, para mayor convencimiento, acompaña su escritura de bloc con el gesto de besar los dedos pulgar e índice puestos en cruz.

«Voy a la enfermería.»

No, a la enfermería no, que hay muchos ingleses.

«No me dejes sola.»

«Vengo en seguida. No te dejaré sola. Nunca nadie me ha pedido que...»

«Sí, ya sé. No me dejes sola.»

Le toca la frente, un roce más roce que el anterior roce.

Carmela se adormila. Oye la voz de su hermano Moncho que la llama: «Carmelaaaa...», para despertarla de mañana a la hora del colegio.

—Carmelaaaaa...

Él entraba a clase media hora antes que ella, y la despertaba antes de salir de casa:

—Carmelaaaaa...

con vozarrón que quería ser susurro; y a veces, si ella no abría los ojos, la sacudía por los hombros o le daba un leve golpe con la cartera repleta de libros. Carmelaaaa... Su hermano Moncho se había ido a hacer el servicio militar cuando ella acababa de cumplir trece años. Se despertaba sola, siempre volvió a despertarse sola. Nunca le oiría cantar «luna que se quiebra —sobre la tiniebla— de mi soledad». Siempre caería la mañana como una piedra en una charca turbia. Su hermano Moncho había entrado en el depósito de armas con dos compañeros, y habían llenado un saco de viaje con revólveres y municiones. Al salir les dieron el alto; los otros dos levantaron los brazos y él echó a correr, a correr por un sembrado de hortalizas, mientras unas voces detrás gritaban: «¡alto!» «¡alto!», y a las voces sucedió el tableteo de un cetme y Moncho cayó entre crujidos de berzas, cayó y su boca emitía un balido «carmelaaaaa, carmelaaaa...» humedecido de fango fresco.

Y Carmela despierta. La visión de las verduras le recuerda la pomarada donde los frailes recogían manzanas.

Fray Arturo le tiende una aspirina.

—Las escaleras... En los árboles, sí...

—Chist....

Ella escribe:

«Dime dónde se guardan las escaleras que utilizáis para recoger las manzanas.»

«Junto con los aperos de labranza.»

«Y dónde está la llave de la puerta.»

«La lleva el hermano Benito encima.»

Una flojera. Echada en el jergón, abotagada, se sentía negada para la audacia. Con una del nueve largo en las costillas veríamos si soltaba las llaves el fraile del demonio. Mientras ella se dejaba mecer por la calentura, el plan completamente secreto seguía en marcha y el saco acrílico dormía entre las zarzas a riesgo de que, al despertar el sol, fuera descubierto.

«Tiene que haber otra escalera. Dime dónde puedo encontrarla o armo la de dios es cristo.»

«Hay otra donde las manzanas. En el fayado de las manzanas. Pero también tiene la llave el hermano Benito.»

Se oyó una campana. Carmela saltó del camastro, calzó las botas, salió por la puerta trasera de la celda. Fray Arturo extendía los brazos hacia ella, con gesto operístico que quería decir:

«Vuelve, alfreda.... ¿dónde vas?... está lloviendo... tienes fiebre... ¡Vuelve!».

Ella se alejó. Por el rabillo del ojo le veía, iluminado por el resplandor de la palmatoria, los brazos adelantados, transformado en un Arturo Pacelli a quien le hubieran quitado de debajo del culo la silla gestatoria.

En las ruinas, el saco duerme, la ambición descansa, un muro de madres mecen en sus cunas un coro de zarzas. Carmela coraje vuelve a arrastrar el saco por trochas y mochas, en éxodo forzado por la inminencia del amanecer, rodea el ábside —cuyas vidrieras condensan el vapor de las velas ateridas y los cantos hipercongelados—, remonta el embaldosado al que fecundan las gárgolas ahítas, y penetra en su familiar guarida del viejo horno de pan. Sólo descansa cuando ha franqueado el umbral. Sus pulmones protestan porque la lluvia les roba parte del oxígeno que necesitan. Buf, menudo muermo, todo está enfermo menos yo, que estoy rota. Un esfuerzo más: el saco se deposita al fondo de la nave, en el rincón íntimo donde, entre plásticos, cartones y arpilleras, secan unos calcetines y espera una lata a medio abrir el príncipe azul de una rebanada de pan.

Desanuda el cordón-esfínter del saco. En una hoja de papel cuadriculado hay un mensaje escrito con letras mayúsculas:

ACUERDO ELECCIÓN PUNTO MARCADO EN EL PLANO CON RODAJA DE LIMÓN — CLASIFICAR CONTENIDO DISCRETAMENTE.

¡El alto mando considera la cueva como un buen escondrijo! Bravo, eres un hacha. Luego hay varias bolsas de plástico. Abre solamente la primera: paquetes de leche en polvo, un cazo eléctrico, servilletas de papel, una cámara fotográfica instantánea, una linterna. Prueba la linterna: funciona fenomenal, fenomeciona. La deja fuera del saco y vuelve a estrangular, con todas sus fuerzas, la abertura con el cordón anillado.

Lo esconde bien bajo la artesa; lo tapa con los más viejos trapos que encuentra. Se tumba encima.

Zarpó la fiebre como un velero bergantín, bravura temida de una regla que finaliza su gotear. El malestar de la noche se ha ido disipando, como se disipan esos días que tú, mujer, tienes cada mes, y que no han de impedirte, mujer dinámica, mujer de hoy, sentirte libre, libre como las cucarachas en las pistas de tenis, libre como las libélulas en los bidets.

Ya no teme la amenaza del día. El saco está aquí escondido como un niño mudo. Duérmete, mudito. Ya no amenaza el temor del día. Ha tenido fuerzas para arrastrarlos, el saco, el día. Carmela: tu hermano estaría orgulloso de ti.

19

A la hora de la misa conventual, entre siete y nueve de la mañana, Carmela fuinea en el dormitorio de novicios. Se ha puesto el hábito encima de la ropa. Estas horas son las más tranquilas: la vida del monasterio se enlata en la iglesia, y fuera de ella no hay sino pereza del amanecer, quilla todavía encallada en la noche.

Ha explorado todas las celdas y ha fisgado en los armarios situados al fondo del pasillo, junto a los retretes. Se ha apoderado de una manta y una almohada, y ha colocado una colchoneta encima de la que existía en el jergón de «su» camareta. En el armario ropero ha encontrado otro hábito, que esconde debajo del camastro. Al pasar delante de una de las cortinas, entreabierta, ha visto un tazón de leche, que se ha bebido, y unas galletas, que se ha metido en el bolsillo. Y cuando se las está comiendo, sentada entre la ducha y el retrete, la espalda contra el borde del lavabo, unos pasos ventosean por la galería y he aquí al novicio de rostro pecoso y mofletudo, al prefray Lechoncillo que la mira desmigajar las galletas con su risa de gato carroll.

—¿Te he asustado? Yo no he ido a misa; estoy en la enfermería. Esta noche no podía dormir y vine aquí a charlar un rato contigo y no estabas.

Carmela encogió los hombros con un gesto que quería decir: «¿es que eres tú mi madre y mis hermanos?».

—Te encuentro de lo más raro. No se te ha visto en los oficios, ni en el refectorio, ni en clase de teología, ni en la huerta, ni ayudas al santo sacrificio ni cantas en el coro. ¿Estás castigado?

Carmela adoptó un gesto de meditativo sannyasin y murmuró con voz ronca:

—Al ingreso sucederán unos días de oración.

—¿No estás seguro de tener vocación de monje?

—Padre prior dixit: dedica tu tiempo a meditar y a orar.

—Oye: yo tampoco estoy seguro de tener vocación. Sobre todo por las noches no veas cómo me pongo. Oye, ya te han cortado el pelo.

—Sí.

—Pero no mucho. Has tenido suerte. ¿Por qué no nos sentamos en tu cama? Estaremos mejor.

Carmela se encogió de hombros.

—Ven.

Él la empujó por un brazo. Se sentaron uno al lado de la otra en el rodete grasiento y deshilachado del cobertor.

—Tú eres raro, pero me gustaría que fueras mi amigo. Yo he venido aquí porque en el colegio y en el pueblo nadie quería ser mi amigo.

Al decirlo, arrimó un poco más la cadera y le puso la palma rolliza de la mano izquierda en el muslo. Carmela ni pestañeó. Verás tú un día el susto que te vas a pegar. Mariquita, mariquita, lo que no se da no se quita. Si no has de volver, échate a correr, con la tuya, con la mía y con la de santa María. Dale a la zambomba, dale al almirez, que te vas a acordar que dos y dos son tres.

—Aquí engordarás como yo. Se comen muchas habas y las habas dan malos sueños. Lo leí en un libro antiguo, de los pocos que quedan en la biblioteca. ¿Tú tienes malos sueños?

Carmela asintió con la cabeza. El lechoncillo le sobaba el muslo, sin dejar de hablar.

—Yo tengo fiebre, y me parece que tú también. Tócame verás qué caliente estoy.

Carmela alzó la mano para tocarle la frente, pero él se la bajó hasta el pecho y luego un poco más, hasta el estómago, que se inflaba y desinflaba como el amor de un sapo. Ahora va a querer tocarme a mí: tócame Roque, que el demonio te invoque, y hasta que te muerda, cerdo de la mierda. Y sudaba, sudaba el lechón, y sus ojos de pestañas blancas bizqueaban y su barbilla fosforescía con el plancton de mil granitos.

En ese momento sonó una campana y él dijo:

—Me llamo Lorenzo. ¿Y tú?

—Carmelo.

—Vamos al coro. Se nos pasará la fiebre.

Mejillas incendiadas, voz atiplada y labios de babosa.

—El padre Celestinopolitano insiste en que hay que vencer las tentaciones de las mujeres. A san Antonio se le aparecían mujeres desnudas. ¿A ti también te ocurre?

El rostro de Carmela dibujó un mohín que él nunca descifraría: pues detrás del mohín estaban wayne-stewart amalgamados.

—Vamos al coro —repitió Untolorenzo.

Salieron los dos por un pasillo donde se cuarteaban lentísimamente los ojos en blanco de las vírgenes y los mártires.

—Loren, ¿tú conoces al hermano Benito?

—Sí. Colecciona vírgenes de todas las advocaciones. Tiene más de tres mil.

—¡Tres mil vírgenes!

—Sí. Bueno, es la misma Virgen llamada de tres mil maneras.

—¿Y cómo las colecciona? ¿Con alfileres?

—En estampas. Con la historia de cada una. Va a escribir un tratado. Tratado de Todas las Vírgenes del Orbe. El título en latín.

—¿Cómo es?

—¿El tratado?

—No, Benito.

—Tiene la cara igual que un galápago. ¿Tú has visto un galápago?

—Sí, al anochecer.

Pensó en fray Galápago en conversación con Marcelo, el albañil despojado de su rasilla, su yeso, su cemento, su llana, su maceta, su paleta, su barrena, su nivel.

Desde el coro veía la penumbra de la iglesia macerada por los velones del altar y las bombillas clandestinas de los sitiales.

Estaba la mañana apolillada e inmadura, con cenefas de lluvia violácea restallando en los vitrales, y un pestañeo de cirios en el ara. Salmodiaban los nueve monjes y los cinco novicios como siempre habían cantado, sin otro punto de referencia que el eco. En la piedra de las columnas carcomidas pulimentaba la voz sus aristas, y nadie se sentía observado, como si la creación empezara cada vez que una vocal iba a ser pronunciada. El oficiante elevó los dos brazos al techo, con las palmas de las manos vueltas hacia sus hermanos, y entonó:

—*Gloria in excelsis Deo...*

Y como rebotan en una olla las patatas hirvientes, así le rebotó la ola de la continuación:

—*... et in terra pax hominibus...*

Siguieron: laudaban, benedecían, adoramutaban la gloriam tuam, y sus voces planeaban por las bóvedas como un milano ciego.

Y de pronto, de la barandilla del coro, que era tanto como decir del núcleo de una estrella novísima, una voz de ángel se puso al frente del guiso de voces:

—*Domine Deus, Rex caelestis, Deus Pater omnipotens,*

decía en su quejísima miel, y en medio de la paz igual a todas las paces, aquel melódico melisma pareció tan natural como en la lluvia de otoño el arco iris. «¿No asistimos todos los días —pensó el prior— al milagro infinitamente más excelso de la transformación del pan en cuerpo y sangre de Cristo, una espiga dorada por el sol, el racimo que corta el viñador, se convierten ahora en pan y vino de amor, en el cuerpo y la sangre del Señor (bis), sin que esto impresione lo más mínimo a nuestra flaca naturaleza? Pues qué, ¿no haría más sencillamente el Todopoderoso que una voz, una simple voz cantando vienen con alegría, Señor, los que caminan sembrando tu paz y tu amor (bis), bajara del cielo para unirse al coro de nuestras alabanzas?», y se sintió inundado de la brisa salina que, en su niñez, impulsaba los veleros y acariciaba el sol de la bahía.

Acabada la misa, fray Leopoldo se separó de sus cofrades y se encaminó hacia el coro, a tiempo de alcanzar a la asexuada criatura enfundada en un hábito de novicio demasiado grande para su diminutez. Su Diminutez se comportaba con cristiana modestia: no levantaba la vista del suelo ni separaba las manos de la bocamanga. Veíale el perfil de su nariz picuda. Haría un buen fraile: él no se equivocaba, con su método mixto anagógico-matemático.

Le tiró de la manga, con un leve pellizco. Carmela entendió el gesto como una orden de que le acompañara. Este triste fray Amelonado me va a soltar una filípica por haber cantado, me va a cantar las cuarenta por haber flipeado. Una filípica y media, si Dios no lo remedia. Una media verónica supersónica. Una media y otra media hacen una entera. Te van a enterrar, Carmela.

En su celda, fray Leopoldo disponía de una gran pizarra en la que escribía con tizas de colores. Había trazado un círculo verde dividido en diez partes, y una flecha indicaba:

«Un día = diez horones.»

«Un horón = cien minutines».

Pero no deseaba introducir a la criatura en su revolucionaria cronometría decimal, sino mostrarle una serie de frascas de boca ancha, rellenas de líquido con fondo de yerbajos, que se alineaban —cada una con un rótulo en latín— en un anaquel.

Con tiza roja escribió en la pizarra:

«Hermano: examina el recipiente *Iubilate Deo omnisterra* y dime qué ves.»

Carmela recorrió las etiquetas de los recipientes hasta que llegó a la *I* de *Iubilate*.

«Yerba», escribió con tiza verde claro.

Negó el fraile con la cabeza. Carmela borró «yerba» y escribió «trigo».

Nueva negativa, esta vez acompañada de la leve sonrisa de la compasión hacia el ignorante. Gesto infantil: «¿Te rindes?». Respuesta infantil con la cabeza que sube y baja: «Sí, me rindo». Y él, que levanta el tapón de corcho, introduce la mano en el tarro y agarra con limpieza de prestidigitador el cepillo de césped.

Carmela dio un grito. Lo que asemejaba césped era un racimo de gusanos enroscados, gusanos verdes que vivían inmóviles en aquel líquido turbio, líquido adormecedor o paralizante o productor del arrobamiento de la gloria, y que, al ser desalojados de aquel medio, se anudaban y desanudaban, presas del miedo, o de la luz, o del vértigo, o simplemente del ansia de querer huir.

Sonrisa —ahora malévola— de fray Anélido, y un olor nauseabundo que se esparcía por la estancia impulsado por el culebreo de aquellos flecos rabiosos.

«En el principio era el agua —escribió Cronoxiuro—. Ergo, tú no eres un ángel. Pues de ser un ángel procederías del principio de los tiempos como estas bestezuelas proceden de la nada, y no habrías gritado al verlas.»

Su misma barba alborotada parecía compuesta de miles de gusanos filamentados que, al rumiar con la boca cerrada, se movían.

«Aquí guardo mis investigaciones: los gusanos fueron antes que los vegetales, ¡tal vez antes que los minerales, pues el gusano procede del vapor gaseoso anterior al agua! Las teorías darwinianas se hundirán fragorosamente. ¡Esto es la Involución de las especies! ¡El Retroceso universal! Por el gusano hacia Dios.»

Por el gusano hacia el metropolitano. A París he de ir, con una bota y un tamboril. Gusano que no has de beber, déjalo correr. Morir agusanada, boca a gota.

«Por el gusano hacia Dios», subrayó fray Dune. Sus ojos, como las letras rojas, chisporroteaban. Puso las manos en la cabeza de Carmela —imposición de manos, juegos de gusanos—, en ademán de despedirla. Las manos que la habían tocado despedían el mismo hedor que los inquietos animales, ahora de nuevo plácidamente cespeando en el fondo del frasco. Carmela quiere huir. Lavarme, lavarme toda de este asco de manos agusanadas, y de aquellas otras manos sudorosas del oblato Lechoncillo. Toma una tiza roja y escribe: «No soy un ángel, en efecto. Necesito ver al hermano Benito. Decidme dónde habita.»

«Su celda es la de Anastasio el Sinaíta. Vete en paz.»

Carmela dibuja en el aire un esbozo de señal de la cruz y se va. Pasa ante la puerta en cuyo dintel se lee ANASTASIUS SINAITE. Desliza una fotografía por debajo de la puerta. Continúa hacia el dormitorio de novicios, llega a la ducha, se desnuda, deja que el chorro de agua helada golpee su espalda, su pecho, su vientre, sus muslos, la enrojezca y la erice toda. Oye una cisterna que desagua al lado. Le parece notar que unas uñas arañan la puerta de vaivén de la ducha.

Va a decir «cerdo», «cerdo», pero piensa en los gusanos, en su procedencia arcangélica, en su sublime podredumbre, y gorgotea:

—Espíritu angelical, principio de los tiempos, anterior a vegetales y minerales, casi igual a Dios, involución viviente, lárgate de ahí o te machaco el alma.

20

«El mensaje de los raptores fue depositado en una papelera situada frente al edificio de Correos. Consistía en una nota escrita a máquina, una fotografía de míster Padmanabah Rajadran tomada con una cámara instantánea y una cuartilla de puño y letra de éste, cuyo contenido no ha sido revelado, pero de cuya autenticidad no cabe la menor duda.»

Míster Rajadran había escrito: «Pido a las autoridades de este país que sean clementes con los prisioneros de guerra, y prudentes en sus investigaciones en curso, para que no ocurra lo irreparable. Y pido que se atiendan los ruegos, que considero razonables, para que la Conferencia Internacional cambie su nombre, y a las siglas CINUAFTI (Conferencia Internacional de las Naciones Unidas para el Análisis del Fenómeno del Terrorismo Internacional) se le añada "y de la Violencia Institucionalizada", con lo que pasaría a llamarse CINUAFTIVI».

No paraba de temblar en el regazo vacío de una oscuridad húmeda, oliente a valvolina. En el suelo había una colchoneta en la que pasaba el tiempo tumbado: de un costado, del otro, boca arriba, boca abajo, las piernas encogidas, las piernas estiradas, cada vez más transmutado él mismo en colchoneta de rayas. Ignoraba cuándo era de día y cuándo de noche. Había protestado —enérgicamente, como las protestas de las altas instancias diplomáticas acostumbraban— durante el largo recorrido, tirado en la plataforma de una furgoneta, peor tratado que un saco de alubias de la unicef.

—Me dices dónde yo enviar télex a New York.

—Sí viejo: un télex te vamos a meter a ti en el culo.

Qué lenguaje de maleducados groseros. No veía nada, con la cabeza envuelta en una tela sudorosa que le ataron con una guita al cuello. La furgoneta traqueteaba por un camino de cabras. Estos hombres quieren me hacer morir como un mejillón a la vapor. Ella me torna toda la cabeza. Debo respirar a pequeños soplos a fin de consumir poco el oxígeno.

Intentó comprender lo sucedido desde primera hora del día. Desde antes del alba sería cuando le despertaron en el hotel para servirle el desayuno. Como solía hacer cuando viajaba en misión, descolgó el teléfono y pidió que le pusieran con su ayudante-secretario, el funcionario argelino Ahmed Ben Fakri.

—Buena mañana. ¿Ha usted tenido reparador sueño? Me alegra mucho a mí. ¿Cuáles son para hoy los planes? ¿El carro nos busca en algunos pequeños momentos? Okay. Oído decir que varios excursiones y fiestas puesto que hoy es día feriado. ¿A qué lugar nosotros vamos? ¿Naleda para visita catedral? Consultaré la carta. Sea gentil de acompañarme. Natural que vienes conmigo. A un cuarto para las nueve, entonces, nosotros encontrarnos en el hall.

Echó una ojeada al periódico. Sólo se interesó por la información sobre la CINUAFTI. Y en esta información buscó los párrafos dedicados a sus intervenciones, y no encontró más que uno, un párrafo que no era tal, sino una roída frase: «El presidente de la Conferencia anunció que el orden del día sería sometido a votación pasado mañana viernes». ¡Y a esto llaman libertad de prensa en los países occidentales! Ni el menor rastro de sus sutiles alusiones al «punto de encuentro equidistante entre las tendencias positivamente aproximadoras», a «limar las asperezas de las divergencias para entrever la posibilidad de un anteproyecto común de intenciones», a «la expresión de la propia identidad como principio del enriquecimiento no partidista del patrimonio común», o incluso de aquella ironía que había despertado murmullos y sonrisas en la sala de «distinguir entre la alineación y la alienación». Je, je.

Míster R. se dice, en la humedad negra que le rodea como un Ganges infinito y despoblado: «Ah, míster Ben Fakri, ¿escucha a mí? Si usted puedes sentirme y transmitiendo mi mensaje a la Secretaría General, bajo forma de memorándum o detallado report, todo estaría okay. En la India se cree en transmisión de pensamientos. ¡Pero sus pensamientos y mis pensamientos no quieren rejuntarse! Un teléfono para mí está totalmente necesaria ayuda. Sin teléfono, sin secretaria, la vida está toda de agujero negro. He pedido a estos criminales con cagoules yo quiero un long distance call y uno de pintados ojos, él no era una mujer, bien seguro, pero él había maquillado sus propios ojos con betún negro como esta cámara, estalló de reír y apretó aún más la cuerda en alrededor de mis muñecas que me hizo llorar y una dolor hasta las dientes y las encías.

Mr. Ben Fakri no podía oírle pues se encontraba en el salón Sofía del Hotel Princesa, colgado del teléfono (él sí tenía acceso al colgamiento telefónico), y al otro lado del hilo el honorable representante del Reino Unido de la Gran Bretaña e Irlanda del Norte se dejaba convencer, mientras se limaba las uñas, de que todos estaban de acuerdo para que fuera el delegado de la Jamahiriya Árabe Libia Popular y Socialista quien propusiera a la Asamblea un voto de repulsa unánime por el incalificable acto del jueves.

Incalificable era poco. Inabruptamentescalable. Inmediterraneamentinsondable. A Mr. R. le dolían todavía las muñecas. Deduce que esta cueva oscura es el sótano de un edificio de ciertas dimensiones, pues oye el ronroneo del motor de un ascensor, y es bien sabido que no se instalan ascensores en edificios de menos de cuatro plantas. Uno de los encapuchados le había examinado médicamente de un modo bastante superficial, y había anotado su pulso, su temperatura, el aspecto de sus pupilas y de sus mucosas, y su presión arterial (que era perfecta: 13/9) en un cuadernito de tapas de hule con dibujo escocés. Le quitaron el cinturón y le ataron los pantalones con una cuerda, con lo que se incrementó el aspecto calabacinoso de su figura. Le desprendieron de la chaqueta, la corbata (el reloj había desaparecido no recordaba cuándo) y los cordones de los zapatos. Después le hicieron varias fotografías con una cámara polaroid, sentado de espaldas a la pared. En el borde de cada fotografía le obligaron a estampar su huella dactilar.

Después todo se fundió en el aceite del cárter de la noche. Le dolía todo el cuerpo, que notaba tumefacto como una longaniza arrastrada por un perro. Tenía la impresión de haber dado varias veces la vuelta a la Tierra, en aquella incómoda posición de embutido, desde que, a las nueve menos cuarto de la mañana del jueves, descendió al hall del hotel.

Le esperaban Ben Fakri, el director del gabinete del ministro de Asuntos Exteriores y el secretario general técnico del Ministerio de Cultura, Esparcimiento, Familia, Juventud y Asociaciones Vecinales. Los cuatro se introdujeron en el coche negro que se encontraba fuera. A un toque del secretario general técnico en el hombro de esfinge del chófer, éste puso el motor en marcha.

Estaba la ciudad desierta. Una neblina azulada abufandaba la estatua de una diosa desvestida y, más abajo, por el puente mohoso que franqueaba el río, las luces halogenadas de las farolas no lograban sacudir la modorra del tardío amanecer. Vio, desde el automóvil, un grupo de chabolas, un rebaño de ovejas sucias, una fábrica abandonada, un hangar que era todo un hueco por el que la noche circulaba, un océano de cardos y jaramagos secos. Cuando la niebla levantó, un sol aterido reptaba por las ringleras de berzas o se arrimaba a las tapias escaladas o afilaba los capirotes de los cipreses. La áspera y harinosa tierra acogía, a ratos, bosquecillos de chopos o de pinos, o un racimo de encinas entre las coles. Los pueblos que cruzaban les despedían, a través de las rejas de las casas, con los mustios dedos de los geranios. Y de pronto la llanura era tan llanura que se diría una charca de ranas muertas.

Al llegar a Naleda atravesaron un puente y continuaron por una carretera que enjaretaba las escarpaduras de la orilla del río. En un mirador se encontraban las autoridades locales, que fueron presentadas entre bocanadas de vaho: gobernador, alcalde, delegado de cultura, y un tal Felipe, quizá perteneciente a los servicios de seguridad. Se oía el diálogo de las esquilas y las campanas, y, allá abajo, se imaginaba el fragor del agua al desplomarse por la represa de un arruinado molino. Esperaban no se sabía qué. Al fin se supo. Otros dos automóviles negros desembarcaron nuevas autoridades llegadas de la capital, que fueron presentadas por el jefe del protocolo: subsecretario, director general, subdirector general, coordinador principal, vicecoordinador principal, vicepresidente de la asamblea de la comunidad autónoma, y el secretario de la Conferencia, a quien Mr. R. y Mr. Ben F. ya conocían de la tribuna del Palacio de Congresos y de sus pasillos.

La caravana regresó por la misma carretera sinuosa, cruzó de nuevo el puente, ascendió por una callejuela y, cuando iba a desembocar en la explanada frontera de la catedral, una furgoneta se les cruzó y, sin saber cómo, Mr. R. se encontró asido por la hombrera derecha, succionado del automóvil como una pringosa mata de pelos —él, que no tenía— de un desagüe, e introducido en otro vehículo, donde se le enroscó una cuerda a las muñecas y se le desplomó en la cabeza un saco o algo semejante manejado por los brazos de un titán. Arrancaron con tal celeridad («¿qué hace en esa circunstancia el tal Felipe?») que se le pegó el alma al respaldo del asiento y un chirrido de neumáticos le horadó las sienes al tiempo que en sus pupilas comprimidas chispeaban nácares fosforescentes. Le ajustaron el saco al cuello y las manos fueron de nuevo atadas, esta vez a la espalda. El traqueteo del vehículo revelaba que circulaban por carreteras de tercer orden.

—Perfecto —oyó decir a uno, delante.

—Qué gozada —dijo otro—. ¿Has visto cómo he entrado a ochenta en esa curva y he salido a ciento diez?

Una media hora más tarde le hicieron descender del coche y lo introdujeron en la parte trasera de una furgoneta, que partió al instante, bamboleándose. Algo —un garfio metálico, un remache del enmaderado suelo— se le clavaba en la espalda. Intentó abrir la boca. Se ahogaba. Le vino un vahído y se desplomó hacia un lado; golpes en los costados, olor a polvo y sudor, retortijones de estómago, ahora sí que estallaría como un pellejo lleno de agua arrojado desde un balcón, tener en cuenta vosotros que soy cincuenta y siete años viejo. En ese momento fue cuando pensó que si respiraba poco oxígeno quizá no se ahogaría. Pero en cualquier caso se sentía dormir en un campo de trigo, y una voz le llegó de muy lejos, de detrás de un cristal-pecera, «¡párate!, ¡párate, coño!», y me arrastraron por bajo los sobacos, me levant, me desat la cuer, ah, sí, aspiré todo el aire que por la boca cabía y me abrieron en cruz los brazos para darme respiración.

—Con el pañuelo en los ojos basta —dijo uno de ellos—. Ya te decía yo que si le atabas el saco se iba a asfixiar.

—Por mí...

—Eh, ¿ya va mejor, viejo?

—Una protesta enérgica... unánime... cursarán todas Naciones Unidas contra... criminal acto.

—¿Qué dices? Te voy a enfundar de nuevo la caperuza para que calles de una vez.

—Déjalo.

Lo agarraron entre dos y lo catapultaron a la furgoneta, que se puso en marcha, y rodó a ratos por caminos de cabras, a ratos por carreteras asfaltadas. Tras un largo trecho de pavimento adoquinado, se detuvo. Mr. R. pensaba en su despacho, en su teléfono, en su secretaria Clotilde Gramopoulos, en la sala de conferencias de la Asamblea General, y por un momento creyó que al descender de la furgoneta despertaría de la pesadilla y encontra-

ría su acristalado paisaje del East River y el Queensboro Bridge.
Pero tal despertar no se produjo, sino que el saco volvió a ce-
ñirse en su cabeza, mientras le empujaban escaleras abajo hasta
un cuarto húmedo, una cueva o el sótano de un sótano, donde le
desataron las muñecas, le quitaron la capucha y lo dejaron tirado
en el suelo, en la total oscuridad. Un cerrojazo yuguló con sus vi-
braciones metálicas la esperanza de ver de nuevo la luz del sol.

Recordó súbitamente que, durante su primer destino en París,
se había traído de su país natal dos criados, y los había alojado en
un sótano adonde no llegaba la luz exterior. En realidad aquellos
locales no estaban hechos para vivir en ellos: se trataba de las an-
tiguas bodegas de la casa, construida a mediados del siglo XIX,
con suelo de tierra batida y compartimientos separados por ta-
blones clavados a unos travesaños. Él no había descendido más
que un par de veces; el olor era parecido –a moho, a serrín mea-
do por los gatos, a alcantarilla atascada–, y quizá ellos oían también el carraspeo intermitente de la maquinaria del ascensor.

Pasaron muchas horas –¿el resto del día y parte de la noche?–
hasta que alguien apareció. Una cosa que no había llegado a hacer
a sus criados: le atizaron una patada para que se sacudiera el entu-
mecimiento. Fue cuando le revisaron médicamente y le quitaron
el cinturón, cordones, etcétera, y le fotografiaron. Le dieron de beber café con leche y pronto se durmió sobre la colchoneta, como
fulminado por un potente somnífero. Al despertar, la oscuridad
continuaba. Voy a ser ciego, en ciego volverme, no me dejéis.
¿Qué día sería? ¿La Conferencia se habría reunido ya para protestar clamorosamente contra su secuestro? ¿Dónde estás, míster Ben
Fakri, que no has venido a traerme el portafolios para la firma de
la mañana? Recordaba vagamente que habían venido con un papel y le habían deslumbrado con una linterna. Veía. Sus ojos veían.
El papel empezaba: «Yo, Padmanabah Rajadran, pido a las autoridades de este país...», y alguien, de nuevo, un día me pagarás,
perro, le hacía sentirse menos que un criado con sus patadas:

–Firma ahí abajo,

decía con los nervios de quien espera le pa-
guen a fin de mes, y él había firmado, y otra voz que parecía femenina comentó:

–Está acojonado el tío.

¿Me oyes, Ben Fakri? Sácame de este subsuelo o redactaré una nota desfavorable a incluir en tu expediente y no alcanzarás el ascenso que esperabas para el año a venir.

Pero el fiel servidor no oía el concentrado magnetismo del pensamiento rajadriano. En aquellos momentos se encontraba en un salón de una embajada donde le habían hecho entrega de un télex confidencial: «Aircoach Industries va a darse los medios de devenir el número tres mundial lanzando una gama de aparatos notablemente el caza supersónico Marcel-111 del que un país norteafricano desea ya adquirir cincuenta ejemplares».

Ben Fakri, tras su hermética radiografía de sonrisa, no pensaba para nada en su jefe Padmanabah Rajadran ni en la oscuridad húmeda de ergástula de paria en la que gemía.

21

—Si te vistes con ese alba transparente, te dejo subir.

Él escarbó en su arcón y sacó el alba de encaje e hizo ademán de pasársela por la cabeza.

—No, desnúdate primero. Todo desnudo y con el encaje encima. Yo te espero como esperaban las diosas, en lecho de rosas.

Carmela ascendió los escalones.

Cuando Arturo subió, se adivinaba su contorno en la penumbra. Y era verdad que a la luz crepuscular el encaje desvelaba su cuerpo peludo y, al acercarse a la cama, era como una gran mariposa nocturna, que abría y cerraba las alas. Carmela estaba acuclillada en el jergón, envuelta en una manta, completamente envuelta como una india en su poncho andino, y al acercarse él, se despegó los brazos de los hombros y quedó desnuda, desnuda toda y sentada, con los brazos en cruz, y le dijo:

—Ven.

Y él se acercó al lecho y tocó con las rodillas temblorosas la funda de centón.

—Ven —repitió ella, y estiró y separó las piernas, y se escurrió hacia abajo y le tendió los brazos—. Ven. Tengo frío. ¿No ves cómo tengo la piel y tirito toda?

Él se inclinó para besarla en la frente. Ella le agarró por la cintura y tiró con fuerza.

—Ven encima de mí. Así. Déjate hacer. Qué torpe eres.

Él se dejó empujar. Tenía miedo de dañarla, de clavarle una rodilla en un muslo, un codo en un pecho.

—Si no me pesas... Déjame tocarte. Ah, sí, está muy bien.

Ella le tocaba por debajo del encaje, y condujo aquel miembro duro hasta introducirlo entre sus piernas.

—Empuja. Así. No te importe echarte con todo tu peso. Pero si tiemblas... Cierra los ojos y lánzate todo a apoderarte de mí. Ahora no te estés quieto, no seas tonto. Sí, ahí, más adentro, más, más, sigue, no te pares, sigue, mi tonto... Muy bien, lo haces muy bien, realmente eres un as... Ya no tengo frío... Oh, qué calor me das, sigue así, más profundo, más de prisa, ya, ya...

Él resoplaba y se movía a un ritmo cada vez más acelerado,

hasta que emitió un gemido y se crispó completamente, se crispó en dos o tres sacudidas, y ella le empujó unos centímetros hacia arriba y él se crispó más y luego se derrumbó lentísimamente y exclamó:

—Oh, qué hermosa eres, amiga mía, dulce y gentil, hija de Jerusalén.

—¡Ah, sabes hablar! ¡Sabes hablar! ¡Sabes decir cosas bonitas! —Carmela le acariciaba la nuca—. Repíteme eso, repíteme eso de hija de Jerusalén

—*Pulchra es, amica mea, suavis et decora filia Jerusalem.*

—Nunca nadie me había dicho algo tan bonito. No, no te apartes, que tendré frío. Espera un segundo. ¿Por qué todos los hombres queréis iros tan pronto, y os entra tanto sueño, o bien queréis fumaros un pitillo? Aunque tú no fumas, claro...

—Carmela... —musitó él, con los labios empapados de saliva restregándose contra su oreja y su cuello.

—Habla, habla... ¿Verdad que me seguirás hablando? Tienes una bonita voz. Una voz de barítono, como a mí me gusta. Como la tenía mi tío Eduardo.

—Ya nunca más soñaré con una niña de lacitos perseguida por un legionario.

—Tonto. Ahora estás tiritando. Y yo sudo, ¿ves?

Para demostrárselo, le condujo la mano hasta acariciarle el pecho.

—Tienes un pecho como el de santa Águeda.

—¡Santa Águeda! Mira que molas, tío —y de un suave empujón lo tumbó al lado de ella.

Luego se inclinó sobre él, que había entrecerrado los ojos.

—Eh, no te duermas. Dame esa ropa, ahora soy yo quien me vestiré de extasiado conde de Orgaz y tú estarás como el primer hombre de la Capilla Sixtina, completamente desnudo.

Le desprendió del alba y se la puso ella. Estaba de rodillas entre las piernas de él, y su blancor era lo único que se veía en la noche total que los cristales filtraban.

—Que no te vas a dormir, ¿eh? —le regañó Carmela, mientras lo acariciaba.

—Me haces cosquillas.

—¿Sabes una cosa? Me he quedado con ganas de que vengas otra vez. Otra vez sólo. Sé bueno.

—¿Pero así?

—¿Cómo así?

—Contigo encima.

—Sí. Tú ahora cierra las piernas. ¿Me deseas? ¿Ya no piensas en santa Águeda?

—Pienso en ti, amada, que brillas radiante y escarlata.

Por debajo del encaje, él le atenazaba los pechos mientras se agitaba en un movimiento de sube y baja.

—No me arañes. Apriétame, pero no me arañes.

—Brotará leche para mis labios.

—Bruto. No te pares.

—¿Por qué esta fatiga tendrá que acabarse? Te veo en un palacio con cortinas de seda, y unas arcadas por las que asoma la luna.

—Sí, y yo veo un dosel damasquinado, bajo el que nos abanican dos fornidos belafontes, y tú brotas de un estanque de flores para alcanzarme y derribarme y abrirme en dos.

—Soy un mullido colchón de flores para que tú te sientes en mí.

—¿Te peso?

—Llevaré siempre ese dulce peso entre mis piernas. Creo que nunca me levantaré.

Las manos de él aprisionaban ahora sus caderas, y ella se inclinaba más y más, doblaba el esternón hasta lograr rozarle los labios con las puntas de los pechos.

—Oh, no puedo más...

Él se alabeó, la levantó un palmo, y ella tuvo un estremecimiento de calambre eléctrico y echó el torso hacia atrás, hasta quedar con las palmas apoyadas en el colchón, las vértebras estiradas y el cuello en arco, como si fuera a ser degollada por el éxtasis. Luego abrió los ojos hacia el techo y dijo:

—Veo un emparrado, y a través de él un estampado de cielo azul pastel, por el que circulan trotando algunas nubes, como si quisieran zafarse de la persecución de los pájaros.

—¿Y no ves un barco que echa mucho humo, y lo mueve una rueda gigante, y trae muchos pasajeros sobre el puente, que agitan sus sombreros?

—Sí que lo veo. Pero que no traiga muchas pasajeras con escotes y ceñidos trajes de raso, porque no te dejaré que las veas.

–Las vigas de nuestra casa son de cedro; nuestros artesonados, de ciprés. A nadie le diré todo lo que hemos visto esta noche.
Ella se retiró de él y se tumbó a su lado.
–Gracias, paloma.
–¿Ya no sientes que te vas a condenar?
–No. Ahora sólo ganas de dormir. Aunque quizá ya esté dormido.
–Descansando aquí en la oscuridad, eres como un ángel sobre mi pecho...
–¿Has inventado tú eso?
–No. Bruce Springsteen.
–¡Qué hermosa eres, qué hechicera, qué deliciosa, amada mía! Esbelto es tu talle como la palmera y son tus senos sus racimos.
–¿Es tuyo, clerecía?
–No. *El cantar de los cantares.* Canto sexto.
–*This is the happy house. We're happy here in the happy house.* Siouxie and the Banshees.
–*Quo abiit dilectus tuus, o pulcherrima mulierum? Quo declinavit dilectus tuus? et quaeremus eum tecum.* ¿Adónde ha ido tu amado, oh tú la más bella entre las mujeres? ¿Qué camino tomó tu amado? A él buscaremos contigo.
–Te voy a tapar. Ahora no te muevas hasta que yo no vuelva.
–Le cubrió con la manta–. Voy a ir al patio a lavarme. Nadie me verá. –Le besó en la punta de la nariz–. Oye, desde que he oído tu voz me parece que nos conocemos hace muchísimos años.
–Es verdad. Muchísimos años y unos minutos. ¿Cómo podía existir el mundo antes de que tú nacieras? ¿Cómo podía existir yo? Seguramente todo era oscuridad. Por eso creo que sólo han pasado tres cuartos de hora desde que Dios dijo: «Hágase la luz».
Sonó entonces la campana que llamaba a completas. Él se irguió como un autómata. Carmela le reclinó hacia atrás y le obligó con la mano a cerrar los párpados.
–Duerme, pocholo. Arrorró, arrorró, dormidito se quedó; achupé, achupé, mojadita me quedé. Te traeré un bizcocho que son las ocho. Duérmete mi niño, duérmete mi bien, que mañana es fiesta y pasado también. El músculo duerme, amén.
Se le oía roncar cuando Carmela, enfundada en su hábito de novicio, encima del alba –que hacía de enagua– salió al patio y se encaramó en la pila del fregadero. La noche era un apelotona-

miento de nubes y silencio. Silencio en la noche ya todo está en calma. Sólo se oyó el chorro del grifo, que en la noche quieta cascabeleaba como un surtidor que acudiera a lamer sus muslos, enamorado.

Carmela pensaba en Bernar. Sabía que vendría. Que iba a venir muy pronto. Y supo también, en la revelación de aquel cristal de hielo de una lágrima invisible, que nunca le sentiría arder en el cuenco de sus piernas.

22

Había dormido entre sus sacos, junto a su gato, entre el olor a harina rancia y musgo revenido. Despertó antes del amanecer. Tomó la radio, algunos cassettes, sus hábitos, y lo metió todo en la mochila. También agarró la browning y se la guardó en un bolsillo de la zamarra. Al ir hacia la puerta le sobresaltó una sombra: el cura anarquista fumaba un cigarrillo delante de su cubil.

—Hola. Ya sabía que tú seguirías rondando por aquí. ¿Te apetece un pito?

Dejó la mochila en el suelo y se sentó en una piedra. Aceptó. Él le ofreció un fortuna y se lo encendió con un bic.

—No podía dormir —continuó— y me dediqué a pasear por esta desolación. ¿Sabes que roncas? No mucho: como un animal, un perro o así.

—Gracias.

—Pero roncabas de una manera satisfecha.

—Menos mal.

—No te preguntaré nada. Cuando yo era párroco de suburbio, venía la gente a encerrarse en la iglesia para protestar. Se encerraban las mujeres de los presos. Se encerraban los metalúrgicos. Eran otros tiempos. Nunca llamé a la policía. Era una lata, al cabo de varios días, encontrar mantas para que se abrigaran por la noche, calentar leche para el desayuno, cuidar de los niños, porque a veces había niños, y buscar un sitio para que todo el mundo hiciera sus necesidades, pues las sacristías no suelen estar muy acondicionadas para eso. Pero se solucionaba. Se consiguieron cosas.

Carmela pensaba en Chérifa, y en Validjian el armenio, y en Chema, que hicieron una huelga de hambre en la catedral de Burdeos, rodeados de pasquines en todos los idiomas: en francés, claro, y en español, y en armenio, y en turco, y en árabe, y en vascuence. Los compañeros formamos el comité de resistencia, y recaudábamos fondos entre los turistas y las beatas. Chérifa se puso muy enferma: se la llevó una ambulancia.

—No sé si te dije —continuó él— que estuve en la cárcel concordataria de Anacrónica. Luego me enviaron aquí, obligatoriamente recluido. Después se me averió un pulmón y me quedé. Sí, creo que te lo conté.

Chérifa en el hospital, con el gota a gota. Carmela jugaba a cazar con la mano el humo del pitillo. Si la oyó roncar es que estuvo dentro. ¿Habría visto el saco? ¿Y en sus paseos habría husmeado el escondite de las ruinas? Tendría que avisar a Pato.

—Como aquí nadie habla, a veces uno no aguanta más y sólo desea hablar, hablar...

—Hablar por hablar.

Arturo le había dicho pulcra y palmera; sabía hablar y no le había llamado puta y ramera. Si Ángel y Perucho no traían pronto a alguien para terminar los trabajos de la cueva, todo se iría al carajo y Bernar se pondría que no veas.

—Te voy a comunicar un secreto.

(Ya está. Ya se ha enterado de todo. Fuendetodo Lanzarote, me tienes en el bote, el que mete la pata la saca, como la resaca de la tía paca, una vez la meto yo y otra vez el niño de Dios, con el niño Artur me acuesto, con el Lanzarote me levanto, con el pájaro pinto y el espíritu santo).

—Jesucristo era seguramente un impostor. Te preguntarás ¿quién era el verdadero Cristo, el Mesías? Y yo te contestaré: ¿y por qué no Judas? En la infamia está la inmensa grandeza de la redención. ¿Hay algo más terrible de sobrellevar que la infamia? A su lado, el suplicio de la cruz es una gloria. La infamia eterna, eso es un género de sufrimiento tan espantoso como sólo puede ocurrírsele a un Dios.

Carmela tomó su mochila y se alejó por el camino medio enlosado que, por el exterior del ábside de la iglesia, conducía a las tapias traseras de las celdas. Cuando había dado ocho o diez pasos, se dio media vuelta y preguntó:

—¿Qué miras con tanta insistencia?

Él seguía inmóvil en el umbral. Sin moverse, con una voz opaca respondió:

—El dolor.

Lejos, lejísimos, ladró un perro. Y de la celda de fray César, que continuaba los ensayos de su oración funeraria, se escaparon los lamentos con los que exorcizaba la dilución de la noche.

—Lleno estoy de iniquidades. ¿Rehusaré llevar la cruz que Dios me envía, siendo así que sólo con ella se puede llegar a la gloria eterna que me tiene aparejada?

Dobla Carmela el extremo de las tapias y salta por el huerto de fray Arturo, tras apoyar el pie en las resquebrajaduras del muro. Nadie ha enderezado la parra ni atado las cuerdas rotas. Debajo del fregadero, los paquetes embreados que escondió están intactos y perfectamente secos. Centinela alerta, alerta está. Si tú no me quieres otro amante me querrá.

La puertaventana no encaja bien y bate un poco. Hay una vela encendida, que la espera a ella, una vela que alumbra a borbotones las humedades de la pared y la carcoma de las vigas.

—La vela te espera, como esperaban las vírgenes prudentes —dice fray Arturo, que sigue arriba, tumbado en el jergón, los ojos bien abiertos y los brazos cruzados sobre el pecho.

Ella ha subido con la palmatoria en la mano.

—Creía que no vendrías, que no volverías más —continúa él.

—¿No te has levantado, no has ido a maitines? Zángano, más que zángano.

—Me pediste que no me moviera.

—Es verdad. ¿Y no te has movido?

—No, solamente para ir y volver al Ática, al jardín de las Hespérides y a las dulces horas del duque de Berry.

—¿Has dormido?

—He soñado con que dormía en el templo del rey Salomón.

—Has soñado conmigo, entonces.

—¿No ves en el cañizo ángeles que se cuartean y se desprenden como obleas?

—Sí, y cascadas de cerveza descorchada en un vagón-restorán. Toma. Colócate esto.

Le tendió los auriculares del radio-cassette. Introdujo una cinta y lo puso en marcha.

> *Let me in here; I know I've been here.*
> *Let me into your heart.*

—Santo Tomás Moro.

—No. San Bob Dylan. Oye, ¿hay un número de teléfono en este monasterio?

—Sí. Lo sabe fray Benito.

—Ya. El fray Benito albañil, cerrajero y telefonista.
—¿Para qué quieres el teléfono? ¿Vas a pedir auxilio? ¿llamarás a alguien para que venga a buscarte?, ¿he abusado de ti? Vivamos juntos y solos sin que nadie se entere. Yo te cuidaré y te alimentaré. Te haré tortas con miel.
—Tú y yo contribuiremos con espíritu altruista al bienestar de la humanidad.
Fray Arturo escuchaba la voz de tela rasgada:

All I have is yours
all you see is mine.
And I'm glad to hold you in my arms.

—¿Dónde has estado toda la noche, alcuza de mis párpados entornados?
—He dormido en un pesebre. Y he soñado con el salón donde mi padre guarda las armas de caza, y he visto la mesa de billar enfundada en una tela de retor, y las lámparas estaban encendidas, como cuando mi madre iba a mirar si las manzanas habían madurado. Porque las manzanas maduraban sobre la mesa de billar y con las contraventanas casi echadas, de modo que se producía una penumbra en la que la fruta dormía la siesta y su respiración era el olor a manzana que se expandía por toda la casa. Y he soñado con tía Concha, que se reía de que yo no quisiera despegar los sellos con las manos sucias. Otro día te hablaré de tía Concha.
—Es maravilloso hablar. Me sentí un hombre cuando te hablé.
—¿Tuviste miedo?
—Sí. Muchísimo miedo.
—Haz tu vida de todos los días. La vida de la regla de san Nosequién. No te preocupes si tardo en aparecer.
Él tiró de la bocamanga de su zamarra y besó el dobladillo.
—Mi aparición —dijo.
—Abur —le despidió Carmela, tocándole con el índice los labios entreabiertos.
Descendió las escaleras y tomó del arcón un lienzo blanco, con el que se envolvió. Salió al corredor. Se paró ante la puerta de Anastasio el Sinaíta. El Sitoíta nos excita, y la revolución shiíta resucita.

Empujó. Fray Benito-Bell se inclinaba sobre sus gafas que a su vez se inclinaban sobre el tobogán de la nariz, que a su vez se inclinaba sobre un fichero, de tan pringoso, tornasolado. La luz tenía la tenuidad de dos mil moscas colíticas sobre veinticinco watios.

Fray Colecta-vírgenes, sin mirarla apenas, le enseñó un mazo de fichas:

—Virgen de la Camada, Virgen de Camas, Virgen del Camastro, Virgen de la Camerada, Virgen del Camino, Virgen de Caño, Virgen del Carmelo, Virgen del Carmen, Virgen del Carro, Virgen del Caruncho, Virgen del Casino (Monte), Virgen del Cerro, Virgen del Coro, Virgen del Corro, Virgen del Charro, Virgen del Chorro, Virgen del Churro...

Al ver a Carmela, que tocaba su cabeza con el shador de lienzo blanco, esbozó una sonrisa seráfica y extrajo de su fichero, entre mil estampas, la fotografía que ella había deslizado bajo su puerta, y la comparó con el modelo, y con aseveraciones de su cabeza venía a decir que se sentía dichoso al encontrarse delante del original de una advocación reencarnada. Quiso arrodillarse, y postrarse, y besar el ruedo de la sábana santa que a Carmela envolvía, pero ésta le agarró con firmeza por la capucha del hábito y sacó la browning y se la clavó en los riñones.

—El número de teléfono y las llaves del cobertizo de los aperos y del fayado.

Fray Vírgino entendió lo que la aparición decía y extrajo un haz de llaves —que la Virgen del Cerrojo atenazó— de la faldriquera.

—El teléfono —repitió la virgen de la browning 9 mm.

Fray Advocaciones Nostras apuntó en una ficha virgen de vírgenes, lumen de luminis, un número y una indicación: entre el refectorio y las cocinas.

Carmela le arrebató su fotografía de las manos y la quemó con la llama del mechero. En el corredor, arrojó al suelo la sábana blanca. Fray Benitiño había contemplado su desaparición, arrodillado: quizá fue el humo que desprendió la foto al arder, pero él creyó verla eclipsarse tras una nube.

Antes de que sonara la campana para la misa conventual (a las siete en punto), Carmela había franqueado la puerta del cobertizo y había arrastrado hacia el exterior la escalera. Era una escalera rústica, de bastos travesaños, sólida como una arquitrabe y pesada como un contrafuerte adintelado. La escalera perfecta para la eternidad. La escalera de Jacob, mob, moby Dick, Ana Ballena, santa Trilita del Monte. A rastras no podía llevarla hasta la cueva-ba, y con sus solas fuerzas era incapaz de despegarla del suelo. La contempló con resignación, los brazos en jarras y la cabeza echada hacia atrás, como quien espera la ducha de una idea. Vio en un friso un ángel repollesco que quería subir a la cruz a desprender al pendiente, y de pronto la idea estalló y la mojó toda. Recordó un cuadro pintado por Rici, o Ricci, o Rizos, en el pasillo de musarañas que llevaba de la cripta a las ortigas, y se imaginó a ella misma camino del calvario con la escalera a cuestas mientras mendigaba en el trayecto el auto-stop de una verónica.

Tras vestirse el hábito que guardaba en la mochila, fue al corral de novicios —donde aún no había quiquiriqueado el gallo— y sacudió por el hombro al preamorfo Lorenzo. Genuflexa al borde de su lecho, amerengó sus mofletes, suplicante:

—Ven en mi auxilio. *Exultate me.*

—¿Quieres meterte en mi cama? Fray Orwell vigila.

—Ayúdame y un día te lo pagaré: novelas verdes te he de traer.

Ante tal promesa, el novicio Nalgudo se sentó en el lecho, restregó las cerdas de sus pestañas, se acomodó la camisa de dormir y se lanzó hacia el lavabo, donde sometió su cabeza de cepillo al chorro a presión que Carmela le enchufaba.

—¿Me visto o me desvisto?

—Ponte el hábito. No vas a salir hecho un mamarracho.

—¿Salir? ¿No me llevas a tu camareta?

—Chist... Alborotarás a toda la pocilga.

—Estamos solitos, gran jefe blanco. Los demás han ido a misa. A mí, como decía mamá, se me pegaron las sábanas. ¿Con qué engrudo se me habrán pegado? Adivina, adivina.

Cerdo, cerdo, cerdo, cenagosos están los cielos y la tierra de tu inmundicia.

Le ayudó a calarse el hábito por la cabeza y a calzarse las sandalias, y lo arrastró al exterior de la girola donde la escala del desprendimiento yacía desmayada.

—Hace un frío de aire acondicionado para pingüinos —se estremeció Lechorenzo.

—Hace un frío del carajo viudo —resopló Carmela.

—Eres un mal hablado, Lolito. ¿Me dejas que te llame Lolito? Yo tenía un primo que se te parecía y se llamaba Lolo, Lolito. Éramos muy amigos pero lo perdí de vista cuando se fue a la mili.

—¿Ves esa escalera? Fray Albóndiga me ha puesto como penitencia llevarla cien metros sobre mis hombros para purgar mis pecados.

—¿Tú pecas también? Mi tío, dom Pancorbo, cuando yo pecaba me decía oveja-pécora. Y se reía. Nunca entendí por qué.

—Tu tío con su torrija se lo coma. Yo pequé por tu culpa. Confesé que te había tocado la frente con pensamientos bituminosos. Y que me recreé cuando tú me tocaste, sin entonar una sola jaculatoria.

—¿Tú me pensaste virulento? ¡Ahora comprendo que me pidas que por ti me sacrifique! Dispuesto estoy a ciliciarme, retorcerme por do más pecado había. Castígame, pellízcame.

—Eso quisieras tú, que te pellizque. Primero ayúdame a llevar la cruz.

—¿La cruz?

—Sí. Esta escalera es la cruz de mi penitencia. He de cargar con ella por lo menos cien metros. Y cada metro hay que rezar un glorialpadre.

—Será una dulce penitencia compartida. Podemos pecar otra vez para merecer este dulce peso. ¿Cómo me llamaste: ángel, cerdo?

Qué tentación pegarte una patada que jamás se te olvide, sobre todo cuando vayas a mear. Lechoncillo del invierno, un cabrito con un cuerno.

—Agarra ese extremo de la escala y calla. Reza la penitencia.

Carmela por un lado, Lorenchón por el otro, conducen, a paso procesional, la escalera hacia las ruinas. Un amoratado cielo entrevera todavía la luz desesperada de noviembre.

—Gloria Patri... Qué suave carga esta que la madre providencia me permite llevar contigo.

—Empuja y calla, que aún falta un buen trecho.

Cerca de las ruinas, Carmela le ordena parar.

—¿Tan pronto los cien metros se han recorrido? Los pecados han sido perdonados. Y ahora, en nombre de la gracia que nos aposenta, dame el ósculo de la paz.

—Ahora te vas a misa, antes de que despunte el día. Que no te vean. Si alguien te ve, a tres días a pan y agua me penitencian.

Carmela le da un azote en una nalga y él se va, saltarín, por el pedregal que antaño fue un vergel de guisantes, alubias y habas de mayo.

No logra reventar el amanecer. Carmela arrastra la escalera hasta la entrada de la cueva. La desliza por el borde, más, un poco más: la oye tocar fondo. Perfecto. Comprueba que se ha asentado firmemente. Baja por ella y sube un par de veces: ni la más ligera vibración. Luego trae a rastras la saca, que ocultó en su horno de pan abandonado, extrae las bolsas de plástico que contiene y las baja una a una. Al retirar la última, encuentra en el fondo un papel doblado. Es una lista mecanografiada de objetos, bajo el epígrafe COMPRAR. Comprar todo aquello. Ha de apresurarse. Cuántas horas perdidas. Bernar se cabreará.

—Megde, megde, megde —exclama Carmela, imitando el acento de Chérifa, de Claude, de toda la troupe de Burdeos II.

Ordena las bolsas en un rincón y las tapa con el saco de marinero en vacaciones. Soy una meningítica, eso es lo que soy. Eó, eó, toda la cueva es un eco.

Cuando sube, el amanecer juega a coronar los cardos con hilachas de neblina bordada.

23

El padre prior abrió la puerta al hermano Benito, que la había arañado con las uñas, como el pico de un pájaro la tira de unto que le ofrece el invierno. Ambos se saludaron con un ágil plegado de espinazo.

—Te levanto la regla del silencio. Habla.

Benito-Vírgino despegó los labios, accionó la lengua, izó y arrió la nuez de su cuello, pero sus cuerdas vocales no emitieron el menor sonido.

La facultad de hablar, tras dieciocho años sin pronunciar palabra, se le había enmohecido. Al fin articuló unos sonidos:

—Tun campe ato.

No sabía por qué había dicho aquello. Sonrió. El prior le invitó a sentarse.

—Ante mí has de abrir el corazón como ante un padre. Lo dijo el apóstol: «Habéis recibido el espíritu de adopción de los hijos, por el cual gritamos: ¡Abba, abad, es decir, Padre!».

—He perdo lo costumbro de habla.

—Serénate hermano. Alabemos juntos a Jesucristo.

—Estoy seréname.

—Invoquemos la benevolencia de su santa madre, la pastora de la divina perpetua socorra.

—Es la atrusfia, padre. Ya me está viniendo el rinconciello del sosiego.

—Cristo Redentor, tú que diste al jumento que hablase con palabras de hombre, puedes conceder al hombre que hable en términos convenientes. Ahora dime por qué causa has acudido a golpear la puerta de tu padre prior, sin turbar los reales de Israel con el lenguaje de Jericó.

—Vois sabedes, santo padre, que colecciono vírgenes a millares. Y hoy mismo vime favorecido con la aparición en carne y hueso de una virgen, que yo diría era la misma que aparecióse a la santa Auria rodeada de un cortejo de ángeles y santos.

—Con un cortejo la viste, ¿y todos de carne y hueso? ¿Y los ángeles iban vestidos o desnudos?

—No, sin cortejo vila, y ella, causa tal vez de mis muchos pecados, amenazóme con un arma fría y férrea, que yo diría una pistola.

–Con pistola y sin cortejo no me atrevería yo a aseverar que fuera nuestra madre celestial. Quizá si vas a la farmacopea te dará fray Leopoldo algún cocimiento o infusión para las calenturas.

–Y además se me llevó las llaves y luego quemó la estampa de su divina faz con un mechero, al tiempo que ella misma desaparecía, oculta tras una resplandeciente nube.

–Pásate por la enfermería, hijo, y recupérate de tantas privaciones. Te autorizo a tomar dos yemas de huevo con el caldo y una copita de moscatel. Verás como te sientes mucho mejor. Y ahora vete en paz.

Le ofreció el anillo para que lo besara y Benito salió, más confundido de lo que había entrado, y emprendió camino de la enfermería: había perdido una virgen y un manojo de llaves, pero había ganado un caldo con dos yemas de huevo y un chorrito de vino dulce.

La virgen-de-Oria-Carmela había recibido, mientras tanto, la visita de un compañero de Ángel y Perucho a quien no conocía. Apareció en la entrada de la cueva y la llamó por su nombre de guerra:

–Lemming.

Ella contestó:

–Terranova.

Encendió un mechero en la oscuridad.

–Me llamo Moisés y me llaman el Rana.

–Así que tú eres el de la fuga de Risueña. Menudo tío. Y tú venías el otro día anunciando el circo con el payaso Sacocho...

–Qué, ¿te gustó el truco?

–Fenomenal.

–Pues como también se me da la paleta, me han mandado a tabicar.

–Baja. La escalera está hacia la derecha, oculta por las zarzas. Yo he venido a colocar un poco esto y a limpiar en plan chacha.

–Oye, ¿puedes respirar ahí?

–A ver por qué te crees que me llaman Lemming...

El Rana bajó. Traía una linterna.

–¿Dónde está el material?

—Ahí en ese rincón.

—¿Y agua?

—La has de buscar en una aceña que pasa a diez o doce metros y que habrás visto al llegar. Oye, ¿está en marcha la operación?

—Yo no sé nada. A mí me mandan a tabicar un chiscón para un transformador.

—¿Pero no iban a venir el albañil del pueblo y su cuñado?

—No se fían de ellos. Además han entrado las urgencias: que uno para acá, el otro para allá... Búfalo está nervioso. Algo no marcha bien. —Le llama Búfalo y no Bernar: eso quiere decir que la operación está en marcha, pensó Carmela—. Lo siento, no tenía que haber dicho esto.

—¿Has venido en moto?

—No. En un autobús que te deja a un par de quilómetros de aquí, en un cruce de carreteras donde hay un letrero que pone Ocre. Va hasta Medieva. Pasa otro a las dos y el último a las ocho.

—A las dos me iré yo, entonces. ¿No te han dado dinero para mí?

—Ah, sí, qué mula soy: menuda chorva la mía —y le tendió un fajo de billetes doblados que sacó del bolsillo trasero del pantalón—. Oye, ¿qué hay en esa maleta y en esas bolsas?

—Tú no toques nada. No tocar. Peligro de muerte.

—Menudas condiciones para trabajar. Y encima quieren que me dé prisa. ¿Por dónde empiezo?

—¿No te lo han dicho? Yo envié los planos. Se los di a Pato.

—Dos metros desde el fondo. Pero no se ve el fondo.

—Donde las hornacinas. Esto debió de servir de bodega, cuando los frailes se ponían morados de comer y beber. Bueno, chao. Hasta esta noche. Y no toques nada, ni los paquetes, ni las bolsas, ni los cables ni nada.

—A la orden, jefe.

Carmela-Lemming fue a recoger a su escondite la mochila, la vació y se la llevó bajo el brazo. Se enfundó los guantes de lana y cerró hasta la punta del cuello la cremallera del anorac. El viento, al desmigajar las nubes, dejaba ver a retazos las livideces del sol. Mientras caminaba, oía crepitar los pelucones de las encinas secas.

Todo en el amor es imaginación, pensaba por el arcén de la

carretera. Le apetecía ovillarse como el esparto, envolverse a sí misma y rodar, rodar...

El autobús era de un azul que fue marino y que las heladas y los soles habían desteñido. Lo conducía un joven con barba.

—¿Va a Medieva?

—Sí. Sube.

Transportaba una docena de personas. Se sentó junto a un hombre pequeño y pulcro, con corbata, tocado con una boina y arropado en una pelliza de borrego con la piel vuelta.

El autobús arrancó. La cobradora era una chica de unos veinte años, morena y con las mejillas del color de los granos de una granada. Sus caderas cabían difícilmente por el estrecho pasillo. A Carmela le recordaba a su prima Marichu, a quien en Turbia llamaban Mariculona los chicos de COU.

—¿Tarda mucho en llegar a Medieva?

No le respondió la granada-culona sino el encorbatado de la pelliza.

—Tres cuartos de hora. Primero para en Desconchada a dejar el correo. Luego sube al puerto de la Robleda y desde allí ya se ve Medieva. Antes no había carretera por este lado: sólo un camino forestal. Para llegar a Medieva había que dar un rodeo por Ocre y Rocosa. Se tardaba dos horas. Y eran otros autocares también. Esto es un pullman. Imagínese que yo he ido en mula por esta misma ruta. A ver, no existía otro procedimiento. ¿Usted va a quedarse en Medieva?

—Sí.

—Yo voy a empalmar con el autobús de Racheada. Éste llega a las tres menos cuarto y el otro sale a las tres y diez. Sobre las seis, cuando se haga de noche, estaré allí.

En Desconchada se detuvieron cinco minutos, en una plaza donde había un palco de la música. Allí se subieron tres chicas, que se sentaron en los asientos del fondo. No paraban de reír.

Al llegar a Medieva el hombre de la pelliza se despidió.

—Me voy a tomar un café, en espera de que pase el de Racheada. Hasta más ver, señorita.

—Usted lo pase bien, señor.

Qué finolis. Carmela vio en una calle estrecha un letrero que anunciaba: Amparo – Comidas. Olía a pescado frito. Entró. En la barra del bar, un joven de melenas rizadas le decía a otro joven de melenas rizadas:

—Que le den morcilla a tu madre. A mí me produce repugnancia el agua, tío. Te se cae una gota en la ropa y la mancha.

—¿Puedo comer? —preguntó Carmela.

—Sí. Pase ahí. Sólo tengo judiones y calamares fritos.

—Muy bien.

Franqueó una cortinilla de tiras de plástico bajo el cartel de «Comedor». En una de las paredes hay colgado un cuadro terriblemente grasiento: longanizas chorreantes, jamones violentamente despedazados, panes enrodajados, un cuchillo que se clava en un queso sudoroso y un cántaro que se retuerce y busca su forma definitiva, entre ser ánfora o ser sandía. Al lado hay un perchero.

—Siéntese donde quiera. ¿Qué le pongo para beber?

—Vino tinto.

La cocina exuda un poco de calor. Pero es más intenso el frío que se cuela bajo una puerta de cristal que da a un patio. Con este frío, esta lluvia, este relente, ¿a quién se le ocurre organizar la operación? ¿No hay otra época mejor en el año? Si fuera verano, este pueblo ardería, y a lo mejor había fiesta y corrían vaquillas, como cuando, en Empinada, conoció a Jose. Jose Jose, el acabóse. Estaba trompa, se mojaba la cabeza bajo el grifo, junto al Ayuntamiento. «Si no mana nada», repetía, mientras uno de sus amigos le empujaba: «Venga, quítate, que voy a desayunar». Y las tías volvían de misa, qué risa. Si te embarcas en enero te mojarás el sombrero.

—Sus judiones.

Y se los puso delante, y la botella de vino.

Y los judiones desaparecieron en el tiempo que duró el vaivén de la puerta de la cocina.

Ahora se oía en el bar:

—Hola, don Julián.

—Está mimbreño.

—Saca un blanco y dos tiroleses.

—¿Cómo va ese reuma?

—Me he dado alcohol y la ostia.

—Dése tierra mojada y ortigas.

—Un par de guindillas es lo bueno para el reuma.

—Las ortigas, te digo. Y luego encima tierra mojada, va como dios.

Los calamares. Y un plátano. Y un café.

—Es grande este pueblo.

—Sí, y lo que ha crecido por la parte del río, por la cueva de los moros y más allá, hasta la fábrica de muebles.

Se fumó un cigarrillo. Después fue a comprar, con la lista encontrada en el fondo del saco de recluta, a una plaza con soportales. Había un estanco, donde se aprovisionó de tabaco. Luego una ferretería, donde compró una bombona de camping-gas, con quemador y lámpara, un cazo y una sartén. Luego había otro bar —Los Arcos—, la Caja Rural, la Mercería Milagros, donde compró un jersey y ropa interior de hombre, una tienda de muebles llamada Marcelino, la tienda de electrodomésticos Juanito Pardo, nombre eclipsado por Thomson, la Caja de Ahorros municipal, y una farmacia, donde compró diversos tipos de vendajes y esparadrapos, y una cuña higiénica.

—Es para una tía mía que acaba de salir del hospital. La atropelló una motocicleta, ¿sabe?, y ha de estar inmóvil durante un mes.

La farmacéutica la miró con conmiseración.

—Pobrecita.

—¿Yo?

—Sí. Tan joven y tan sacrificada.

—Pero mi tía...

—Pobrecita ella también.

Compró vasos y platos de cartón, cubiertos de plástico, lejía, papel de aluminio, jabón, pintura roja, tela blanca, cassettes vírgenes y numerosos víveres. También compró un periódico. Traía en primera página las fotografías de Padmanabah Rajadran y al lado la de su mujer, quien había hecho llegar a todos los medios de comunicación un patético mensaje. La mujer lucía en la foto un abrigo y una sonrisa de nutria.

Le sobró tiempo para ver la iglesia del pueblo.

No sé por qué entro aquí, ni cómo no estoy harta de iglesias. Vio en el retablo del altar mayor una escena de la sagrada cena en la que Judas, con una bolsa de dinero en la mano, miraba hacia el público. Judas, el redentor.

A las seis y media el autobús se encontraba ya estacionado en la plaza, al lado de una farola en la que husmeaba un perro.

—Hasta las siete no sale, pero puede subir si quiere. ¿Adónde va?

—Al cruce de Ocre.

Eligió un asiento en la parte de atrás. Colocó la mochila en la redecilla de equipajes. Apoyó la cabeza en el cristal empañado, mentira que son pañuelos, pañuelos blancos llenos de llanto, y se quedó dormida.

La despertaron unos empellones en el hombro.

—Eh, usted, el cruce de Ocre.

—Pobrecita, una tía suya la atropelló uno que venía haciendo el bestia, como vienen siempre, con una motocicleta. Está en las últimas. Me lo dijo la farmacéutica.

Arrastró su mochila hasta la puerta, descendió y ésta se volvió a cerrar, y una tufarada del tubo de escape le anunció que el autobús partía, dejando sólo la ceguera roja de sus faros piloto.

Ahora, a andar. Silencio, los caporales están durmiendo. Cargó con la mochila y con todo el peso del hielo puro que el firmamento destilaba.

24

«Triste plaisir et douloureuse joie»...
Si el Señor no edifica la casa, en vano se afanan quienes la construyen. Si el Señor no guarda la ciudad, en vano vigila el guardián.

Fray Arturo había velado en la tarde, y se había afanado, por si la diosa caída del cielo regresaba. Como las cinco vírgenes prudentes, tomó aceite de su alcuza juntamente con la lámpara. A veces oía pasos resonar en las bóvedas interiores, o aleteos de huidos vencejos en el patio o en el derruido alero. «Ahí está la esposa, salid a su encuentro.» Pero no era nadie, sólo un ruido —un alma que pasaba—.

Cuando había de ir a la capilla, iba a la capilla y rezaba. No rezaba al pájaro cuya nariz había besado, sino a la Altísima paloma que conocía los rincones más secretos de su alma. *Ad amorem sequitur et concomitatur fides et constantia nam in hiis findatur.* El amor se ve seguido y acompañado por la fe y la constancia ya que en ellas se cimenta.

Volvía a la celda y limpiaba sus escudillas, repasaba su ropa, rozaba con un paño el reclinatorio, lanzaba el vaho de su aliento contra cada mancha de los cristales, que luego frotaba con la bocamanga. Leía:

«El día primero de los ácimos se acercaron los discípulos a Jesús y le dijeron: ¿Dónde quieres que preparemos para comer la Pascua?».

Y entonces pensaba en una cena, una cena caliente y salivosa, algo que a ella pluguiera o pluguiese. Con música escapada de un virginal, y un olor a asado de las más sabrosas partes de una gallinácea de plumaje verde, y esa placentera pesadez del alma que producen ciertas hierbas en infusión, y a veces, dicen, el humo de la lenta combustión de ciertas prensadas hojas secas.

Para solazarse, y calmar su impaciencia, escuchaba las grabaciones que ella le había encomendado. Por ejemplo, los versos que ella misma recitaba y cuya autoría otorgaba a un tal Neruda Supertramp:

En el fondo del pecho estamos juntos,
en el cañaveral del pecho recorremos
un verano de tigres.
Pensaba que las cosas buenas les suceden
a quienes saben esperar;
pero últimamente sé que cuando suceden
es ya demasiado tarde.
En algún sitio del verano estamos juntos
acechando con labios que la sed ha invadido...

Sí, debería encender el fuego, cosa que la regla no prohíbe y que al mismo Señor complacería, si como peregrino acudiera a golpear esta puerta: «El que por mí recibiere a uno de esos pequeñuelos [¡esa pequeñuela!] a mí me recibe». Dejad que las pequeñuelas se acerquen a mí y no las estorbéis. Fue, pues, al patiecillo y arrebañó sarmientos, y trozos de la cesta de mimbre que la harinosa había destrizado en su costalada. Conocerían las astillas un placentero destino: darle calor a ella, recalentar tal vez la misma salva parte que habían agredido, y junto a eso la dignísima misión de arrebolar sus mejillas, cuando llegase aterida del inclemente cielo.

Fue entonces cuando, bajo el fregadero, descubrió los paquetes de papel impermeabilizado. Primero los sopesó, luego los recorrió —ángulos, bordes, pegaduras— con la pulpa de sus dedos, dudó si escarbar con una uña para lincear por un agujerito el contenido, y al fin decidió dejarlos donde estaban.

Acarreó unos leños que, en años lejanos, habían servido de soporte o pedestal a un rústico banco que las intemperies cuartearon. El humo cegará todos los ojos, pero luego arderán con la alegría de los cachorros y dejarán un rescoldo que durará toda la noche. Ah, que me complazco en tal panorama, y de ahí quizá provenga la magnitud de mi pecado: pues ni me privo, ni me curto en ayunos y flagelaciones, ni siquiera me apresto a soportar la ligera incomodidad del frío o el ya conocido abrazo de la soledad, ni hay trazos en mi alma de corrosión o arrepentimiento. Tamaña dejación sólo es atribuible a haber sido poseído por Libidinia, abandonado por Eremita, tentado por Relaja.

Amontonó en el interior de la chimenea sarmientos, astillas y leños. Se acordó de una perola que guardaba bajo el banco de carpintero, en el altillo. Fue a buscarla y la llevó al fregadero, donde la restregó con asperón y jabón de orujo. Canturreaba al ver brotar los brillos del cobre abollado y pensó que no era muy acorde con las santas advertencias aquel modo suyo de moverse y cantar, en medio de la enormidad de su pecado, y ser feliz, en vez de sentirse mohíno y espantado y con ganas de penitenciarse hasta la extenuación. Pero miraba el cielo y no veía que cayera el fuego azufroso de Gomorra, sino que caía el trino de un pardillo y la nana del viento en el alero.

Medió de agua el perol y luego, en los escalones, se detuvo a pensar cómo de aquel agua podría surgir un caldo deleitoso y tonificador. La pura hermana agua no le respondía. Pero acordóse al instante de las cebollas que se pudrían en la tierra, y de cómo una de ellas había servido de ungüento milagroso para que Horroreslacabeza aliviara la brecha que en su frente había hendido un clavo malogrero del emparrado. Tras arrancar dos cebollas, asió también dos tomates ya heridos por las heladas y desenterró con un azadón las patatas degeneradas que una planta —nacida de otra patata no menos degenerada— había tenido aún fuerzas para colgar al extremo de sus raicillas, en el rincón donde se alzaba el tubérculo de su retrete. Lavó todo en el grifo, lo peló y despellejó con el cuidado con que se despelleja una escocedura de un labio, y lo introdujo en el perol.

Ahora sí encendió la lumbre —que desde hacía diez años no encendía—. Al instante se expandió por la celda el olor a casa de su madre, en un pueblo cercano a Húmeda, un pueblo de vacas que de niño llevaba a pastar en las lindes de los bosques cuajados de helechos. Recordó el crepitar de las castañas en el fuego: las castañas que retozaban, se abrían, ofrecían su pulpa harinosa y humeante para recalentar los mofletes. Su tía Hilaria las hacía también con leche, que espolvoreaba de canela. Recordó a su tía Hilaria, la viuda de guerra del militar cuyo retrato y cuya medalla se ennegrecían y salpicaban de excrementos las moscas. La tía Hilaria, al quedarse viuda y sin hijos, fue su segundo regazo maternal, de modo que pasó sus años infantiles doblemente enregazado.

En dos latas de conservas oxidadas crecían yerbabuena y albahaca. Cortó unas ramas, que echó al pote. En el patio crecía libre el hinojo, y también lo añadió.

«Ya dan su aroma las mandrágoras, y abunda en nuestras huertas toda suerte de frutos exquisitos. Los nuevos, los añejos, que guardo, amada mía, para ti.»

Pronto la olla gorgotaba y el vaho que desprendía mezclaba aún más los sabores de la casa materna. Un poco de unto, y un chorizo o dos, habría añadido su madre, para dar más alimento. Al carecer de unto y de chorizo, Arturo hubo de acudir al cosquilleo de la inspiración: así que introdujo en el caldo unas cortezas de pan duro. Al deshacerse, ganaría el potaje en consistencia.

Relavó las dos escudillas y dos cucharas de palo, y tras frotar de nuevo la mesa con el ruedo del hábito, las colocó encima. Y la jarra con agua fresca. Y un tazón de leche. Lástima de ausente mantel y de bordadas servilletas.

«¡La voz de mi amada! ¡Vedla que llega, saltando por los montes, triscando por los collados! Es mi amada como la gacela o el cervatillo. Vedla que está ya detrás de nuestros muros, mirando por las ventanas, atisbando por entre las celosías.»

No, no era verdad. Nadie venía, sino otra vez el balido del viento, el calofrío de las tejas, el quejido de una puerta lejana por la que nadie, desde tiempo inmemorial, pasaba, y, perdidos en la noche, fragmentos deshilachados de la oración funeraria de fray César: «Pronunciada está vuestra sentencia de muerte... Humedecen las lágrimas de vuestros deudos la tierra todavía fresca... Deshechos y compungidos nos tienes, los que te amamos tanto... A no tardar... nosotros... terrible momento... ¡ay, pobre de mí!... último suspiro...».

Así fue apagándose el fuego, apelmazándose el potaje hasta formar un puré grisáceo, y todo se durmió, menos Arturo, a quien le sonsoneteaba una copla tantas veces oída a su tía Hilaria:

> Quiero dormir y no puedo
> que el amor me quita el sueño.

Era casi medianoche cuando una piedrecita repiqueteó en el cristal.

—Déjame la radio, date prisa —dijo Carmela al entrar.

Él tropezó, aturdido. No recordaba dónde la había dejado.

—Si la tienes ahí, en el reclinatorio, parece que estés aparvado.

Ella se colocó los auriculares y pulsó el dial.

—El fuego... La sopa...

—Chist. No hagas ruido.

«... el Consejo de Seguridad de las Naciones Unidas. El representante de Indonesia pidió la suspensión de la Conferencia. La esposa de míster Padmanabah Rajadran se ha dirigido a través de la televisión a los secuestradores y ha dicho entre otras cosas: "Mi marido es un padre de familia y al margen de su actividad profesional, aquí hay una familia que le espera". "Pad —concluyó su mensaje—, si me escuchas, ten coraje y confianza en el Supremo Espíritu. Te esperamos". Al mismo tiempo, un comunicado de los secuestradores, de cuya autenticidad se duda, emite serias acusaciones sobre el período en que el señor Rajadran era jefe de seguridad en el estado del nordeste de su país. Una agencia de prensa informaba hace escasamente dos horas que los secuestradores están sometiendo al señor Rajadran a un agotador interrogatorio que ellos denominan "Juicio de los pueblos oprimidos". La misma agencia informa que, en efecto, el señor Rajadran fue jefe de seguridad en su país en una época en la que se produjeron las famosas represiones en el estado del nordeste. El secretario general de las Naciones Unidas se ha negado a hacer comentarios sobre el tema. Por otra parte, se cree que la policía ha efectuado varias detenciones, pero esta noticia no ha sido confirmada. Se dice que entre los detenidos hay una mujer. El comisario-jefe de la lucha antiterrorista ha dicho a nuestra emisora que muy pronto, quizá mañana mismo, tendrá alguna comunicación importante que hacer.»

Se quitó los cascos. Murmuró:

—Madona...

—¿Hablas con la Virgen celestial?

—Quita allá... Pensaba.

—Estás cansada.

—Sí. Mucho.

—Todos los aposentos de nuestro palacio destellean y se han perfumado de óleos e inciensos: y está fresca de lavanda la almohada donde reposarás tu cabeza.

Carmela sonrió tristemente, la vista perdida en la ceniza salpicada de brasas lánguidas.

—¿Qué es esa pasta que hay en el caldero?

—Jugo de faisán con almendras de Creta e higaditos de pato rociados de Lacrima Christi.

—Parece cemento. ¿Lo has hecho tú?

—Sí: con hierbas de mi huertecilla. Pero ya está frío.

—No tengo apetito. ¿Sabes? Todavía se me repiten los judiones con chorizo.

—Mi madre los hacía.

—Mira: te he traído una cosa. —Del bolsillo más grande de su zamarra sacó un cucurucho de papel de periódico lleno de castañas asadas—. Ayer estaban calentitas...

Arturo agarró el paquete y, al hacerlo, tocó sus manos.

—Tus manos también se han enfriado.

—¿Te importa que me eche ahí, en tu camastro, a dormir un rato? Hay mucho trabajo esta noche.

—Dime una cosa: ¿son tuyos esos paquetes que hay debajo del fregadero?

Carmela le agarró por el hábito, a la altura del cuello, con firmeza de judoka.

—No vuelvas a tocarlos, ¿me oyes? —Al decirlo, la emprendía a sacudidas con él, que ladeaba la cabeza y se la protegía con el antebrazo—. No los toques, imbécil.

Él temblaba como un conejo. Era así como aquel profesor, el hermano Estalino, le agarraba para pegarle coscorrones con sus nudillos de hierro, que al calor de la noche se le convertían en zumbidos de oídos.

«Eres jardín cercado, fuente sellada.»

—No me pegues. No me amenaces.

Le costó decirlo, pues una toronja de lágrimas se le había atravesado en la garganta.

—Perdóname —dijo ella.

Se derrumbó en el camastro. Él se arrodilló y la ayudó a quitarse las botas. Le masajeó los pies.

—Están ateridos. Y manchados de cemento. Todo está aterido y lleno de cemento, como la sopa.

—¿A qué hora tienes tu primer rezo?

—A las tres y media tocan a levantarse, y un cuarto de hora después son maitines.

—Despiértame a esa hora. ¿Me lo prometes?

Él asintió con la cabeza. «Os conjuro, hijas de Jerusalén, por las gacelas y las cabras montesas, que no despertéis ni inquietéis a mi amada hasta que a ella le plazca.» Ella se reclinó hacia atrás.

Veo entre el humo de las pestañas un Adán que fuma en pipa y una Eva con bigudíes. Corazón, corazón que se duerme, se lo lleva, se lo lleva la serpiente. Envió a Arturo un beso con la punta de los dedos.

—Gracias. Eres muy tonto y muy majo.

Al instante se durmió.

Fray Arturo se acurrucó a los pies. Pelaba las castañas. Su tacto era como el de los botones del corpiño de tía Hilaria, y el ruido de las cáscaras como el de los bosques de su niñez, cuando corría por ellos hacia los chorros de luz por donde las mariposas se esfumaban. Escuchaba una grabación. Pelaba y pelaba las castañas de su vida:

> *This is the happy house*
> *we're happy here in the happy house.*
> *To forget ourselves*
> *and pretend all's well.*
> *There is no hell.*

25

El Rana se había quedado dormido con la paleta en la mano, sentado al pie del tabique que olía a cementerio. La linterna iluminaba ya sin fuerzas una arandela del techo.

Carmela le sacudió.

—¡Tú! ¡Te vas a congelar!

Una botella de coñac medio vacía rodó por el suelo, al tiempo que, de dos brincos, Rana se acuclillaba y se ponía de pie.

—Ahora comprendo por qué te llaman el Rana.

—También me llamaban el Saltimbanqui de Alabama y el Resorte Galáctico.

—¿Te falta mucho?

—El cerco de la puerta: una chapuza. Con este material... Oye, ¿has tenido noticias?

—No, pero tengo olfato. A mí me llamaban mis padres ratita, a secas, ni siquiera la Ratita de Hammelin; y después, ya sabes, Lemming.

—¿Qué hora es?

—Las cuatro.

—He dormido un montón. Necesito un café triple, cuádruple. Pero a ver dónde encontrar agua caliente en estas ruinas.

—Utilizaremos el hornillo que compré en el pueblo, ¿te acuerdas? Pero antes, échame una mano. ¿Ves esa maleta que te intrigaba tanto cuando apareciste? Pues tenemos que subirla con muchísimo cuidado.

—¿Qué es, goma?

—Quita allá. Electrónica pura. Cuesta un riñón.

—Tú me ayudas a colocarla en el hombro; luego me las apaño yo solo.

Así fue. Ascendió los travesaños de la rústica escalera mientras Carmela iluminaba con la mortecina linterna. Desde arriba preguntó:

—¿Qué hago ahora?

—Espérame. No te muevas.

Caminaron hasta la tapia de fray Arturo. Carmela iba delante: conocía el camino y se orientaba por el olfato —como decía ella—

en la oscuridad. Rana afianzaba con su mano la maleta que llevaba al hombro y con la otra se agarraba a Carmela para no perderse ni tropezar.

–Espera ahí.

Ella se sentó a horcajadas en lo alto de la tapia. Le pidió que
levantara la maleta. Ella la abrazó en su regazo. Luego saltó él y
la descendieron por el otro lado.

–Lo más difícil ya está hecho –dijo Carmela–. Desde aquí me
las arreglaré yo.

–¿Me dejas fisgar un poco?

–Vuelve a tu tabique. En seguida me acerco a hacerte el café:
en cuanto instale el contenido de esta maleta. ¿Sabrás volver
solo?

–Qué remedio. Si al clarear no me habéis visto el pelo llamad
a casa de mi mamá.

El Rana dio un salto con los pies juntos y se perdió en la noche.

Al clarear me pondré a clareo con una clara y un limón. Al
amanecer me voy a deshacer como un azucarillo metido en un
café. Ay mamá Inés, luego se lo prepararé al pobre Rana. Bébeme, bébeme, bébeme que tengo frío, cómo quieres que te beba
si yo no soy tu marido.

El potaje del rey Arturo mostraba su natosa superficie de telaraña en un lecho de ciscón. Al contemplarlo sintió arcadas. Po-
brecito mío. Escribió en un papel:

«BUENOS DÍAS. GRACIAS POR LA CENA».

Vio, sobre el camastro, bien envueltas, las cáscaras de las castañas. Tal vez recordaban el olor de tía Hilaria. Las tiró a la chimenea y les prendió fuego. Añadió a su mensaje:

«LUCHA SIN CUARTEL CONTRA LA NOSTALGIA. LA
NOSTALGIA ES EL OPIO DEL PUEBLO».

Luego abrió la maleta. Se le apareció el precioso emisor-receptor miniaturizado. Un juguete de esos que te transistorizan la
piel, como un buen coche lanzado o un tío fenomenal, también
lanzado, cuando te abraza. Hojeó el cuadernillo de instrucciones/
mode d'emploi/operating instructions/Bedienungsanleitung.
Buscó un enchufe; lo encontró en el portalámparas. De allí tomó
la corriente. Al pulsar el interruptor «on» se encendió una ampo-
llita roja y la aguja del «batt/check» se abalanzó hasta «full». Lue-

go buscó la clavija para el micro y la de los headphones. La manipulación de aquel cacharro era sencilla, pero existía un problema: la antena exterior.

Subió al altillo e inspeccionó la ventana: el canalón del desagüe que corría bajo el alero podría ocultar un cable que, tras una marcha sinuosa por alféizar de la ventana-zócalo-escalera interior-altarcillo-reclinatorio, aterrizaría en la chimenea. ¿Y por qué no introducirlo directamente por el hueco de la chimenea? Era una idea luminosamente llameante, a condición de que Arturo olvidara su nueva veleidad de encender el fuego.

Tendría que encontrar el modo de trepar al tejado antes de que despuntara el día.

«AHORA VUELVO. NO TOQUES NADA»,
añadió en el papel. Subrayó la palabra nada, como si la nada pudiera subrayarse.

Fue a hacerle el café a Rana. Pero cuando puso el pie en el último peldaño, al borde de tocar el suelo de la cueva, una mano le amordazó la boca, al tiempo que el cañón de un arma —juraría de una steyr-daimler como la de Validjian— se le clavaba en el riñón derecho.

—Ah, eres tú, ratón.

—¡Bernar!

—Calla, no alborotes. Ese imbécil no ha terminado su trabajo, tú has desaparecido. Decía ése que has ido a buscarle un café. Pero ¿qué es esto? ¿Un hotel de cuatro estrellas?

—Bernar, ¿qué ha ocurrido?

—No ha ocurrido nada. O no ocurriría si todo estuviera a punto.

—Tenía la corazonada de que hoy se producirían acontecimientos.

—Menos palabritas. Ya nos contarás tu vida. Aquí hace falta una colchoneta. Y el cubo de cinc. Y...

—Calma, calma. Habrá todo. Hace tanto tiempo que no nos vemos, y ni me preguntas qué tal, cómo te ha ido...

—Qué calma ni qué carajo. Antes de que sea de día. No hay tiempo para preguntas frívolas. No se puede esperar más.

—Pero tú no me has explicado, nadie me dice nada, aquí viene gente que no sabe nada, yo llevo quince días y no sé a qué he venido, ni si alguien ha recibido mis mensajes, ni de qué operación se trata, sólo tus primeras órdenes: tú te introduces allí y sacas los planos; lo demás, ya lo irás sabiendo. Lo demás nunca lo he sabido.

—Estamos hablando demasiado. Me pones nervioso.

—Sí, ya lo noto.

—No perdamos el tiempo, ¿quieres, ratón?

—No me llames ratón, por favor.

Entonces se dio cuenta de que detrás de Bernar había otra persona, vestida con zamarra y pantalones color caqui, y con un pasamontañas algo más claro, como una vainilla de jijona. Por la forma de apoyar los puños en las caderas la reconoció.

—Madona.

—Calla. Se llama Castor.

—Pero la radio decía...

—Decía que habían detenido a una mujer. ¿Por qué pensaste que era yo? La policía da noticias a voleo, para despistar y por si suena la flauta.

—Y Pato me contó que ibas a desaparecer de la circulación por una temporada...

—¿Qué sabe Pato? ¿Es él quien da las órdenes?

—Venga, este cotilleo no lleva a ninguna parte.

—Yo no quiero ir a ninguna parte. Sois vosotros los que tenéis prisa. Parece que huís. ¿Os siguen?

—Creen que nos tienen cercados en Húmeda. ¡Qué olfato!

—Basta ya. ¿Dónde está el emisor?

—En lugar seguro.

—De nada vale que esté en lugar seguro si no se puede utilizar.

—Bernar, perdón, Búfalo: no pensarás que se monta una emisora aquí en medio del campo sin que nadie se entere. Yo he tenido una idea: voy a convencer a un fraile para que instale en su celda el teléfono de la esperanza.

—¿El qué?

—Llamadas de desesperados y tipos así. Tipos que nunca se han acostado con una tipa, o que no pueden dormir, con tipa o sin tipa.

—Siempre dije que tú llegarías, Lemming. Ahora nosotros nos vamos. Pero antes del amanecer todo estará preparado: la colchoneta...

—... el cubo, el emisor... De acuerdo. ¿Volverás tú con el sol?

—Esas preguntas no se les hacen ni a los dioses mayas.

—¿Pero volverás?

—Esas menos.

Ascendió por la escalera de mano y Madona tras él. Carmela los iluminó con la linterna. Luego se asomó al borde de la cueva y sus ojos, que veían en la noche, contemplaron cómo las dos sombras se alejaban. Y sus oídos finísimos —que oían en la arena— escucharon el zumbido de una scooter. Y su corazón, que no era de alcornoque, se volvió como una medusa que flotaba al vaivén de su pecho. Algo mojado resbaló hasta sus labios. Soy una imbécil, no voy a llorar. No lloro, luego existo. La medusa crecía y crecía, hasta horadarle el pecho. Separó la barbilla que había apoyado en el borde de la piedra, inclinó unos centímetros la cara, y su boca entreabierta se pegó a la arista polvorienta, y babeó el suelo duro y frío de la noche, y toda la boca se le llenó de arenilla y musgo, y sintió que la piedra se deshacía en su boca y con ella se deshacía la medusa y en su pecho sólo quedaba un vaivén de bebés-olas.

—Vamos a hacer café —dijo a Rana.

—Yo lo hago —dijo éste, e interrumpió el tendido del yeso sobre el panderete.

Encendió el hornillo y puso encima una lata con agua. Empezó a revolver en los paquetes y bolsas en busca del nescafé. Carmela permanecía inmóvil, sólo iluminada por el resplandor del infiernillo, los brazos muy apretados contra el pecho, como si temiera de nuevo que algo le creciera dentro. Miraba a Rana ir y venir, sacar un paquete de tabaco, y de él un cigarrillo y, antes de que se lo acercara a la boca, ofrecerle fuego.

—También me llamaban en el colegio el Alámbrico del Período Cámbrico.

Siguió con sus bromas, hasta que consiguió arrancarle a Carmela una sonrisa.

—Así está mejor.

Bebieron el café.

—Hemos de darnos prisa —dijo Carmela—. Ya has oído al jefe.

—Me falta sólo acabar esa maldita puerta. Para Búfalo es muy fácil: basta un agujero por el que un tipo entre a gatas. ¿Y la madera para cerrarlo? Nada, que si no encuentro madera, que lo tape con una lápida, que de eso no ha de sobrar en este cementerio. ¿Tú crees que vamos a emparedar a un tío?

—Esas preguntas no las hacen ni los esclavos mayas, Rana.

—Pero todo este tinglado será por un pez gordo, ¿no?

—Ni ésas tampoco. Busca una lápida para tu puerta mientras yo voy a traer la colchoneta.

—¿Te ayudo?

—Creo que me las apañaré sola. Si hace falta, te silbaré cuatro veces: tres cortas y una larga, la larga más aguda que las cortas.

—Oye, ¿qué es un lemming?

—Es un roedor de unos quince centímetros, de cola corta y pelo que se aclara en invierno, que vive bajo la nieve donde horada galerías para acceder a los vegetales enterrados. Son muy voraces y prolíficos, y se dice de ellos, en Noruega, que cuando se reproducen demasiado, se van hacia el mar para ahogarse en él. Pero de esto no hay que hacer demasiado caso.

Al volver a la celda de fray Arturo encontró a éste en trance de reincidir en el encendido de la chimenea.

—Apaga eso —y pisó la estopa que cabrilleaba—. ¿No te dije que no tocaras nada? Por favor, por favor, porque me llamaste pulcra e hija de Jerusalén, ¿harás lo que te pido?

Él asintió con la cabeza.

—Subes al tejado. Sí, subes al tejado, no me mires con cara de pasmo delisieux. Por donde sea, como sea. Es más importante que nada, que la noche y el día, que Dios. En la chimenea colocas vertical, como si fuera un pararrayos, pero que no sobresalga apenas, esta pieza, y la enganchas bien, la atas con varias vueltas de este alambre. La dejas un poquitín sobresaliente, pero que no se vea desde fuera, ¿te has enterado? Y no hagas ruido. Luego, este cabo que está unido aquí, ¿lo ves?, pues lo tiras por la chimenea abajo. Yo lo empalmaré a este aparato. ¿Comprendes por qué no hay que encender la chimenea?

Fray Arturo no decía nada ni se movía.

—Ven, siéntate un segundo aquí conmigo —y le tomó de la mano y le hizo sentarse en el camastro—. ¿Tú has oído hablar de la mano tendida, el teléfono de la esperanza? Todo el mundo que necesite una voz amiga, calor de hogar, corazón blando, podrá llamar. Tú y yo contestaremos. Con ese aparato nos oirán en todas partes. Enviaremos nuestro mensaje al mundo entero: «Vosotros los solitarios, los desesperados, los que no encontráis un pecho donde reclinar vuestra cabeza, los que deseáis morir, o matar, los que os sentís hijos del infierno o padres del cielo, vosotros, los justos y los impíos, los corderos de Dios y las ovejas negras, venid a nosotros, pues aquí os espera... ichán!... ila mano tendida!». ¿Qué tal?

—Sublime.

—Esta vida que llevas monótona y pasiva tendrá un sentido: el servicio al prójimo. Tú serás fray Mercurio, el apóstol de las ondas.

Ahora comprendía por qué ella, angelical, gabriela anunciadora, le había pedido el número de teléfono del monasterio. Y comprendía las idas y venidas, las súbitas desapariciones, los cansancios, los calcetines rotos, los pies ateridos: ella caía del cielo para emprender una obra ambiciosa y acorde con los tiempos, y él la acompañaría en esta reformación.

—Bueno, espabila. Cuando esté todo instalado, ocultaremos el aparato en la chimenea, detrás de unos troncos. Sube al tejado antes de que sea de día. Pero ten mucho cuidado, no resbales. Despertarías a todo el mundo.

Hizo cuanto le había pedido. Como un Robín de los tejados, un Robín Roof, pensaba en los desesperados, en las ovejas descarriadas que encontrarían su redil, en las vidas que salvarían de caer en un precipicio gracias a las lianas del hilo telefónico, y sobre todo en las almas que se librarían de las lenguas hambrientas del fuego eterno. Todo aquello le redimiría a los ojos de Dios de los pecados de la carne. Viviría en casta unión mística con aquella redentora, sin hablarse ni tocarse ni mirarse impuramente, como Oria y Millán, como Potamia y Geroncio, durante siglos y siglos. *Ama et fac quod vis*. Ama y haz frecuencia modulada.

Cuando descendió de nuevo a su cubículo, Carmela no estaba y su colchoneta había desaparecido. Mucha unión mística, pero en realidad tal unión consistía, por el momento, en que ella le había birlado la colchoneta.

Antes de que el cielo se tiñera con los hematomas del amanecer, y mientras la comunidad asistía, tras los rezos de prima, a la misa conventual, una citroneta de repartir pan se detuvo junto al poste de la luz contiguo a la melladura del muro. Descendieron dos encapuchados que abrieron la puerta trasera y sacaron un largo bulto, del tamaño de un ser humano envuelto en un toldo y atado con cuerda en sus extremos, como una longaniza. Lo llevaron en volandas, arqueados por el esfuerzo, al pie de unas zarzas, a pocos metros de la entrada de una cueva. Uno de ellos dio media vuelta y regresó a la furgoneta, que se alejó rápidamente en dirección a Medieva.

El otro se aproximó al borde de la cueva y silbó cuatro veces: tres cortas y una larga, esta última más grave que las anteriores.

–Es Pato –dijo Carmela-Lemming a Rana–. Tenemos casi la misma clave: la única variante es que su último silbido es grave y el mío agudo.

El bulto lo bajaron entre los tres y, tras aflojarle las cuerdas, lo metieron por el agujero del zulo y tapiaron éste con la losa.

La claridad que empezó a rociar la tierra descubrió, como todas las mañanas durante cientos de años, los edificios de piedra, los cardos y matojos, algunas encinas solas entre los riscos, los bancales con los muñones de las cepas secas, y una neblina que se arrastraba por los rastrojos y algodonaba el tañer soñoliento de la campana. Nada más. Se diría que durante esta noche ni un pájaro se había movido.

Ni un ratón.

26

Al despertar todo era olor a humedad, a liquen de cemento y a piedra fresca. Le dolía un hombro. Le dolía la cadera. Y, por doler, le dolía al pensar el lóbulo frontal izquierdo.

La oscuridad se masticaba con los ojos.

Adormilarse. Le habían pinchado la vena del brazo al menos dos veces, y todo lo que recordaba era:

... un cuarto en el que se oía roncar, pared con pared, la maquinaria del ascensor; los empujones para obligarle a tumbarse en el suelo, encima de un toldo extendido; la mordaza en la boca, la soga que anudaba sus manos a la espalda; el pinchazo en la vena; el envolvimiento, haciéndole rodar de dos patadas, en el toldo; un balanceo en el aire, un vértigo, un desplomarse sobre una superficie de madera; un motor que no era el del ascensor; un quedarse dormido...

Esto preferir, noche durmiendo con picura, a todas suertes de cuestiones embarazantes durante de las horas y de las horas... ¿Cuánto de tiempo durado el interrogatorio? Saliendo del cuarto con ruido del elevador le habían enchufado con linternas y sentado debajo de gran cartel con letras rojas: TRIBUNAL DE LOS PUEBLOS OPRIMIDOS. Las fotografías con flashes de instantánea cámara. La grabadora de cassettes. Todas las grabaciones estaban enregistradas en banda magnética. ¿A quién estaban enviando la cinta enregistrada? ¿A las Naciones Unidas? Sería en perdición mi carrera. Sin mi secretario, sin mi buró, sin teléfono, ¿cómo poder defenderme? A mi pasado en la península Índica se remiten. Mi pasado en olvido. Caído en olvido como yo mismo soy caído. Mi pasado cayendo sobre mi cabeza y la cabeza de mis hijos y los hijos de mis hijos hasta la décima generación. ¿Qué es que ellos esperan de mí saber? Toda la fuerza de las United Nations y cascos azules parachutistas para ayudar esta estúpida policía española. Si es de noche o de día yo ignorante, quiero mi reloj, mi portafolio, papel de escritorio, periódicos para leer. El mundo no puede dejarme que éstos me mueran como un perro. Como un paria. Como un...

Al otro lado del tabique donde míster Rajadran yacía dolorido y amodorrado, Lemming, Rana y Pato se apretaban en un rincón para defenderse del frío.

—Las instrucciones son que no nos movamos —decía Pato— ni hagamos ningún ruido.

—¿Y con ese de ahí dentro?

—Nada. Pincharle si se agita o si abre el pico.

Justo en aquel momento oyeron unos gemidos. Mr. R. pedía agua.

—Entro a darle agua y le pincho.

Pato se cubrió con la capucha. Preparó la jeringuilla y tomó la cantimplora. Carmela le alumbraba con una linterna. Rana retiró la lápida que tapiaba el boquete. Pato penetró a gatas en él.

—Agua... Por favor... Oh qué frío aquí... —murmuró Mr. R.

Carmela enfocó la linterna hacia el interior del zulo. Mr. R. era un tipo más bien rechoncho, de piel brillante y oscura, como salido de un largo viaje de un tren a vapor, completamente calvo, que se retorcía en la colchoneta, con las manos atadas a la espalda y las piernas encogidas. Curiosamente no despegaba los tobillos, como si los tuviera atados. Quizá adoptaba aquella postura para combatir el frío o porque creía que los tenía verdaderamente atados.

Pato le puso primero la inyección, esta vez en la vena del dorso de la mano derecha. Luego le acercó la cantimplora a los labios y le dejó beber hasta que se atragantó y empezó a toser. El agua le salpicaba la parte delantera del jersey. Tiritaba. Pato lo cubrió con la lona, pero continuaba tiritando.

¿Qué día ser hoy? ¿Cuántas horas estuve yo durmiendo? Esta cueva he apercibido que ella se encuentra por debajo del suelo y sin ciudad alrededor. Este olor es el de un cementerio, y el frío de un quirófano donde los cirujanos van a operarme... Por esto me pinchan venas..., me pinchan venas...

Cuando Pato salió, Carmela le dijo:

—Este hombre se nos pondrá enfermo si no encontramos una manta y le damos algo de comida caliente.

—Está prohibido salir de aquí.

—Pato, tú sabes por qué me llaman Lemming. Conozco este monasterio mejor que los propios monjes. Soy un monje que viene de la antigüedad. Me arrastro como un topo, tengo el color del topo. Nadie me ve, nadie me verá, ni tú tampoco. Y tú, y Rana, no diréis una palabra a Búfalo. ¿Prometido?

Gateó por los travesaños hasta la salida. Nadie al norte, al sur, al este y al oeste. Escudándose en los muros alcanzó su guarida de la antigua fábrica de harina y horno de pan. Respiró con delectación familiar el olor a gorgojo. A molinera huelo, pícara me consuelo, píbarata me contecho, y a lo pecho hecho. Rebuscó en su petate: sí, allí estaba el hábito de novicio, que se vistió y se acordonó, y de ese modo disfrazada atravesó lenta y meditativamente el largo patio de las ortigas.

Descendió al pasillo abovedado donde san Bartolomé miraba con ojos ceñudos una arqueta tallada sobre las cabezas de dos leones dormidos. Escuchó el cántico que se filtraba por las grietas de la capilla:

Sancta Maria, ora pro nobis...

Rodeó la capilla, franqueó el atrio y divisó los nueve frailes cuando se inclinaban profundamente y musitaban, en la felix coeli porta sin más salida que la vejez:

Ave Maris stella...

En el dormitorio de novicios oyó una tos que repicaba en la camareta en la que días atrás había robado unas galletas y un tazón de leche. La cortina estaba abierta y vio al huésped: un chico escuálido de cabeza rapada. Se miraron a los ojos un instante, como si ambos se confesaran el robo de las galletas y de la leche. Carmela, sin decir palabra, corrió la cortina con el gesto de un meditabundo que se apiadara de tanta tos y tantas ojeras.

Al final del dormitorio, de la celdilla que ocupó una noche, arrebató una manta, y del cubículo vecino, las dos de su amigo el lechoncillo crapuloso.

En el camino de regreso, extendió una de aquellas mantas encima del cobertor del enfermo. «Esto en pago del desayuno que te robé el otro día», pensó, y le besó en la frente.

Descendió con las otras dos mantas bajo el brazo a la celda de fray Arturo. Se apoderó del perol donde la sopa estaba tan apelmazada que, si se volcaba el recipiente, no vertía.

En la embocadura de la cueva, Rana vigilaba:

—¡La hostia! ¡Un fraile con dos mantas y una olla!

—Anda, enciende el hornillo que vamos a fundir esta sopa.

Pato ya tenía el arma preparada.

—Menudo susto, Lemming. ¿Quién te iba a imaginar así disfrazada? Hay que reconocer que es lista la tía.

—Rana, pásale una manta al míster, que la otra la necesitaremos nosotros. ¿Cuándo nos van a relevar?

—Ni idea. Pero no tardará en venir el jefe del comando.

—¿Quién es?

—Lo sabremos esta noche.

Poco después de ponerse el sol aparecieron Madona y Juancruz. Madona era el jefe. Nada más llegar se dedicó a organizar el grupo de un modo casi militar. Madona era así: adusta como una monja, maniática en los horarios y de «cada cosa en su sitio».

—A ver: vuestros relojes.

—Yo no tengo reloj —dijo Carmela.

—¿Tú te guías cómo?

—Por la campana grande de la iglesia y por la pequeña del claustro: se llama María Josefa Mónica Rita.

—¿Quién se llama así?

—La campana.

Madona la miró como a una chiflada que piensa en verso y siempre está en la luna.

Juancruz había traído cuatro sacos de dormir. Madona distribuyó los espacios:

—Debajo de esta hornacina dormirán dos personas; otras dos se instalarán junto a la *cárcel del pueblo*: una de ellas velará en permanencia. Los turnos los estableceré yo. Son órdenes de Bernar.

—Yo iré a dormir a mis ruinas, si no te importa —la interrumpió Carmela.

—Aquí no hace cada uno lo que le sale de los ovarios. Bernar será informado.

No se le quitaba la palabra Bernar de la boca. «Bernar no lo consentirá», «tengo instrucciones de Bernar», «eso sólo puede decirlo Bernar», Bernar para arriba, Bernar para abajo.

—Te digo, Madona, que no dormiré aquí salvo una alarma o una urgencia. A mí me enviaron para ser el contacto con el resto del monasterio y con sus habitantes, para infiltrarme por todas partes. ¿Ves esto? —y le enseñó el hábito que había depositado hecho un rulo en uno de los nichos—. Pues con ello ando entre los monjes como uno más. Te ríes, crees que estoy loca. ¿Ves este flequillo? —y se tiraba de los cuatro pelajos que coronaban su frente—. Pues no es una moda, sino que he tenido que hacerlo para hacerme pasar por un novicio.

Madona reaccionó con una mueca.

—Ya me había fijado. Es un peinado ridículo. Si quieres andar metiendo las narices por ahí, como un ratón, como has hecho siempre, allá tú. Lo añadiré en mi informe a Bernar.

—Parad de discutir. ¿No habéis oído algo?

Madona ascendió las escaleras, separó la broza que camuflaba la entrada y miró al exterior. Era increíble la inconsistencia del firmamento: lo bajas y mustias que estaban las estrellas. Una sola bombilla lucía a una distancia de al menos un quilómetro: el único signo de vida sobre la superficie de la tierra.

—Es el viento —dijo al bajar—. No me gusta nada este sitio. Estamos en una ratonera. No sé quién ha tenido la idea de que nos encerremos aquí.

—Yo lo propuse —respondió Carmela.

Juancruz contó que una vez le había tocado un servicio parecido en una tienda de campaña. Aquello era más jodido. Te parecía que iban a rodearte en medio de la noche y acribillarte a través de la lona. Menudas pesadillas. Aquí al menos sientes los flancos cubiertos.

—Sí, pero es una ratonera —insistió Madona—. Un par de granadas de gas por ese agujero y a ver quién sale de aquí por sus pies.

Para Juancruz, Madona estaba nerviosa. No había que pensar en lacrimogenidades. Todo saldría bien.

—Lo que te convendría es descansar. Pato o yo hacemos la guardia. Carmela se va por ahí: que no la asalte un gato.

—Me daréis antes algo de cenar.

—Eso, vamos a cenar.

Surgió de nuevo la Madona enérgica. Repartió viandas: a cada uno su ración. Había olvidado entregar a Rana las tablas que habían traído para fabricar la puerta. Éste se puso en seguida a clavarlas. Quizá fue el ruido, pero Mr. R. emitió unos gemidos, que fueron reemplazados por un ronquido tenue, una especie de lejanísimo coro de ranas en una alberca.

—Está madurando —dijo Madona—. Ha perdido la noción del tiempo y el espacio. Ha caído en la sima del yo infinitesimal. Diluido el último corpúsculo de su personalidad, vendrá el derrumbe. Entonces haremos con él lo que se nos antoje.

Rana atornillaba goznes y pestillo. Carmela dijo que se iba.

—Me tendréis aquí antes del amanecer, para el primer turno de guardia de la mañana.

Madona se empeñó en subir con ella.

—Este silencio me pone la piel de gallina. Es cierto que prefiero la ciudad; aquí me siento más desprotegida. No soy bicho de madriguera.

—Eres más de alcantarilla.

—No sé con qué intención lo dices, pero si te refieres a sentir en torno a mí el bullir de la ciudad, es cierto. Si te refieres a algo podrido, me pregunto si lo merezco.

—No me refería a nada. Hasta mañana. O hasta dentro de unas horas.

—Carmelita —e hizo un gesto de ir a acariciarle la nuca.

—Ah, no: «lejos de nosotros los sentimentalismos estériles», Bernar dixit.

—¿Amigas, como en París, como cuando me decías «quiero que te carmelices toda»?

—No, Madona. Ni que te carmelices, ni que te caramelices. No hay París, c'est fini. Sólo hay cardos borriqueros. Eso es lo que te rodea y no esperes de mí que te dé otra cosa. Vete abajo. Haz tu guardia. Y sobre todo, no me toques.

—Y sobre todo no me toques, y sobre todo no me toques.

Imitaba una corneja al decirlo, mientras Carmela correteaba en zigzag hacia el convento, fundida con el páramo, y la noche, y el frío.

Fray Arturo dormía en la parte superior de la celda. El catre de aquí abajo, despojado de su colchoneta, lucía su entarimado de tablas mal alineadas.

Encima había dejado el bloc cuadriculado, con los mensajes escritos para ella a lo largo del día:

«8.30. He visto gacelas aladas y también un cocatris que remontaron el vuelo en el claustro y se alejaron de mi parte con tu recuerdo a horcajadas de su lustroso plumaje».

«10.30. En la acequia del huerto había sirenas plateadas: una de ellas me dijo que te conocía y que yo era un solitario afortunado.»

«11.30. El conde Woolstone de Edimburgo trajo licor de arándanos en un cáliz de plata con pie de alabastro. Su caballo arrastraba un tocador-trineo que quiso ofrecerte, pero tú no estabas».

«14.30. De nuevo en la tienda tropical donde el sándalo nos embriagaba. Miel virgen destilan tus labios; leche y miel bañan tu lengua; y es el olor de tus vestidos el perfume del incienso. Te escribo este mensaje robado porque me siento triste.»

«18.30. En el lecho, entre sueños, por la noche, busqué a la amada de mi alma, busquéla y no la hallé. También busqué la marmita donde la sopa transformábase en gelatinosa ambrosía, y algún dios o diosa se la había llevado, como prometea el fuego. ¿Bajo qué palmeras recuestas tus hombros cansados?»

Carmela sólo escribió dos líneas:

«22.30. He visto un águila que mordía con boca de áspid. Cuídate y duerme con la frente enguirnalada de flores. Connie Chatterley».

Luego retiró los leños para dejar al descubierto el transmisor. Sentada en el suelo, junto a la chimenea, tomó el micrófono y se lo acercó a los labios. Unas lucecitas verdes parpadeaban mientras ella hablaba, unas agujas oscilaban, el aparato gorjeaba como si le hicieran cosquillas:

—Obras son razones y no buenos amores. Llamad al teléfono de los desesperados. Estáis al borde del suicidio, o al borde del delirio, o al borde del borde, y aunque ninguna voz responda, el consolado se consuela, el desesperado se desespera, no, el desesperado se consuela y el consolado se desespera, y el necesitado, cuando está solo, comprende la enorme verdad de que él es el prójimo más necesitado. Hasta el último rincón va nuestro mensaje, como el de Bernardo, abad de Clairvaux. Nuestra voz reconciliará a quienes disputan, como Bernardo reconcilió a Pedro el Venerable, abad de Cluny, con Abelardo. Nosotros no predicamos cruzadas, como Bernardo predicó la segunda, pero sí os llamaremos, como llamó el papa Eugenio III, os llamaremos, a través de la noche, os llamaremos...

Ahora escuchó una voz familiar en los auriculares. Era Bernar.

—Bravo, ratón. Buena idea esa de hablar de san Bernardo de Claraval. Estaba pendiente de recibir un mensaje en nuestra frecuencia. Pero ten cuidado, ratón, con lo que dices: pues así como mi voz te llega sólo a ti, a través del teléfono, la tuya sale en antena y puede haber moros en la costa.

—Sus suposiciones son ciertas, hermano.

—Atiende: hay que seguir el interrogatorio. Ese tipo, ya sabes, además de un pobre hombre, tuvo algo que ver con la policía de su país. ¡Quién sabe si hemos atrapado un mirlo blanco! Castor participó en el primer interrogatorio, así que puede montar el segundo. Que todo quede grabado. Las cintas me las transmites por la emisora. Mañana a esta misma hora, nueva conexión. ¿De acuerdo?

—Siga, hermano. Desahóguese. Lo que dice es muy razonable, e incluso diría más: factible. Pero si me permite una observación, la dama de la que habla se está pasando.

—¿Se pasa de qué? Tú eres difícil para trabajar en equipo. Castor tiene capacidad de organización, y otras muchas cualidades que he descubierto recientemente...

—Ya.

—Nada de tensiones. No quiero movimientos arriesgados. Todo va viento en popa. Nuestro comunicado ya lo ha dado la televisión. Un triunfo. Se muestran más correosos en lo de liberar a nuestros compañeros, pero se ablandarán en cuanto se publiquen los interrogatorios. No hay que bajar la guardia. Corto.

—Me alegro de que se sienta más optimista, hermano, después de desahogarse con nosotros. Su mensaje ha llegado con nitidez y ha sido recogido en lo más profundo de nuestro corazón. La mano tendida le espera en la noche, mañana a esta misma hora. —Hizo una leve pausa. Desengoló la voz—. Buenas noches. De esas buenas cálidas noches que siempre perviven en el recuerdo de todos nosotros.

Desconectó el transmisor-receptor, que dejó de latir y de arpegiar sus risas de colores. Tomó el radio-cassette portátil y lo escondió debajo de la zamarra. Cuando se disponía a salir vio a fray Arturo sentado en la escalera.

—¿Has oído todo?

Él asintió con la cabeza.

—Tú me comprendes, ¿verdad?

Encogimiento de hombros.

—Me es imposible quedarme, pero no me mires así, no me mires como si fueras un perrito. Vete de nuevo a dormir.

Antes de que él tuviera tiempo de afirmar por tercera vez, ella había desaparecido, tragada por la noche.

27

Madona organizó el segundo interrogatorio. Segunda sesión del tribunal, como ella decía. Segundo rollo, matizaba Juancruz. Era Juancruz quien había preparado un gran cartel en el que, bajo el título de TRIBUNAL DE LOS PUEBLOS OPRIMIDOS, se leían dos frases que el mismo Mr. R. había pronunciado en el interrogatorio anterior:

«La libertad para encarcelados es una realmente buena cosa»,

y «Yo no comprender antes de venir aquí qué era el significado de solidaridad con los desmunidos, y ahora comprendo».

Juancruz, mientras pintaba la pancarta, se rascaba la cabeza en busca de una luz explicatoria al término «desmunidos». Desprovistos de munición, de municipio, de niña Munia.

En el texto del interrogatorio facilitado a las agencias de prensa (cuatro folios a doble espacio con el encabezamiento «El presidente de la Conferencia de las Naciones Unidas Padmanabah Rajadran admite haber consultado astrólogos antes de tomar algunas decisiones importantes») se recogían las andanzas del interfecto por los pasillos ministeriales de su país natal, trayendo y llevando chismes, con el objeto de ser premiado algún día con un puesto en el servicio exterior.

En la Conferencia, un enjambre zumbón de delegados había rodeado a Ben Fakri.

—¿Qué opina de esas declaraciones, naturalmente falsas y naturalmente arrancadas bajo presión intolerable, de las que se hace eco cierta prensa sospechosa de sensacionalismo?

—Sería de desear —carraspeó Ben Fakri, desde el receptáculo siempre entornado de sus estilizados labios— que los medios de comunicación actuaran siempre a la luz de una equitativa correspondencia entre la veracidad de las hipótesis emitidas y la verosimilitud de las alusiones enunciadas.

El delegado de la Conferencia Helvética interpretó aquellas palabras —y así se lo transmitió a un periodista sueco que había sido compañero de facultad de su mujer— en el sentido de que míster Rajadran podía ser un producto del desarrollo tercermundista, pero que en cualquier caso había que salvar la cara.

El vicesecretario general de las Naciones Unidas llamó al vice-ministro del Interior.

—¿Qué hacen ustedes? ¿Por qué no encuentran de una vez al honorable Rajadran?

—Tengo más de mil hombres tras la pista de los secuestrado-res. Hemos rastreado cinco provincias. Al fin hemos dado con un lugar donde estuvo escondido: el sótano de un edificio modesto, en la calle Virgen de la Azucena número...

—¿Entonces ya lo han liberado?

—No. Se lo habían llevado a otro sitio. Han desaparecido. Tra-gados por la tierra.

—Mire, mi buen amigo: creo que sería bien visto por la comu-nidad internacional si su gobierno hiciera un gesto de magnani-midad y dejara en libertad a esos doce combatientes...

—Esos doce delincuentes.

—Bueno, esos doce reclusos. He recibido la visita de un embaja-dor... Me ha dicho que su país estaría dispuesto a acogerlos y, si fuera preciso, a fletar un discreto avión... El nuncio de Su Santi-dad, por su parte, considera que la clemencia enaltece a quien la practica y dignifica a quien la merece... Por mi parte creo que... ustedes tienen la oportunidad de contribuir... a la distensión in-ternacional...

—Tomo nota de sus deseos...

—Sugerencias, sugerencias...

—Le tendré al corriente de cualquier novedad. Hasta la vista.

El viceministro llamó al jefe de la lucha antisubversiva.

—¡Sois todos unos ineptos! ¡Rastread las barriadas, poned con-troles en las carreteras, registrad las casas, detened a los sospe-chosos! ¡Actuad! Cualquier cosa menos seguir haciendo el ridículo a los ojos del mundo entero. Hay que encontrar a ese señor Raja-pan cueste lo que cueste: ¡ofreced varios millones a quien facilite información, repartid su fotografía, pegad carteles en las vallas, mirad debajo de las piedras! Antes de cuarenta y ocho horas ne-cesito dar a la prensa alguna información positiva.

Naturalmente, cuando el viceministro decía que a los secues-tradores «se los había tragado la tierra» o que había que buscar-los «debajo de las piedras» no sospechaba lo caliente caliente que se encontraba su intuición. Como Mr. R. pensaba: ¿Por qué no estáis vosotros mirando bajo las piedras? La oscuridad seguía siendo total. De tarde en tarde, cuando le llevaban comida o recogían las evacuaciones de su cuña higiénica, percibía un tenue resplandor que venía de lo alto, y le revelaba cuándo era de día. Si una estrella brillando, yo puedo adivinar mi porvenir. Escuchaba algún que otro graznar de grajo o un tañido de campana. De esto dedujo que su nueva cárcel se hallaba perdida en el campo, cerca de una iglesia o abadía. Ellos nunca encontrarán a mí, lloraba. Igual si yo tenía bengalas como náufrago, nadie vería bengalas en lugares isolados.

Venía alguien. ¿Qué me querer éstos ahora? No le traían de comer, sino que, sin decir palabra, lo levantaron en vilo y le hicieron salir por el agujero. Le sentaron en un banco, al pie de una gran pancarta, delante de una mesa. Ah, estos resplandores ciegan los mis ojos. Eran flashes de las fotografías que tomaban de él, con el cartel de fondo. Las luces se clavaban como dardos en la retina. Si desde arriba alguien poder mirar estos fogonazos, sería salvado. Alzó la vista al boquete que comunicaba con el exterior. Ninguna esperanza: había sido tapiado con paja y sacos. El aire circulaba, pero la luz no.

Cesaron los ruiditos de la copia instantánea, como el hervor de una cafetera. Ahora había dos velas encendidas en los extremos de la mesa. Le interrogaron tres personas encapuchadas, una de ellas —la voz la delataba—, una mujer.

MADONA. — ¿Has leído lo que está escrito detrás de ti? —Él niega con la cabeza—. Léelo. —Se vuelve. Le acercan una de las velas. Lee—. ¿Entiendes lo que has leído? —Afirma—. ¿Estás de acuerdo? —Afirma de nuevo—. Dilo en voz alta.

MR. R. — Sí, yo soy en acuerdo.

En la mesa había un pequeño magnetófono. Estos maniacos que conservan mi voz, ¿para qué hacer con estos enregistramientos? Imaginaba que aquella cassette se reproducía en las Naciones Unidas a través del circuito interno. Al pensar en el regodeo de miles de funcionarios, le entraba un sudor frío.

JUANCRUZ. — ¿Te molesta la luz?

MR. R. — Un poco.

JUANCRUZ. — ¿Y los fogonazos?

MR. R. — ¿Qué?

PATO. — El flash, los flash: ¡flash!, ¡flash!

MR. R. — Sí, mucho molestia.

166

MADONA. — ¿Desagradable? ¿Nunca participaste en interrogatorios cuando colaborabas con la policía?

MR. R. — Yo trabajaba en traduciendo. En mi país nosotros tenemos muchas lenguajes. Yo en policía no trabajando nunca.

MADONA. — ¿A quién hacías llegar los informes policiales a los que tenías acceso por tus funciones de traductor o intérprete?

MR. R. — No entender su cuestión, señora o señorita.

MADONA. — Sabemos que en tu país la oposición democrática sólo existe en boca de sus dirigentes. Este tribunal se ocupa de las causas de todos los pueblos oprimidos. Queremos revelar al mundo entero de qué métodos se valen las dictaduras para acallar la voz de la libertad.

Era así el estilo de Madona: grandilocuente. Las palabras le aumentaban la estatura. Palabras-tacones de aguja, palabras-zapatillas de puntas.

MR. R. — ¡Pero yo no acallar libertad, porque estaba traduciendo hasta las altas noches! Después me soy instalado a París y a New York donde mi vida era llena de filantropía por la humanidad y por todos los oprimidos como vosotros estáis. ¡Del pasado se tienen cosas a regretar, pero el presente se es con la conciencia tranquila! ¡Mi currículum es pleno de servicios prestados, un gran número de embajadores y delegados permanentes lo pueden testificar! ¡Yo estoy convertido en experto en cuestiones extranjeras, no soy más empleado de la policía ni de mi país ni de servicios urbanos ni de obras y contratos hidráulicas! ¡Soy ciudadano del mundo, un diplomático yo soy, una persona nacida en la posición de Revati, que algunos dicen Zeta Piscum! ¡Mi mitad positiva es centrífuga, eléctrica, volicional y subjetiva! ¡Vosotros me parecéis centrípetos, magnéticos, objetivos y plásticos! Tenéis un mundo solar en vuestro karma. Sois ustedes gentiles y nobles señores conmigo. Soy aturdido, ¿no queréis vosotros dejarme volver a mi oficina? Os pensaré gratificante. Dinero piden y mi señora busca. ¿Cuánto? En divisas cualesquiera puede ella depositar dinero para que mi liberación será asegurada.

Madona detuvo el aparato de grabación. En sus pómulos se habían formado dos pompones de tejado florentino; y sus ojos, como vidrieras al atardecer, herían al ser mirados.

MADONA. — Nosotros luchamos por un ideal, y no por dinero. Tu sucio dinero te lo guardas donde te quepa.

Ideal-Bernar, billetes de banco robados, Ma-drona de las me-
tralletas, qué bien suena este saleri en un caldero.

JUANCRUZ. – Háblanos de tu carrera en los parises y los nue-
vayores, de tu ciudadanía del mundo, como la llamas.

MR. R. – ¿Qué queréis de más saber?

JUANCRUZ. – Durante tu estancia en París, ¿te reunías con
gentes de tu país?

MR. R. – Sí... No sé... Tal vez...

JUANCRUZ. – ¿Te reunías con las fuerzas de la oposición reac-
cionaria y oligarca?

Juancruz había enunciado aquella pregunta como quien arroja
un anzuelo con una mosca al río por si algo pica.

Y un lustroso róbalo picó.

MR. R. – Yo he vivido con mi primo Mahrabat a París, donde
nosotros formábamos pareja excelente después que él trataba en
los negocios de mi primera esposa. Pero yo no he jamás participado a la venta de aviones los cuales la negociación era hecha directamente por mi primo y su esposa con mi secretario ejecutivo.

Carmela, en un rincón, tomaba nota. Secretaria del alma, secretaria, tengo una secretaria por bandera. Madona, Juancruz y
Pato rebobinaban sus cerebros en busca de adecuada respuesta a
tal revelación. Al fin Juancruz, al darse cuenta de que el magnetófono estaba parado, decidió insistir, al tiempo que pulsaba la te-
cla para ponerlo en marcha:

JUANCRUZ. – ¿Quieres repetir eso que has dicho?

Mr. R. repitió. Otra vez ellos enregistran las palabras yo estoy diciendo. Si un día de esta cueva salir me permiten, yo iré mi
vida entera a borrar con salfumán las palabras repetidas por los
radios del mundo entero; ¿y cómo las hacer re-entrar en mi
boca? ¿O es que ellos solamente burlan de mí y no enregistran
nada, y todo esto terminará como una fiesta que hacen en las
universidades de muchos de los países, que te someten a un juicio cuando eres nuevo, y después te admiten y ya eres anciano y
tú puedes a tu turno interrogarles a los otros nuevos cuando ellos
arrivan?

Los cuchicheos de los encapuchados en un rincón le recordaban fru-frus de carnaval en su niñez, sobres rasgados de cartas
que nunca llegaban, un rumor de playa que hubo alguna vez en
una noche de hotel en un inolvidable lugar olvidado.

—¡Venta de aviones! Esto es muy grande —(Juancruz).

—Hombre, los aviones son más grandes que el hachís —(Carmela).

—He querido decir que no me lo esperaba —(Juancruz)—. Creía que este limón no contenía una gota más de zumo.

—Hay que pedir instrucciones a Búfalo —(Madona)—. Sin instrucciones de Búfalo sería una temeridad continuar...

Por primera vez lo llama Búfalo (Carmela). Bilis de Madona, hígado de mona con la piel pepona, Rajadrán, Rajadrán, los cangrejos procesionan por San Barandán.

—Si lo dejamos reposar, le sacaremos más partido —(Pato).

—Hablas como si fuera una paella —(Carmela).

—Todo lo tomas a broma.

—No era una broma, chica.

—¿Cortamos, pues?

—De acuerdo. —Y al acusado—: Por hoy ya basta. Llevadlo a su residencia.

—¿Puedo pedir luz para ver, periódicos a leer, radio a escuchar?

—Nada. Oscuridad y silencio.

—¡Pero mis ojos duelen terriblemente sin ver, y mis oídos sin escuchar, y mi cabeza con todos los pensamientos que vosotros habéis metido a presión como cazuela!

Nadie respondió a sus gemidos de arrabal. Por el boquete lo empujaron de nuevo a su chiscón. Allí todo fueron gemidos y crujir maloliente.

28

Carmela trajo noticias de la comunidad, noticias con perfume de ordeño en un establo.

—Han llamado a un médico para que viniera a visitar al novicio Fernando María de Liguria. Es un pobre chico con cara de tuberculoso. Intercepté la llamada y supe que el médico vendría hacia la una. A esa hora me escondí en la camareta contigua a la del tísico. El doctor Escalivada, que así se llama, estaba furioso por los remedios que le habían aplicado: hierbas cocidas, inhalaciones, ungüentos y cataplasmas. «¡Qué farmacopea ni qué niño muerto! —decía—. ¡Antibióticos es lo que necesita, dosis masivas de antibióticos!»

—¿Quién le llamó? ¿Quién le abrió la puerta?

—Fray Sanjorge, el portero. Para eso está. Para mantener el contacto con el exterior.

—No podemos consentir que la gente entre y salga del monasterio sin nuestro control. —Madona hablaba con el empaque de un dibujo-animado con perro callejero mordiéndole las perneras—. Ese fray Sanjordi ha de ser inutilizado.

—¿Inutilizado?

—Puesto fuera de combate, cerrada la boquita, esparadrapeado. Matonkikí ha hablado, la hemos pringado.

—Es un pobre hombre, fray Aldaba. También lo llamo fray Getsemaní. Escribe una epopeya en verso que se titula así: Getsemaní. Una epopeya que no se acaba nunca. Los monjes tienden a hacer cosas que no se acaban nunca. O que no empiezan. O que no empiezan ni acaban.

—Ya estás tú con tus descripciones poéticas. Aquí mando yo, no lo olvides. ¿Dónde podemos trincar a ese tío?

—Baja todas las tardes a vigilar la lamparilla de la cripta.

—¿Tú la has visto?

—Sí. Es como la llama del soldado desconocido, el arco de triunfo, l'étoile, métro Charles de Gaulle, pero a escala madelman.

—Iréis Erizo y tú. Primero lo dejáis fuera de combate. Después Erizo vestirá su hábito y ocupará la portería. Control de llamadas y visitas. Que nadie entre. Que nadie salga. Comunicación inmediata de cualquier movimiento sospechoso. ¿Qué sistemas existen de transmisión de mensajes entre el edificio central, y más concretamente portería, y este centro de operaciones?

—El sistema de transmisiones es de gran complejidad —ironizó Carmela—; así pues, me ahorro las explicaciones técnicas. Abajo los tecnicismos, viva el amor libre, como decía Jose, ¿te acuerdas? Pues bien, el tendido entre la portería y este antro, porque aunque lo llames pomposamente cárcel del pueblo sé que lo consideras un antro, es doble. Para las cargas en el sentido de ida, y para las comunicaciones en el de vuelta. Es un sistema muy astuto.

—¿Quién lo montó? ¿Tú?

—Otro ángel como yo y un pedrusco como tú. Adivina adivinanza. Así que las órdenes son de inutilizar a fray Chancletas. Vámonos Juancruz.

—Cada uno tiene un nombre operacional. Se acabaron las familiaridades. Él se llama Erizo.

—Vámonos Erizo. Te serviré de guía y no te cobraré la visita turística. ¡Acompáñame, forastero!

Se fueron los dos y entraron en el monasterio por la estrecha puerta del patio de las ortigas. Cuando llegaron a la escalera de la cripta, Juancruz-Erizo murmulló:

—No sé cómo no os habéis partido el alma Madona y tú.

La cerradura de la cancela cedió con una quejumbre. La lamparita iluminaba los dos túmulos con la misma arruinada indecisión: un resplandorcillo al túmulo episcopal, otro al túmulo vacío.

—Escóndete tras el obispo. Yo me tumbaré en la otra losa. Cuando oigamos pasos, tú apagas la palomita de aceite. Seguro que fray Palomo entra a encenderla.

—¿Se permite fumar?

—Unas chupadas, pero apaga si oyes pasos. Los reconocerás porque te recordarán las chancletas de tu abuela.

Una media hora más tarde sonó un arrastrarse de chancletas de abuela en la escalera. Juancruz hundió el cigarrillo en el aceite de la lámpara y, con el oleaje, también se fue a pique la palomita. Carmela seguía tumbada en su túmulo, las manos cruzadas sobre el pecho, poseída por la beatitud fría del tiempo recobrado. Una vez que me muero, estoy hecha de mantequilla y sal, y me embadurno, y posesivamente me soy mía. ¿A quién, si no, morir importaría tanto? ¿A quién, más que a mí, importaría? Muerta me siento; soy un monumento; el vivo al hoyo, el muerto al bollo, el moribundo al pimpollo. Una vez que me muero no tengo trazas de mí, me llevo mis huellas, mis manos, las yemas de santa Teresa de mis dedos que una vez, iay, quién volver volvería a la niña de antaño!, pinto pinto gorgorito, un don, din de la polipolitana, ustedes lo van a ver, tiraron su pañuelo al suelo y jamás lo volvieron a recoger.

Veía fray Sanjorge que nada veía y que la cripta era oscura, como el alma, y que el lampadario no ardía. Acordóse de san Millán y de cómo, en la víspera de san Julián mártir, no fue posible aderezar las luces por falta de aceite. Pero encomendáronse los monjes de la comunidad al santo y, al levantarse a maitines, la hallaron tan llena de aceite y tan luciente que no sólo ardió hasta la mañana sino que sobró en abundancia para muchos días.

Al franquear la cancela, el fraile no vio tal milagro luminotécnico, sino otro harto diferente: pues una figura que reposaba momífica en el túmulo contiguo al de nuestro fundador incorporóse sin hacer ruido y, de un salto felino, agarróle por ambas manos y atóselas con una correa, al tiempo que otro espíritu, o trasgo, surgido igualmente del reino de las tinieblas, le atenazaba por detrás del cuello y le amordazaba la boca con un puñado de hilas y un a modo de fajín o torniquete.

«Esto es obra de Satán —pensó—, como obra suya era endemoniar a los senadores Nepociano y Proseria quienes, pese a estar unidos por el matrimonio, tenían la desgracia de padecer juntamente la posesión del diablo, de manera que un solo diablo habitaba en los dos cuerpos y creía el maldito tener afirmado su derecho por doble posesión. Mi caso es más bien a la inversa: dos demonios se han apoderado de mi solo cuerpo, ay mísero de mí, ay infelice, y ante un entuerto de tamaña entidad y poderío quisiera yo ver qué artimaña milagrosa ingeniaba nuestro venerado fundador.»

Pero algo aún más insólito vino después. Entre los dos fantasmas le despojaron de los santos hábitos. En un diabliamén le desataron las muñecas, le enfundaron un jersey de lana encima de su camiseta de mezclilla y su pantalón de felpa a rayas grises, y le volvieron a atar. La desnudez del Señor en la cruz sentía, de aquella guisa desvestido. Menos mal que uno de los espíritus, por ocultarle o por intentar embrujarle, que por compadecerse no sería, lo envolvió en el mantel que adornaba el pequeño altar donde una vez al año se celebraba misa por el fundador y por el primer abad. Y el otro demonio, cuando lo tumbaron en la tarima bajo el ara, enrolló la sabanilla y le apoyó, como una santa madre, en ella la cabeza. No habría de querer el Altísimo que de tal suerte malvestido se le aparecieran Benito y Escolástica, por la vuelta de cuyas cenizas tanto había orado en el recogido cenáculo de esta cripta.

Cerraron con dos vueltas el pechil de la cancela y se alejaron escaleras arriba.

—Cada uno por su lado —dijo Carmela—. No conviene que nos vean juntos: llamaríamos la atención. Ponte el hábito antes de cruzar la capilla. Nos encontraremos en la portería. No olvides: por detrás del coro sales al claustro y en seguida verás la campana.

—Me comportaré como un fraile bien educado. Tú no tardes.

Fray Celestino laboraba en su celda, enfrascado en su obra monumental *La música de órgano en el devenir de la humanidad.* Ahora escribía sobre César Franck: «Las tres piezas para órgano. ¿Qué demonio interior ha podido dictar este lenguaje de fuego? La masa ígnea ha sido vaciada en un molde de cobre en el que el tema cíclico canta en atormentadas, tiernas y apasionadas tonalidades: do sostenido, mi bemol».

Y mientras escribe esto —mi bemol—, he aquí que el armonio de la capilla donde ensaya el coro de novicios empieza a sonar: una lenta y extraña música venida de otro mundo. Ningún dedo frailuno acariciaba aquellas teclas, sino un viento evaporado de las mieses de Bretaña: pues lo que fray Solfeo no sabía es que aquellos acordes se llamaban *Yesterday.*

Fray Leopoldo está en la antigua fábrica de cera, un cuarto abandonado con dos ventanales góticos de los que ha colgado unos viejos paños para aliviar el cierzo. Le sirve aquel recinto para sus experimentos sobre la división y percepción del tiempo y el nuevo calendario universal en el que trabaja desde que perdió la memoria del viejo.

Permanece inmóvil muchos segundos. «Si me estoy quieto el viento se detendrá.» Pero se mueven los harapos que tapan las cuencas vacías de las ventanas. «Si algo se mueve, es que el tiempo pasa.»

Va hacia el claustro. Todo está sereno allí. Parece que el tiempo, sí, se ha detenido, pero se oye el surtidor del agua derramada sin cesar. «Carezco de poder para secar ese surtidor que mana desde la más remota medievalidad. Si algo se oye, es que el tiempo pasa.»

Continúa por el claustro, hacia la campana. Se para ante el zaguán de la portería. Un nuevo portero, sentado ante el pupitre, lee un libro de pocas páginas o un cuaderno de notas: es un fraile joven, tieso, de pelambrera frondosa. Tal vez es el mismo fray Sanjorge, que ha tomado pócimas aslanizantes. O es su vista la que ha empeorado y habrá de pensar en cambiar de lentes. «Si algo se ve, y, sobre todo, si algo rejuvenece, es que el tiempo pasa.»

Regresó a su celda. Tuvo un presentimiento. Fue al recipiente *Iubilate Deo omnisterra*. Aparentemente, nada se había alterado. Salvo una cosa: el líquido nutricional se había evaporado. Los racimos de gusanos verdes yacían en un crispamiento de agonía mineral.

Inmovilidad. Mineral. Se postró de rodillas ante el frasco asesinado: si algo se muere, el tiempo se detiene.

Carmela, cumplida su misión gusanera, acudió a su cita con Juancruz-Erizo-Sanjordi en la portería.

—Buenas noches. De vez en cuando, si te apetece, puedes echar una cabezada ahí dentro.

—¿En ese chiscón?

—Sí. Pero procura despertar si oyes ruido. Si alguien llama, abres el postigo; no te verán, pues tú estás en la penumbra, pero tú sí verás al que llama. Escuchas en silencio. Para establecer contacto con el refugio usas esta clavija: al pulsarla se oye un zumbido y se enciende una luz. Un destello, saludos. Dos destellos, necesitas a alguien. Tres destellos, vas a regresar.

—¿Y el fraile de la cripta?

—Yo me ocupo de él. Mañana le llevaré de comer.

—¿Qué tal me encuentras así vestido?

—Divino.

—A mí esto no me gusta.

—Son órdenes de Madona, perdón, de Castor.

—¿Tú que harías?

—Yo soy un lemming que horada la nieve para buscar gramíneas findusgeladas. Y ahora me largo a transmitir la grabación del interrogatorio.

—Oye...

—¿Qué?

—Que me gustaría ser nieve.

Carmela forzó un poco los labios para que apareciera en ellos un esbozo de sonrisa.

—Para productos congelados con embalaje de plástico al vacío, mejor te vas a un supermercado. Anda, lee, o duerme, o cuéntate una película.

—Oye...

—No seas pesado.

—¿Cuántos frailes hay? Tú les das tantos nombres que parecen legión.

—Yo les doy los nombres que me vienen a la boca y que mejor les cuadran. Pero no hay que tomarme en serio. Nunca hay que tomarme en serio. Sólo son nueve. Nueve en total.

—¿Contando conmigo?

—Contando conque tú, además de Juancruz-Erizo, eres Sanjordi-Aldaba-Getsemaní-Palomo.

Carmela eligió el camino del exterior para acceder a la celda de fray Arturo, en cuya chimenea el emisor-receptor aguardaba el renacer nocturno de las cenizas. Acopló el pequeño grabador de cassettes e inició la transmisión del interrogatorio de Mr. R.

Arturo, que la esperaba arriba, la miraba hacer, hipnotizada ante el hueco de fuego frío donde retumbaban las voces de la confesión:

... el flash mucha molestia... estaba de traductor... muchas lenguajes... todos los oprimidos como vosotros estáis... ¡del pasado se tienen cosas a regretar!... un diplomático yo soy... centrípetos, magnéticos... dinero... dinero...

—Estoy rendida. Creo que voy a dormir aquí. Si tú me dejas. En el catre de abajo, sin colchoneta. Las duras tablas, ¿no dices tú que la madera es el lecho ideal para el espíritu?

Ni al catre fue. Se durmió en el suelo, acurrucada frente a la chimenea, acunada por voces que se transformaban en parpadeos.

Fray Arturo la llevó en brazos arriba. La tapó con su manta. Luego se puso a transmitir el resto de la cassette.

Mi primo Mahrabat... venta de aviones... hay que pedir instrucciones a Búfalo.

29

Los arcos de acceso a la sala capitular evidenciaban la degradación de la piedra. Los soportes carcomidos no dejaban siquiera adivinar los astrágalos que hubo. Y de los capiteles, la humedad y los golpes de misteriosos hierros habían mutilado narices, amputado manos, desplumado alas, limado pezuñas y decapitado ángeles.

Pero era más arriba, en la techumbre, donde la destrucción alcanzaba su apogeo. Pues ya no se trataba de desconchones o hendiduras, sino que parte del envigado había cedido y el hueco a modo de bóveda estriada dejaba ver el cielo, para solaz de las bandadas de grajos que entraban y salían como los realquilados del recinto.

Así que a los siete monjes convocados allí por el prior los acompañó una cincuentena de grajos, muy quietos en los costillares de barco hundido de las vigas y muy atentos a la sesión, a la que sólo ponían el comentario de algún graznido que otro.

—Estamos aquí perdidos, aislados, queridos hermanos, preguntándonos si el Padre nos ha dejado de su mano —y al decirlo el prior miraba el fragmento inescrutable de cielo—. Era esta comunidad floreciente y tuvo más de doscientos monjes en sus épocas gloriosas. Y hoy somos nueve, ahora mismo ocho, pues nos falta nuestro hermano Sanjorge, de quien no hallamos rastro. ¿Alguien ha vuelto a tener noticias suyas?

—¡Concédenos, cuando sobrevenga aquel pavoroso trance —clamó fray César, que creía llegado el momento de entonar una oración funeraria por el desaparecido Sanjorge—, rindamos nuestro último suspiro en paz y gracia de Dios, para que, al comparecer nuestra alma ante el Supremo Juez, oigamos de sus labios sentencia eterna de salvación! ¡Amén!

—Siéntate, César, que no es todavía tiempo de lamentar el óbito de nuestro hermano. Añadamos a esto la desaparición de mantas del dormitorio de novicios. ¿Alguna novedad al respecto, hermano Celestino?

—Aunque todo acuse al postulante Fernando María, enfermo con fiebres intermitentes desde tiempo ha, por haberse hallado una de las mantas encima de su cobertor, él asegura que un ángel vestido de oblato se la descendió y le dio un beso en la frente, y yo le creo.

Un murmullo de grajos celebró aquel acto de fe.

—¿Y la voz celestial que en el coro entonó el gloria?

—Algún mal trasgo anda por aquí —farfulló fray Adolfo.

—No creeréis que malos espíritus alzan cánticos a la gloria del Señor.

—Eso es muy verdad, y la verdad es Dios, y Dios sea loado.

—Pues yo he querido utilizar el teléfono —contó fray Leopoldo— y al descolgar me salió una voz de señora que decía: «Mi marido se ha ido con la peluquera, pero no con mi peluquera, sino con la suya...».

—Eso sí parece obra del Tentador, aquel que en forma de serpiente aparecíase a la beata Oria y, amenazando devorarla, le impedía la oración y la paz.

Fray Arturo temía enrojecer, lo que sería llamativo, dada su connatural lividez. El teléfono de la esperanza funcionaba. El deber de abrir su corazón al padre de todos, el prior, le empujó a hablar.

—Es el teléfono de la esperanza.

—¿El qué?

—Sí, estamos conectados al teléfono de la esperanza. Creo que es una oportunidad de servir a los necesitados, dar de beber a los sedientos y desenterrar a los vivos.

—Pues a mí —cambió de tema el hermano Benito— se me apareció la Virgen.

—Benito, te prohíbo que hables de esa aparición que es sólo fruto de tu obsesión por las estampas de las advocaciones marianas, que ya sabía traería un día u otro consecuencias funestas. Buenaventura, ¿tú no tienes nada que decir?

Buenaventura, el ex párroco de suburbio, negó con la cabeza.

El prior se sumió en meditación unos instantes. Volvió a mirar el boquete del cielo. Ah, si la paloma del Espíritu Santo apareciera, para inspirarle, entre aquel coro de pájaros negros.

—Sabéis que la regla dice que el abad escuchará a todos y luego tomará el partido que le parezca más saludable. Pues bien, os digo que oremos. Entonemos todos juntos el *Veni Creator Spiritus*, para que él nos ilumine.

Después del canto, el prior se despidió de todos con esta invocación:

—¡Bendita la mano que escribe y procura a los otros el bien! Orad, leed, cantad y escribid. *Benedicite.*

—*Dominus* —contestaron a coro.

Y en esto, cuando aquella palabra se había convertido en un eco roído por la enfermedad de la piedra y se saludaban unos a otros con una profunda reverencia, se levantó un vendaval que desprendió hacia el interior unas cuantas tejas que se estrellaron a los pies de los frailes y los paralizaron de horror. Los grajos, sacudidos por tal racha, graznaron y volaron a refugiarse en los respaldos desvencijados de los sitiales, con lo que al estrépito de la techumbre que amenazaba derribarse entera se unieron el revoloteo negro, el batir de alas y los chillidos agudos y desafinados de la cincuentena de aves locas que se quitaban unas a otras, a picotazos, el abrigo de los rincones resguardados.

—¡No olvides a tus hijos que gemimos y lloramos en este valle de lágrimas! —clamaba fray César, los brazos al cielo, bajo una llovizna de yeso—. ¡Ampáranos en el temible trance de la muerte y haz que, saliendo victoriosos de las acometidas del enemigo infernal, consigamos la eterna salvación!

—¡Amén! —corearon los otros siete arracimados tras el más ancho pedestal, confusos por el batir de las puertas y el de las alas de los pájaros que enfilaban, buscaban refugio tras las nervaduras de los arcos, zigzagueaban ciegos en torno a los parteluces de piedra que el huracán amenazaba doblegar.

—Arturo —exclamó el prior—. ¡Tu teléfono de la esperanza! ¡Alguien vendrá a socorrernos! ¡Ved el viento llevar en volandas las ramas mutiladas de los olmos centenarios! ¿Quién nos dice que, como en el día de Pentecostés, no es el mismo Espíritu Santo que viene sobre nosotros, «con un ruido como el de un viento impetuoso que llenó toda la casa»?

No solamente pasaban ramas y rastrojos por el boquete del techo, sino que algunos entraban por las aberturas donde antaño hubo ventanas, entraban como flechas de un asalto apache.

—Pero, reverendo padre —argumentó fray Adolfo, el cocinero—, de sólida piedra se edificaron estos muros. Siglos han pasado por ellos. No son éstos los primeros vendavales que envía el Señor.

—Tienes razón, hermano. Volved a vuestras celdas y a la regla del silencio. Excepto Arturo, que en ausencia de nuestro querido hermano Sanjorge, usará el teléfono para pedir ayuda al exterior.

Fueron saliendo por el pasillo donde un cuadro corroído de María Magdalena se balanceaba, colgado de una sola alcayata. Hasta allí entraban los rastrojos, y ciertos estrépitos que restallaban arriba anunciaban ventanas que perdían sus cristales, puertas que se desprendían de sus goznes, estatuas que tras derrumbarse de sus pedestales desconchábanse de brazos y narices.

En la cripta todo estaba tranquilo. Carmela había desamordazado a fray Getsemaní para darle de comer: un tazón de pan mojado en leche, unas patatas cocidas con tomate, y una manzana. «Vuestras vigilias sean muy a menudo y procurad que las más de las veces que durmiereis sea teniendo vacío el estómago», aleccionaba san Jerónimo a Paulino. Carmela le daba de comer a pequeños pellizcos de alimento, mientras le agarraba por el hombro. Él abría la boca como un pajarito y ella le introducía un trozo de patata o una miga mojada. A veces también le limpiaba la barbilla por la que las babas tendían a escurrirse.

Les llegaba lejano el rugido del viento, como millares de turbinas desenlatadas.

Come chiquitito de muy buena gana, si no comes hoy no comerás mañana. Él abría su pico y ella le introducía otra bola de pan, o, si se terciaba, de patata de aspecto merengado; traga tu papilla, mi nene, que si no te harás un sarmiento y te llevará el viento. Viento reviento de barlovento. Ea, ea, sé buenico tú. Él se dejaba acunar y parecía complacido de aquella nueva forma de refracción.

No duró la calma mucho tiempo, pues las carreras y el estrépito de objetos caídos tamborileaban en la bóveda, que se diría transmutada de piedra en bambú. Volvió fray Sanjorge-Aldaba-Getsemaní-Palomo los ojos al techo y meneó la cabeza, con gesto de reprochar a sus hermanos tan infantil comportamiento. Carmela esperaba que se calmara el revuelo para salir. Madona nos está metiendo en un buen fregado. Lo pagaremos caro. Tengo que acercarme a la portería, ver a Erizo, salir de aquí.

Pero no era posible ir hacia la portería por el camino del coro y el dormitorio de novicios, con aquel trasiego de pasos (que ahora, de todas formas, amainaba). Decidió, pues, ir por el exterior: pasillo semienterrado, escalera tenebrosa, patio de las ortigas, tapia de fray Arturo, celda, corredor, claustro. Enfiló el pasillo y, a pesar de marchar por el subsuelo, las altas troneras le dieron medida de lo que ocurría fuera: el viento roncaba con la vieja voz de los trasatlánticos de vapor, las sombras del ramaje arañaban vertiginosamente la pared y, allá al fondo, la lámpara afarolada, al balancearse, amenazaba con agrietar todavía más la bóveda de la que pendía.

Arriba de la escalera oscura, la puerta que daba al patio gemía, encajonada. Tierra y restrojos la carenaban por debajo. Carmela intentó forzarla de una patada. Algo gimió la muy guarra. Ayúdame, viento, sácame del convento y de este evento ceniciento. Y, como si fuera un conjuro, al tirar del pestillo la hoja se despegó de las jambas. Por poco se le viene encima, mezclada con polvo y hierbajos. Aguantó el embate con el hombro. Gacha la cabeza, irrumpió en el patio. Intentó cerrar de nuevo. Imposible. Bah, la maleza se apoderaría antes o después, un siglo de éstos, del corredor.

Pegada al muro exterior, marchó contra el viento. Aquí y allá, los restos de remotas meriendas, de cáñamos errantes, de estuches sin dueño, se confundían en lastimada bacanal. En los cardos ondeaban harapos de plástico. En las heridas de los muros, las ramas fijaban cupidamente los mensajes de los papeles grasientos. Mecidos en el huracán, los pájaros se dejaban remontar, jugando, hasta los penachos de nubes y desde ellos resbalaban por el tobogán de los postes eléctricos.

Al doblar hacia la trasera de las celdas, el viento ya no le ofrecía resistencia sino, al contrario, la llevaba en volandas. Cada paso era un largo salto calcado de un sueño que cientos de veces había tenido. Un, dos, tres, al escondite inglés, una del derecho y dos del revés, voy a volar dando traspoppinés. Gateó por el muro del patio de fray Arturo. Mejor, se dejó impulsar por un golpe de viento que la posó en el reborde superior. Pero sus piernas casi ingrávidas no la sujetaron, y otro golpe más fuerte que el anterior le hizo perder el equilibrio: giró su cuerpo como una tortilla francesa, los pies amagaron un intento de irse a las nubes con los pájaros, y la cabriola condujo su cabeza exactamente hacia un saliente del fregadero, donde se sintió anclar en un mar de algas anudadas.

Fray Arturo, que observaba tras los cristales de la puertaventana, la vio dar aquel salto mortal, y nunca mejor empleada la expresión, pues tendida al pie de la pila se diría un cadáver. Corrió hacia ella, se agachó, la sacudió, no se reanimaba, la acarició, no se reanimaba, la acarició, la acarició, le apretujó la cara contra su pecho. No se reanimaba. Ángel mío, mi sueño, no te vayas así, no me abandones. No te desvanezcas toda, que eso me secaría. Te maldigo, hermano viento. ¿Qué traes bueno contigo, sino sólo muerte? El Dios eterno, inmenso y de poder infinito, hace cosas grandes e indescifrables en el cielo y en la tierra, y sus portentos se ocultan a toda investigación. Decidme, Job e Isaías, ¿para qué sirve el viento? La lluvia fecunda los campos, la nieve conserva en las montañas el agua que alimenta los ríos y calmará nuestra sed todo el año, el sol sacude la pereza de las flores, el rayo descarga la electricidad de la bóveda celeste y trajo el fuego a nuestros primeros padres, la noche nos llena de rocío y nos adormece en la oración. Pero tú, viento, eres sólo un puñal esparcido.

Abrazado a Carmela, le sembraba por la cara toda la calor de los labios. La sentía respirar un poco. «¿Quién enferma que yo no enferme?» ¿Cómo puedes morir si yo sigo vivo?

El viento traía mugidos de rebaños de elefantes, junto a algún que otro hachazo de puerta incontrolada.

Fray Arturo la izó en sus brazos y entró con grave andar de arroz y velo blanco en su hogar, su celda.

30

Fray Arturo se sentaba en el suelo, frente a la chimenea, como había visto hacer a Carmela. La conexión sobre «on», el selector de frecuencia en la banda adecuada, el micrófono enchufado. Nervioso, lanzaba su mensaje a aquella rejilla, oscura como un pecado mortal.

—Esta vez el teléfono de la esperanza no está en el aire para servir de consuelo sino para pedir auxilio. No somos la mano tendida a los necesitados, sino que somos nosotros los necesitados y buscamos una mano que nos ayude. ¿A quién acudiremos en la tribulación si el Señor nos ha abandonado? Esta vida está llena de miserias y de toda parte señalada de cruces. Pero no es según la condición humana sufrir toda cosa adversa y dañosa, y no desear cosa de prosperidad en este mundo. Enviadnos remedio para una persona herida, una persona que...

No pudo decir más, pues una mano tapó su boca, mientras la otra desenchufaba de un tirón el equipo emisor.

—¿Qué haces? ¿Quién te enseñó a manejar esto? ¿Qué me ha ocurrido? ¿Qué has dicho? ¿Alguien te ha contestado? Di, ¿alguien te ha contestado?

Y acompañaba a cada pregunta un zarandeo. Qué fuerte era la semimuerta.

Él estaba tan arrobado al verla de pie y con los ojos abiertos, que se habría dejado gustosamente arañar, morder y despellejar por ella. En cierto modo, las ondas habían captado su llamada, puesto que ella vivía, hablaba, se movía, era pálida como la aurora pero por sus muñecas —que él ahora apretaba— corría un latido pequeño de colmena en sazón.

—Pero ¿te has vuelto mudo otra vez?

Él quiso acariciarla. Musitar en su oído: Bernarda de Claraval.

—No me toques. Contéstame: qué estabas haciendo.

—«Mi amada brilla radiante y escarlata: el pelo de su cabeza es como púrpura regia recogido en trenzas.»

—Qué trenzas ni qué leches. ¿Quieres decirme qué coño me ha pasado? Me levantó una ola de viento ¿y después qué? ¿Qué era aquel mar de algas?

—¿Algas? Estropajo sería, pues tu cabeza se dio contra la esquina del lavadero. Perdiste el sentido y lo has recuperado. Los ciegos ven, los sordos oyen y los cojos andan. Alabado sea Dios Padre, suma honra a Cristo, con el Espíritu Santo, un solo honor a los tres. Di amén.

—Amén.

—Te había visto manipular este aparato. Muy simple y tecnificado. Una vez puesto en marcha, pedí auxilio.

—¡No! Di que no es verdad, di que jugabas, que jugabas como un niño, ¿verdad que eres mi nene revoltoso?

Él se alejó dos o tres pasos.

—No, Bernarda. No jugaba. Quería hacer algo útil, como tú me enseñaste. Ser distinto a los demás frailes, que rezan mientras el mundo se derrumba. Cumplir una función en la sociedad moderna. Desprenderme del egoísmo de la propia salvación y lanzarme, como Javier, a la misión de hacer el bien al prójimo cercano y lejano. Una chimenea se ha caído y ha arrastrado parte del tejado encima de ese pobre novicio Fernando María de Liguria, aquejado de una esclerosis en placas, según rumores que fray Celestino se niega a admitir, pero propaga.

—Cuéntame cómo has servido al prójimo mientras yo estaba con mi soponcio.

—Ahora te lo cuento. Si te hablo tanto es porque estoy enfermo de silencio. Marqué un número de teléfono que encontré en la agenda del hermano Benito, y comuniqué con el albañil Marcelo, el mismo que reparó la conducción de agua desde el manantial en el cerro del pan bendito. Quien arregla una conducción de agua, maña se dará para arreglar una chimenea. Y él haría venir un médico, quien, además de examinar a Fernando María te visitaría en tu lecho de coma, donde te agarrabas a un hálito de vida...

Carmela empezaba a coordinar. ¿Por qué razón Juancruz no había desconectado el teléfono?

—Tengo que irme. Dime una cosa: ¿cuánto tiempo ha pasado? Desde mi caída, ¿cuánto tiempo? ¿Una hora? ¿Dos? ¿Ha cesado el viento?

—El viento no ha cesado, pero sí ha amainado su violencia. Repósate, saldrás cuando recuperes fuerzas. Te traeré de la enfermería un licor muy bueno para los vahídos y las lipotimias...

—Quítate de delante. ¿Cuánto tiempo?

—Era la hora de nona y acaba de sonar a vísperas. Más de tres horas y menos de cuatro.

—Hostias, y yo sin despertarme todo ese tiempo. Espera. No puedo salir así vestida. Préstame un hábito tuyo.

Él señaló el arca con un gesto. Ella se lo enfundó encima de la ropa.

—¿Sabes? —musitó él—. No fue sobre el fregadero donde caíste. Caíste en el cenador, entre las columnas de Bernini y los rododendros, y en aquel momento un gamo se levantó y te llevó a su lomo por un bosque espeso, envuelta en gasas que plegaban con sus picos pájaros carpinteros.

—Me acuerdo —respondió ella, desde la puerta— de que una dama de compañía me recibió y me aseó y me cepilló el cabello, y luego me bañó toda en agua de tomillo y albahaca, en un estanque muy grande donde jugaban y se contaban cuentos de amor los delfines. —Y su rostro se endureció para añadir—: Reza por lo que pueda ocurrir, Artur.

—Ten cuidado, Lemming —dijo él.

«Ten cuidado, Lemming», se repetía Carmela, camino de la portería. «Lemming...» ¿Cómo sabía aquel nombre? Atravesó el claustro en diagonal, junto a la fuente en donde, una de las primeras noches, su mano había jugado a ser un pez. Se fijó en las acederas esculpidas en el capitel del que pendía la campana. Le sorprendió el relieve de los objetos a aquella hora tardía, cuando el cielo se había teñido ya de un bronco tono asalmonado que los jirones de nubes aborregaban. Producía el viento el castañeteo de los tejados, por cuyo borde inferior corría, en desteñidas letras azules, la inscripción: VIDERUNT OMNES FINES TERRAE SALUTARE DEI NOSTRI: JUBILATE DEO OMNIS TERRA. Estas palabras le trajeron un recuerdo de gusanos, que alejó de su boca con un escupitajo. Muertos, y secos, y podridos estarán aquellos vibrátiles flecos del infierno.

La portería. Juancruz, en el chiscón, fumaba un cigarrillo. Se veía su perfil por el postigo entreabierto.

—¿Vienes a relevarme? Menudo jaleo ha habido. Esa falleba ha estado a punto de ceder. Como un barco de madera a la salida del puerto crujía. Y luego esas vigas carcomidas, creí que iban a chascar encima de mí.

—¿El teléfono ha sonado?

—No. Sólo cuando tú llamaste.

—¡Pero yo no llamé!

—¿No llamaste? Supuse que estabas probando. Oí el timbre. Dije: «¿Lemming?», y me contestaste, con voz afónica, «Sí, línea exterior», y te conecté con el exterior.

—Y «me» conectaste con el exterior.

De tan enamorado como está el rey Artur, imita a la perfección la voz de Guennuela.

—Se está haciendo noche. Me muero de hambre; si te quedas aquí y me relevas, me voy a comer algo y a dormir un rato. Saldré cuando nadie me vea.

—Mejor no te muevas. Alguien va a venir.

—¿Alguien... de los nuestros?

—No. Alguien a quien ni tú ni yo conocemos. Bueno, yo un día lo he visto de refilón, hablando con el hermano Benito de la desaparición de unos sacos de cemento y yeso, que puedes imaginar dónde han ido a parar. Lo lógico es que haya tenido también tratos con el fraile portero, el cancerbero poeta. Como ves, estamos bien pringados.

—Eres lista, tía. ¿Y yo qué le digo a ése cuando aparezca?

—Que se vaya tranquilo. Que no pasa nada. Ha sido un error. Aquí paz y después gloria.

—Un error, ¿el qué?

—Lo que sea. Todo es un error. El teléfono. Lemming. Todo.

—¿Entonces no eras tú quien llamaba?

—No, no era yo. Quien llamaba utilizó la línea exterior, que tú le proporcionaste, para entrar en contacto con Marcelo. Marcelo es la visita que esperamos. ¿Te enteras ahora?

Soltó una, dos, tres interjecciones, in crescendo lunar percusionado. Se pegó coscorrones contra el borde de la mesa.

—No vayas a causar tú más desperfectos en el mobiliario que el viento.

Transcurrió una media hora, terraplenada de silencio. Se oyó el motor de un automóvil. Carmela se escondió.

—Ahí está. Habla lo menos posible.

Llamaron. Juancruz había dirigido la luz del flexo hacia el otro extremo del cuchitril. Procuró no acercar la cara al postigo.

—A la paz de Dios. Qué, qué ha pasado. No he podido venir antes, pues no veas la hecatombe que ha habido en mi casa. Menudo vendaval, ¿eh? Qué, ¿echamos un vistazo a esa chimenea?

—No hace falta. Ha sido una falsa alarma.

—¿Y el hermano Sanjorge?

—Está indispuesto. Perdone haberle molestado.

—Pero me dieron el recado de un derrumbe, y heridos, y no sé cuántas cosas más...

—Nada de eso. Ruido, ruido. Bumburrumbún. Vaya con Dios.

—Pues con Él me iré. Por ahí. De parranda. ¿Seguro que no necesitan nada?

—Seguro.

—Salude a Sanjorge. Si acaso me llaman mañana, para ver los descalabros con la claridad. Ya sabe dónde me tienen. A mandar.

—Que Dios le bendiga, hermano.

Mira este frailuco, a quien no he podido ver la cara... Tiene miedo de abrirme la puerta, a mí, a Marcelo, que me conozco cada rincón del monasterio, hasta los retretes, y les he desatrancado la mierda más de una vez. Aunque también les he acarreado el agua para que se la laven. El caso es que hoy no gana uno para sustos de chimeneas. Lo suyo es falsa alarma, bumburrumbún, dice el tío, pero la chimenea de mi casa sí que se vino abajo y menos mal que fue por la parte del cuarto de mi hijo Curro, que está en la mili, y no por el de Ignacia, o por el de Encarna y mío. Porque hay que ver cómo quedó la cama de Curro, retorcida como un alambique, y la luna de su armario, que el cacho más grande abultaba lo que una uña, menuda pena tal destrozo, y mi Encarna venga a echarse las manos a la cabeza y de maldecir: «Santo Dios», «Virgen Santísima», pues aunque decía Santo Dios y Virgen Santísima lo decía para maldecir. Y yo no hacía más que repetirle, para calmarla, «coño, el jodido viento», y a ella que le entra una llantina de becerro derribado y venga a decir: «Es como si se hubiera muerto». «¿Muerto quién?» «Curro», y se ponía a quitar los cascotes de encima del colchón. «Qué muerto ni qué leches. ¡Si está en la mili! Mañana llamo a tu hermano Jacinto y entre los dos dejamos esto como nuevo, que no lo vas a reconocer: hasta la cama vamos a enderezar.»

Trepidaba el «dos caballos» por la carretera de macadam. Los faros alumbraban los esqueletos de algunas ramas desprendidas. Más de una vez Marcelo hubo de detenerse para despejar el camino. Ahora le entraban ganas de reír al recordar el momento en que Encarna, dejando de lloriquear, se acordó de pronto de su hija Ignacia, a la que no había oído, y exclamó: «¿Y si le ha pasado algo a la Ignacia? Porque no ha rechistado». Y allá salimos los dos para el cuarto de nuestra hija, y la encontramos durmiendo. La muy bruta dormía la siesta como un ceporro a pesar de que el derrumbe sonó como una explosión dirosima, y a Encarna verla así, tan plácida, roncando con la boca entreabierta, la solivantó y se lió a empellones con la chica, que qué culpa tenía de dormir con un sueño tan pesado, hasta que la despertó con los golpes y las voces: «¡Y tú durmiendo ahí como una pánfila! ¡Y tú durmiendo, que te importa poco que se hunda la casa entera, y que nos muramos todos sepultados, y despertarte huérfana y vestir de luto para el resto de tus días!». Y la chica, al oír aquello del luto se impresionó y se puso a llorar como una madalena y a hacerse cruces y a querer levantarse y echarse un chal sobre los hombros y huir al monte. Pero la Encarna se le enfadó de nuevo por querer levantarse: «Ahora para qué, sigue durmiendo, no ha pasado nada gracias a Dios, mañana tu padre y Jacinto arreglarán la chimenea, pero qué susto nos has dado, qué condena, ahí durmiendo mientras la techumbre por poco aplasta a tu hermano Curro, que menos mal que está en la mili, que si no ni por milagro se salva»... Pero ella se levantó, que tenía faena en el corral, donde todo andaba bastante revuelto y más de un portón desvencijado, y fue ella quien cruzó al bar de enfrente cuando nos avisaron que llamaban por teléfono. «¡Que preguntan por Marcelo!», y fue ella quien vino con el recado: «Padre, que bajes sin falta al monasterio». «¿Ahora mismo?» «Sí una urgencia: una chimenea se ha desmoronado, como a nosotros, y los cascotes han herido a un novicio que estaba acostado, ya ves que no era yo sola quien dormía.» «Eso les pasa a los frailes por no estar haciendo la mili.»

Y al final no había cascotes, ni herido, ni la madre que los parió. Aunque, bien mirado, si se relaciona esta llamada con los ladrillos y los sacos de cemento y de yeso que se beneficiaron aquellos dos para un transformador del que nunca más se supo, el resultado es uno de los misterios más misteriosos con que se haya encontrado el mismo santo Domingo, pese a la facilidad con que milagreaba, según atronó por todo el pueblo el padre que predicó la santa misión.

Carmela, mientras tanto, había dicho a Juancruz:

—Hay que avisar a Bernar, o Búfalo, llámalo como quieras. Se pondrá que no veas. Ayer todo fue bien con el interrogatorio y hoy se escacharra el invento.

—¿Quién es ese Marcelo?

—El paleta de las chapuzas. No viene desde hace la tira de tiempo, porque no tienen dinero para pagarle. No tardará en ir a contar esta historia del teléfono y de la chimenea y del novicio herido a la Guardia Civil.

—Quizá no lo haga hasta mañana...

—O esta misma noche, vete a saber. Tú quédate aquí otro rato. Te traeremos de comer. No abras a nadie, aunque quieran tirar la puerta abajo. Vuelvo en seguida. Pero ahora hay que avisar a Bernar, a Búfalo, no sé qué me digo.

31

Bernar se paseaba por el exiguo sótano con las manos a la espalda, como Napoleón en la tienda de campaña que le helaban las Rusias.

Ahora que arañábamos con la punta de los dedos nuestra mayor victoria... La liberación de nuestros doce compañeros marchaba por buen camino; según noticias fidedignas de nuestro enlace Volalle el traslado de las prisiones ha comenzado ya. Los tres que penaban encerrados en Arenosa, más los cuatro de Escalada, más los cinco del penal de Ferrosa han sido reunidos en Fluvial. En cuanto sepamos que los doce se encuentran en un avión, sanos y salvos, y que el avión ha despegado, soltamos a este saco de patatas índico en la mina de yeso y nosotros desaparecemos según el plan de dispersión previsto. El triunfo nos acaricia las sienes como esa campana nuestros oídos. Se trata de aguantar unas horas, compañeros, sin ponerse nerviosos.

Soltó la arenga y carraspeó ligeramente.

—Pero el informe de Lemming es preocupante —dijo Madona—. El albañil se habrá sorprendido de la ausencia del portero: lo llamó por su nombre: fray Sanjorge. Se conocen. Quizá ha ido ya esta mañana al cuartelillo. Nos cercarán, no habrá escapatoria. Yo ya advertí que este agujero era una ratonera.

—Calma, calma. Me gustaría saber quién tuvo la idea genial de quitar de en medio al fraile portero.

—Yo creía que tú...

—Tú creías. Te dije que te ocuparas de la coordinación, de administrar los víveres y de organizar los interrogatorios. ¡Cuándo aprenderás a distinguir una responsabilidad funcional de una responsabilidad operacional!

—Ha sido el viento... —insistió Madona.

—Ahora vamos a echarle la culpa de los errores al viento. Qué bonito. Las promesas se las lleva el viento. Los suspiros se los lleva el viento. ¡Pero las gilipolleces no se las lleva el viento! Estamos a punto de culminar la operación más redonda de nuestra historia. El comunicado ha sido difundido. La Conferencia, que no tenía otro fin que acentuar las medidas represivas, se ha suspendido. ¡Nosotros la hemos suspendido! Sé de buena tinta que algún delegado sugirió, con un vaso de whisky en la mano, que deberían invitarnos oficialmente a participar en ella. ¿Os imagináis qué éxito, sentarnos al lado de las naciones más poderosas de la tierra? Sólo nos falta, para coronar el edificio, que suelten a nuestros doce compañeros. Hasta el secretario de las Naciones Unidas y el papa han intervenido, lo sé de buena tinta. ¡Ésta es nuestra coronación! A este resultado habéis contribuido varios de vosotros con un trabajo eficaz, que sólo merece alabanzas. Tú, Ratón, y tú, Pato, los primeros; y tú, Rana; y Ángel y Perucho, que no están aquí, así como otros que han colaborado calladamente en la retaguardia. ¡Y no vengáis a decirme que todo eso se viene abajo por culpa de una racha de viento!

—Pido que me releves del mando —dijo Madona, con los labios fruncidos como las heroínas del far-west cuando disparan.

—Tú te callas hasta que yo te pregunte.

En ese momento sonó un zumbador eléctrico y se encendió dos veces la luz piloto que conectaba a Juancruz desde la portería. Se encendió una tercera vez. Era la señal de que Juancruz regresaba.

—Pero este Erizo es un cretino, no puede abandonar su puesto en estas circunstancias.

—Si viene será porque algo ocurre, Búfalo.

Pidió un cigarrillo y se sentó. No quería que los demás le vieran nervioso. Si predico la calma, ¿voy a ser yo quien pierda los nervios? El silencio se hizo compacto como la chatarra prensada.

Sonó de pronto la campana de la capilla; y tras ella, como una hermana pequeña que la acompañara, la otra, la del claustro. Bernar se crispó.

—¿Y eso, es alguna señal?

—Las campanas del convento. Suenan siempre, siempre —insistió Pato—. De día y de noche. Parece que suenan a muerto.

—Cállate.

Llegaba Juancruz. No vestía el hábito con el que se había disfrazado. Se notaban en sus ojos hundidos el cansancio y el desasosiego.

—¿Tenéis por ahí el coñac? —Bebió un trago del gollete de la botella—. Estamos jodidos.

—¿El albañil?

190

—¡No! El cura ese de las narices. El fray Poema.

—¿El que habíais encerrado bajo el altar de la cripta, adonde Lemming le iba a dar de mamar?

—El mismo. Me dio un susto de muerte. ¡Una aparición!, creí. Ni una palabra, oye; el tío se sentó frente a mí, mirándome, a un metro, como estás tú, mirándome fijamente.

—¿Y tú qué hiciste?

—¿Yo qué iba a hacer? ¿Estrangularlo? Ganas no me faltaron. Pero a ver, me dije, lo estrangulo y nos metemos en otro fregado de cojones. Así que, lentamente, sin hacer ruido, me quité el hábito y se lo ofrecí.

Madona se irritó con él.

—¿Pero te amenazaba con un arma? ¿Cómo un fraile ha podido obligarte a quitarte el uniforme y a dejar tu puesto de combate?

—Castora. Tú no entiendes nada. Me miraba, simplemente. ¡Un arma!... Estaba ahí, a esa distancia, con sus ojos mucho más afilados que una bayoneta calada. Había algo en sus ojos que no era humano.

—¿Algo sobrenatural? No me hagas reír.

—En todo caso, lo que decía con los ojos tenía más intensidad y más convicción que la voz. Se entendía. Y no podías negarte. Si a esto lo llamas sobrenatural o función de circo, me da igual. Además, lo que pedía era suyo. Suyo. Hacen falta pelotas para no darle a un pobre desgraciado lo que es suyo.

Bernar permanecía silencioso. Como si todo aquello no fuera con él, se dirigió a Carmela y le dijo:

—Lemming, tengo que hablar contigo. ¿Hay algún sitio fuera de aquí donde no corramos ningún riesgo?

—Sí.

—¿De acceso fácil y seguro?

—Sí, Búfalo.

—Vamos.

Carmela salió delante. Rodearon los bloques de piedra sepultados por los zarzales. Más allá, matas de boj medio quemadas, como atacadas por un cáncer, rememoraban la aventura frustrada de un jardín. Un muro espeso, dos columnas y medio arco era lo único que quedaba de la antigua fábrica de cera. Inmediatamente después, el edificio semiderruido de la panadería donde Carmela había anidado desde su llegada.

Una sombra cruzó como un látigo la puerta. Bernar pegó la espalda a la pared.

—Es un gato. Bueno, una gata, porque tiene tres colores. La llamo Perla.

Se dirigieron al fondo del destartalado edificio, donde, tras una barricada de cajones, Carmela había instalado su despensa, su tocador y su lecho de arpilleras. En un cartel de Janis Joplin «Pearl», clavado en la pared con unas chinchetas, aparecía escrita con rotulador esta leyenda:

«*Cause we may not be here tomorrow*».

Y si no estamos aquí, ¿donde estaremos?

Se sentaron en la aceña de roble que Carmela había mullido con sacos doblados.

—He decidido ocupar el monasterio, instalarnos allí —sentenció Bernar.

—Me lo imaginaba.

—He aquí las razones: uno, el descubrimiento de nuestro escondrijo por parte de la policía es cosa de horas; dos, el sitio donde nos hemos instalado es perfecto a condición de que todo el mundo lo ignore y nadie crea que es perfecto; tres, la infraestructura que hemos montado sigue siendo válida; cuatro, una vez que nos tengan cercados, si el caso, como temo, llega a producirse, utilizaremos los monjes como rehenes; cinco, en realidad no hay otra salida. ¿Qué piensas tú?

—Lo mismo que tú: tal como se han puesto las cosas no hay otra salida.

—No era eso lo que preguntaba, sino qué piensas de la forma de llevar a cabo la operación.

—¿Tienes el plano que te envié?

—Sí.

Lo sacó, ya hecho un guiñapo, del bolsillo trasero del pantalón. Los pliegues sobados no habían borrado el rombo rojo y la tinta verde con la que Carmela había escrito: «Aquí es donde vivo yo».

—Mira —explicó ella—. Todo lo que sea salir de este edificio central representa dispersión. Recuerda la caza del zorro. La muralla exterior ha desaparecido en su mayor parte; sólo quedan los restos. Los guardias nos inundarán, nos toparemos con ellos detrás de cada piedra, detrás de cada arbusto: será como un paseo de feria dominical. La parte sur también está desguarnecida, con los edificios en ruinas. Hay que parapetarse aquí, en este rectángulo.

Señaló con el dedo una zona que comprendía la puerta principal, el claustro, las celdas y la capilla.

—Aquí dentro seremos inexpugnables. No hay más que una puerta de acceso, de fácil control, y otra pequeña, cerca de la capilla, que habría que tapiar, pues con el viento se escoñó.

—¿Se puede confiar en alguno de los monjes?

—Sí. Ya te he dicho que son como niños. Se les gana con cucherías y zalemas. Madona ha hecho mal: les ha atacado.

—¿Cuántos son?

—Muy pocos. Nueve. Y luego están los novicios: cinco.

—¿Éstos cómo son, los típicos chavales de pueblo que se arrancan de las faldas de mamá para vestirlos con sus propias faldas de cura?

—Sólo conozco a dos: uno está enfermo; me da lástima, el pobre; te mira como una náusea. El otro es un invertido. Me tomó por un chico y quería meterme mano.

—Tú te has colado por todas partes. Sólo te faltaba eso: entrar en su cama.

Carmela no comentó nada de fray Arturo. En la penumbra de la harina sucia se sentía invadida por la pereza de los lagos o por ese esfuerzo sutil de una azucena cuando se abre. Dobló completamente las rodillas y se las acercó a la cara, mientras sus brazos apretaban con fuerza las piernas contra el pecho. En aquella postura miraba las arandelas herrumbrosas como si a través de ellas se leyera el grabado de la tinta del futuro sobre la impregnación del pasado.

—Yo creía, Bernar, que ibas a quedarte y que tú serías el jefe del comando. Procuré trabajar a conciencia, cumplir a rajatabla tus órdenes de «meter mi hocico en todas partes», para servirte con más eficacia cuando vinieras. Creía que instalarías aquí tu cuartel general y que me elegirías como tu lugarteniente. Los dos juntos. Nos entenderíamos bien.

—Ya. No puede ser. Olvídalo.

—¿Madona?

—Sí. Había que esconderla. La llevé al chalet conmigo. Vivimos diez días encerrados. Encerrados y solos.

En el silencio, Carmela mordisqueaba un pajón. Se fabricó una voz neutra para preguntar:

—¿Y Candelaria? ¿Por qué se fue?

—Quiere dejar la lucha. Pasa todo el tiempo con su abogado para ver de qué manera se reintegra a una vida normal, como ella dice. ¡Una vida normal!...

También él parecía hipnotizado por las muelas del viejo molino, aunque tal vez no veía, como Carmela, manchas del pasado y dibujos del futuro.

—¿Muy femenina?

—Quién.

—Madona.

—Sí. ¿Te sorprende?

—Mucho.

—Tan femenina como cualquier otra mujer, supongo que eso es lo que preguntas, Lemming.

—Llámame Carmela, por favor, aunque sólo sea una vez.

—Carmela.

—¿Sabes? Muchas noches, aquí, en este sitio, en esta misma artesa disfrazada de cama, ante estos harapos, soñé que tú vendrías. Tenía mucho frío y a veces miedo. Llueve tanto, caen tantísimas gotas cuando una está sola...

Desdobló las piernas, lanzó los pies al aire y dio una voltereta como un payaso cuando salta a la pista.

—Estoy encantada y soy la más hermosa —recitó—. Venid a recrearos, hijas de Jerusalén; mi cuerpo es de miel y de leche mis labios para que mi señor bañe en ellos su cansancio. ¡Voilà! El señor está aquí, sentado en su trono. Pero no es exactamente igual que en mi sueño.

—¿Cuál es la diferencia?

—Tú y yo nos sentábamos en el mismo sitio, en la misma postura, vestidos con las mismas ropas que llevamos en este momento. La diferencia consiste en que en el sueño no había una burbuja de aire entre nosotros, mientras que ahora el aire en torno nuestro se podría cortar con unas tijeras.

—No entiendo, Carmela. Siéntate un minuto más.

—No. Vámonos. Hay mucha tarea pendiente. Y te dije que me llamaras Carmela una sola vez. Se terminó tu oportunidad, caballero sin escudero. Puedes llamarme ya per omnia saecula saeculorum Lemming.

32

—Pongamos la imaginación en un dedal.

El cura Bakunin mostró a Carmela un pequeñísimo dedal de plata.

—Era de mi madre. Me sirve como objeto de meditación. Cuando miro dentro imagino que Dios está ahí metido. Es un ejercicio reparador.

Sus ojos, por lo común traviesos, se volvían entonces opacos, como lentejas mojadas.

—He hecho un descubrimiento —le confesó Carmela, mientras él continuaba con la mirada perdida en el fondo del dedal—. En una nave completamente abandonada, entre polvo y telarañas encontré arrumbado un fragmento de retablo: al pie de la cruz se ve a san Pablo con san Juan. ¡San Pablo no podía estar al pie de la cruz!

Esta chica me recuerda a alguien, pero no sé a quién. Esa nariz afilada, ese flequillo recién salido de una pelea de barrio, esa forma de vestir abultada y gris al mismo tiempo, como si se emperrara en borrar la huella de mujer.

—¿Sabes quién descubrió el secreto de la superchería de Jesús y del verdadero suplicio de Judas? Leonardo da Vinci, el mayor genio que la humanidad haya producido. Leonardo pintó a Judas en la Sagrada Cena retirando la sal derramada en la mesa. ¡Arrojar sal en la mesa es signo de mala suerte! ¿Quién había querido de este modo lanzar un maleficio sobre Judas? Sospecho que Juan, o el mismo Jesús. El caso es que la pintura de Leonardo se deterioró irremisiblemente. Dicen que se equivocó al mezclar los componentes de los colores. ¡Un científico como él! Lo que ocurrió realmente es que los monjes lanzaron ácidos sobre el cuadro para borrar la clave de la usurpación.

Ya sé a quién me recuerda: en aquel encierro de familiares de presos que duró una semana, había una chica sentada en el primer banco que me miraba así. Dormía envuelta en un chal del color de las algas. Cuando la policía irrumpió en la iglesia para desalojarla, ella en vez de correr hacia la puerta se dirigió a la sacristía, vino hacia mí y me increpó: «Usted nos ha traicionado;

usted dio permiso a la policía para que invadiera la iglesia». Sus ojos ardían. Escupió en el suelo y frotó furiosamente el escupitajo con la suela del zapato. Nunca he sabido qué quería decir aquel gesto. Una promesa de venganza tal vez.

—Esa máquina de escribir, ¿me deja utilizarla? —preguntó Carmela—. Podría pasarle a limpio todos esos papeles sobre la vida de Judas.

—Una especie de secretaria... —murmuró él, para sí mismo—. Yo sé que a quien vais a utilizar es a mí.

¿Por qué había hablado en plural: «vais»?

En verdad que la ocupación («la infiltración», decía Bernar) había comenzado. La consigna de Bernar se resumía en: «Nada de suprimir frailes; nada de suplantarlos; hay que duplicarlos, repetir su imagen, clonarlos».

Juancruz repitió su experiencia en la portería. Pero esta vez se dedicaba a seguir los pasos de fray Sanjorge. Había protestado: «Ese tío mira de una manera...». «Pues ahí está tu primer objetivo —insistió Bernar—: resistir su mirada.» Resistir su mirada. Era fácil decirlo. Como quien dice: resistir la presión de la atmósfera en una columna de mercurio. Ponerse frente a aquellos ojos de águila disecada y aquella sonrisa irónica, y no dejarse hipnotizar. Lo peor era el silencio. Transcurría el tiempo tan lentamente como en *El lago de los cisnes*. Juancruz-Sanjorge intentaba ver bailarinas que cruzaban a saltitos fugaces por aquel chiscón, y se escapaban por el postigo en busca de palomas para atarles en las patas mensajes de organdí. Vestidos ambos con el hábito monacal, se escudriñaban el uno al otro: y al tiempo que Juancruz veía bailarinas, Sanjorge-Aldaba-Getsemaní veía la flagelación de Cristo atado a la columna, con orlas de estrofas que decían:

Me bañé en el frío
sudor de sangre roja,
y sentí por mis párpados caer una caricia
como de rosa que gime y se deshoja.
Me hundí en los surcos
de regueros de olivos,
de un ruido de cadenas que arrastraran
los músculos cautivos.
Me vi las manos

arrasadas de espinas
como aquellas que clavaron en mis sienes
y vendrían a arrancar las golondrinas.
Sentí el miedo del Hombre
pecador y...
pecador y... dormido,
no, pecador y despierto, para que rime con huerto.

Al cruzarse las miradas, las gráciles bailarinas de tarlatana se flagelaban y un grupo de sanedrines se elevaban en el aire haciendo cabriolas y unos brazos desnudos parecían remar en un lago ensangrentado. El duelo visual terminó en empate, pues fray Getsemaní tuvo que levantarse a tocar la campana del claustro, y Juancruz-Sanjorge fue tras él, y así caminaron luego, uno tras el otro, ambos con las manos metidas en las bostezantes bocamangas, rumbo a la capilla donde el armonio de fray Celestino ya sonaba.

Y era curioso ver que fray Celestino-Gelatinoso tenía al lado a Pato, también vestido de monje. Y que mientras el fraile entonaba un himno de laudes —«*Ad laudes summi Principis / pangamus almi militis / miram perseverantiam / et invictam constantiam*»—, Pato Celestino tarareaba para sus adentros un George Harrison —«*I love dig every morning, I love dig every evening / Small love, big love, I don't care / I dig love ooooh...*»

En uno de los sitiales permanecía de pie fray Adolfo y, a su lado, en pie también, y con el mismo hábito, Perucho, que, junto con Ángel, había aterrizado aquella misma noche, llamados ambos por Bernar. Perucho y fray Adolfo tenían aproximadamente la misma estatura y la misma envergadura. Y ahora iban a tener el mismo oficio: así que, al enfrascarse en la oración, los pensamientos de fray Adolfo se centraban en la enorme olla donde cocerían cinco quilos de patatas con un quilo de cebollas y un chorrito de aceite, y la imaginación de Perucho-Adolfo esquiaba por laderas de humeantes salchichas, crujientes cochinillos y espesos y oscuros bosques de percebes y zamburiñas.

Por las gradas del altar, armado de una mecha, fray Leopoldo-Anélido encendía velones y, pegado a él, Ángel subía y bajaba los peldaños. Fray Leopoldo se admiraba, como siempre, del milagro del fuego y de la luz, origen de todo, anterior incluso a los gusanos: ¿en el principio era la luz o en el principio era el fuego? ¿Qué fue antes, el fuego o la luz? ¿Y si Dios no fuera otra cosa que una bola de fuego que había estallado en billones, trillones de fragmentos? Ángel-Leopoldo, más al ras del suelo, añoraba la estufa de butano que había dejado en su habitación de Seca, y las revistas con fotografías de hermosuras no menos calientes a las que se había entretenido en dar vida —como un dios— la última noche.

Ahora entraban en el coro los novicios, incluido Fernando, con la cabeza vendada: una venda muy blanca que ennegrecía aún más sus ojeras. Entre los novicios había uno nuevo, de piel sonrosada, sin ningún grano ni sombra de vello. Novicio que podría representar el papel teatral de virgen niña o el de doncella de Orleans al pie de la hoguera. Madona-Juana de Arco estaba malhumorada porque había perdido sus cabellos a manos de Carmela. Los tijeretazos sonaron como un hacha que cortara el hielo de un estanque. Y los mechones, al desprenderse, se encaracolaban como animales vivos. Le quedó un peinado de recluta que respingonaba su nariz y, curiosamente, la afeminaba. La Madona de gesto duro y ademanes de reverenda madre se transformó, al perder sus cabellos, en una campesina que sólo hubiera conocido el restregón del agua pura.

A Lorenzo-Lechoncillo le gustaba más el otro novicio con cara de ratón. Reconocía que éste era más guapo. Su aire de virgen le turbaba y se imaginó rezándole un rosario, arrodillado a los pies de su cama. El otro, en cambio, era como un monago travieso; juntos habrían podido desentumecer de algún modo la interminable placidez de aquel invierno. ¿Por qué aquellas apariciones y desapariciones? Fernando María aseguraba que un ángel le había arropado con sus alas y le había dado un beso en la frente, con lo que su fiebre, en vez de subir, había curado. Después vino la desaparición de fray Sanjorge, y ahora que había vuelto, otro fraile le acompañaba. Nuevos frailes se situaban en los sitiales del coro, y hasta alguien tarareaba al lado del preceptor de novicios, fray Celestino. Su tío dom Pancorbo no le había prevenido de que estas cosas pasaban en los monasterios, cuando fue de visita al pueblo y entre él y la madre cocinaron aquel pastel de empujar su vocación hacia la vida monacal.

Ahora el armonio daba entrada a la frase que debía cantar el nuevo novicio, el respingón sonrosado, y se formó un silencio de crema catalana, pero Madona no abrió la boca, no sabía cantar, y todos la miraron, y tras unos segundos de mantener su mano derecha en el aire, fray Celestino meneó la cabeza a un lado y otro y atacó el arpegio siguiente.

El prior, que había entonado el «Alabad al Señor desde los cielos/Alabadle sol y luna», veía tras el vaho de sus gafas y el vaho de su miopía aquel súbito aumento de su comunidad. Todas las ovejas que vengan al redil serán bien recibidas. Lo que más le preocupaba no era la impresión de que algo anómalo ocurría, sino al contrario, la impresión de que dentro de la anomalía todo era exactamente igual: el olor a cera impregnaba la nave, los destellos de luces enredaban todavía más las barbas de los apóstoles en los capiteles, las cogullas se doblaban al unísono sobre un ruido de sandalias y las notas decían, como siempre, a los jóvenes, a las vírgenes, a los ancianos, a los reyes, a los príncipes, a los jueces de la tierra, alabad al Señor.

Fray Arturo rebuscaba con los ojos su ángel guardián, pero no lo halló entre tantos nuevos uniformados: ¿serían tal vez voluntarios que acudían a la llamada mirífica del teléfono de la esperanza? Si la higuera daba frutos, nadie la maldeciría.

El fraile Buenaventura-Bakunin interrumpió su discurso sobre el retablo de santa Águeda y le dijo a Carmela:

—Basta ya de charla. Es la hora de los oficios.

Carmela le cerró el paso.

—No. Ven conmigo. Búfalo espera.

33

Fray Buenaventura-Bakunin era ahora Su Reverencia el prior dom Buenaventura. Bernar le había convencido para que se instalara en el despacho prioral.

—Ayúdanos. Luchamos por una causa que está cerca de los ideales que te condujeron al suburbio. Aquí el suburbio somos nosotros. Tú eres de los que creen que hay una justicia en este mundo, mientras los demás frailes se engolfan en el absurdo del más allá reparador.

—Basta de discursos. Suena muy teatral, Bernhardt.

—Entonces, ¿confío en ti?

—La desconfianza destruye la virtud.

Convinieron en que el mismo Buenaventura transmitiría a dom Macario la noticia de su destitución o relevo.

—Vas y le dices: «Reverendo, es mi deber comunicaros que el superior de la orden me ha enviado una carta instándome a hacerme cargo de este claustro, a la mayor gloria de Dios».

Así lo hizo. La respuesta de dom Macario fue muy simple:

—Que Él sea alabado. ¡Era mi más acariciado anhelo abandonar estas responsabilidades que no soportaban ya mis débiles y fatigados hombros!

En efecto, estiró juvenilmente la espalda al decirlo. Antes de salir pidió a Buenaventura que se acercara más, y le susurró al oído:

—Pasan cosas muy raras últimamente en el monasterio.

—¿Nuevos eventos desde que reunísteis a la comunidad en la sala capitular?

—Sí. Fray Sanjorge ha reaparecido. Y con él, otros muchos monjes asisten a los oficios; monjes que no sé de dónde vienen ni quién los envía. ¿Son ángeles o son demonios?

—Quizá su presencia se deba a que la mies fructifica. Y puede que este aumento haya movido a la jerarquía a elevarme a mí, el menos dotado, al tiempo a la dignidad monacal y al priorato. Deberíais alegraros porque algo se mueve, tras tantos lustros de postración.

—Sí, pero yo era más feliz cuando no ocurría absolutamente nada —insistió el prior Neptico.

—El placentero «dejemos a los necios la vaciedad del mundo y alejémonos al retiro, ¡oh dichoso desierto donde siempre es primavera!».

—Eso es. A mí me hace ilusión volver a ser un humilde monje del montón, corriente y moliente, metido en la celda más modesta...

—Que será la que yo os dejaré, por cierto...

—Y sin autoridad sobre las demás ovejas del rebaño, que ahora, obedientemente, os encomiendo.

Cuando Buenaventura se lo contó a Bernar, éste comentó:

—No lo creo. Quien ha probado las mieles del mando, difícilmente renunciará a él con mansedumbre.

—Tus frases están muy bien, Bernáculo, pero no conoces a dom Macario Neptico, un tipo vertebralmente amilanado. Ya se ha instalado en mi antigua celda. Y ¿sabes?, cuando empezamos a trasladar sus cosas resultó que aquí no tenía nada. Dos mudas raídas, dos cogullas, tres libros. Una estancia tan enorme, y nada.

En eso estaban cuando Carmela vino con la noticia de que una furgoneta verde oliva había frenado delante del portalón principal, antiguamente llamado «del arzobispo».

—¿Todo el mundo en sus puestos?

—Sí. Sin novedad en el convento.

—Bien. Que cada cual siga las instrucciones que ha recibido. Tú también, Durruti. No olvides: la desconfianza destruye la virtud.

Dom Buenaventura, al pie de una ventana, se puso a leer el *Tratado del Amor de Dios*.

Un guardia civil descendió de la furgoneta. Golpeó la aldaba. Fray Sanjorge fue a abrir.

Juancruz se incorporó. Por un movimiento reflejo, palpó a través de la cogulla con que se disfrazaba el arma cruzada bajo el cinturón. Bernar había insistido: «Nada de usar las armas. Serenidad beatífica y silencio absoluto. Una vida relajadamente monacal. ¡Ejemplificad con vuestro ejemplo!».

El guardia civil vestía una zamarra de gabardina forrada de piel y una gorra pasamontañas. Juancruz le oyó preguntar por el prior. El fraile Aldaba abrió la puerta. Juancruz se había situado en el claustro, al pie de la campana, con un breviario en las manos, la capucha bien calada, el paso lentísimo de procesión del santo entierro y en los labios la abertura bobalicona de quien comulga con lo que lee.

Comprobó que fray Sanjorge se limitaba a conducir al visitante a la celda-despacho del prior, sin pronunciar una palabra.

En la otra galería, era Pato-Celestino quien paseaba enfrascado en la lectura de *El beso del leproso*, y tomó el relevo para seguir con disimulo los pasos de sandalias de fray Portero y los de botas del cabo, que se superponían rítmicamente como en un pasodoble de una bailarina con un cadete.

Fray Sanjorge llamó con los nudillos en la puerta prioral. No vio quién ocupaba el sillón, situado casi de espaldas a la puerta, frente a un chorro de luz sólo mitigado por las telarañas.

—Se presenta el cabo Rivera.

Fray Bakunin, ahora dom Buenaventura, invitó al cabo Rivera a tomar asiento, pero éste, marcialmente, rehusó.

—Dígame qué le trae por aquí. No le ofrezco de beber porque no tenemos más que ese vino dulce de misa, que no creo plazca a sus bizarros gustos.

—Gracias. No bebemos cuando estamos de servicio. Verá, reverendo, el comandante del puesto nos ha dicho de venir para interesarnos por su estado de salud y para ponernos a sus órdenes para lo que guste mandar.

—Agradecemos ese gesto desde lo más profundo de nuestro corazón. —El fraile respiró hondamente para alargar el silencio—. Quizá estaban ustedes inquietos por nosotros debido al temporal del otro día.

—Exactamente.

—¡Menudo temporal!

—Y usted que lo diga. ¿Se cuentan heridos, accidentados entre la comunidad?

—Ninguno. ¿Y entre la tropa?

—Apenas un rasguño de un número que acudía a avisar a una comadrona. ¿Algún desperfecto en el convento?

—Unas tejas que han volado, lo de siempre... ¡Faltan ya tantas!... Pero la subvención del Ministerio no llega. ¿Y en la casa-cuartel?

—Una antena de televisión, los cristales de una ventana de la residencia de Benítez y la ropa que la señora Marita había tendido a secar: todo eso voló. Pero la ropa se ha recuperado.

—¿Y entre la población civil, quiero decir, en estos pueblos de los alrededores?

—Desperfectos por el estilo ha habido en todas partes, además de árboles caídos en las carreteras, pero desgracias ninguna. ¿A que no sabe quién se llevó la peor parte de los accidentes? Quien menos se podía pensar...

—¡Marcelo, el albañil!

—¡El mismo! La techumbre de media casa se hundió al venirse abajo la chimenea. Suerte que no pilló al hijo debajo, que estaba haciendo la mili.

—La divina providencia. Transmítale nuestros saludos.

—Lo haré. Allá están él y su cuñado reparando el tejado. Pues si no manda usted ninguna cosa, padre... —saludó llevándose la mano bien tiesa a la gorra.

—Nada. Vaya usted con Dios.

—Con Dios.

—¿Quiere que le acompañen?

—No hace falta. No me perderé.

Salió con el aplauso de un taconazo.

No se perdió. Pato-Celestino le vio caminar por el corredor y doblar hacia el claustro; Juancruz-Sanjorge siguió con el rabillo del ojo mientras sus zancadas contrapunteaban el pianísimo de la fuente. Fray Getsemaní le abrió de nuevo la puerta y le saludó con una reverencia, a lo que el cabo Rivera correspondió llevándose la mano a la gorra, pero esta vez de un modo rápido e informal.

Ya en la furgoneta, al número que la conducía le dijo:

—Aquí está todo igual de tranquilo que hace siglos. Llévame donde Marcelo el de Ocre.

Marcelo y su cuñado tejaban, acuclillados en lo alto. La chimenea ya se erguía, vestida todavía de ladrillos.

—Marcelo, baja un momento.

Marcelo descendió por la escalera cimbreante que se apoyaba en la fachada.

—Qué, ¿ha habido novedad? —preguntó al cabo.

—Ninguna. La paz más completa. Parece que el tiempo no pasa por allí.

—¿Y el fraile portero?

—El mismo que tú nos describiste: barbudo y con nariz y ojos de águila.

—¿No era joven, entonces?

—No.

—¿Y el prior? ¿Lo ha visto?

—Sí. Y me dio recuerdos para ti. Que siente la avería de tu tejado pero que se alegra de que no haya habido desgracias.

Marcelo se rascó la cabeza por debajo de la gorra.

—Pues nada: quizá es que yo me esté volviendo majareta y vea visiones.

—A saber.

—¡Eh! —gritó Jacinto—. ¿Echo ya el agua?

—Espera. Que ahora subo.

La pareja se fue, esta vez sin saludar siquiera.

Al llegar al cuartelillo, el cabo Rivera se sentó delante de la máquina de escribir y redactó su informe:

«En la fecha de hoy, los que firmamos, número Benítez y cabo Rivera nos hemos presentado, vestidos con nuestro uniforme y de acuerdo con las órdenes del comandante del puesto, en misión de visita en el monasterio de la localidad, pues existían informes de que sucedían algunas anormalidades según la declaración efectuada el pasado jueves por el vecino Marcelo Aguirre, que podrían conducir a una situación de emergencia que hiciera necesaria la actuación de la fuerza. Presentándonos en el lugar nos fue franqueada la entrada por el fraile portero, quien condujo a este cabo al aposento del padre prior. El interpelado nos aseguró que la situación de la comunidad era de normal normalidad, que no se habían producido desperfectos de consideración con ocasión del último temporal de viento y que no tenían necesidad de nuestros servicios. El cabo que firma insistió para que no dudara en acudir a nosotros si se encontraba en necesidad, cosa que esperamos no suceda por muchos años. Hecho en dos copias, una para el comandante del puesto y la otra para los archivos. Firmado: cabo Fermín Rivera».

Por su parte, Buenaventura-Bakunin informó a Bernar:

—Se ha ido sin la menor sospecha. Lo he leído en sus ojos.

—Perfecto. Creo que hemos vuelto a controlar la situación.

El ex cura continuó.

—Resultáis perfectamente integrados aquí.

—¿Tú crees?

—Sí. Vosotros, al igual que los monjes, estáis completamente fuera de la realidad. Por eso os lleváis tan bien. Sois tal para cual. Recitáis grandes frases vacías, arengas gregorianas. Maquináis.

Sembráis oscuridad. Vestidos con hábitos, se os confunde. Nadie sabría decir quiénes son los falsos y quiénes los verdaderos, quiénes llevan debajo una pistola y quiénes un cilicio. Bernar decidió que él mismo controlaría al Bakunin-prior y al Macario-ex prior. Carmela se ocuparía de fray Arturo, del hermano Benito, el coleccionista de vírgenes, y de fray César, con sus oraciones funerarias. Rana aseguraba la vigilancia permanente de Mr. R.

—Mañana —anunció— celebraremos la tercera y última sesión del juicio de ese pelele. Será una sesión solemne, en la que dictaremos sentencia. Si no sueltan a nuestros compañeros, la sentencia le hará temblar. Los seres humanos han de darse cuenta de que han venido al mundo para temblar.

34

La limpieza del cielo transparentaba por el boquete del tejado una luz de monja aterida.

En la sala capitular, que el viento había descarnado aún más, la pancarta del TRIBUNAL DE LOS PUEBLOS OPRIMIDOS/LIBERADOS se desplegaba entre dos columnas. La corriente de aire la columpiaba.

Los grajos habían tomado asiento para asistir a la representación.

Mr. Rajadran fue despertado antes del amanecer por un monje encapuchado que le ofrecía un tazón de leche.

Ahora al menos sabía cuándo era de día y cuándo de noche (una estrecha tronera con barrotes filtraba, como una alcantarilla, la luz del exterior), pero ignoraba cuántos días habían transcurrido desde su secuestro. ¿Siete? ¿Diez? La nueva celda era más confortable que la anterior. Había salido de la total oscuridad del subterráneo, de la humedad chorreante en las paredes, de la falta de oxígeno que rascaba sus pulmones. Su traslado se efectuó de forma tan brusca y precipitada que él creyó ser conducido a un desierto paraje para darle allí el tiro de gracia. Realmente me están ellos sacando para ejecutarme, para darme el paseo, como ellos dicen. Las fuerzas de policía son faltas de perspicacia pues en mi experiencia ellos deberían pregonar sumas importantes en orden de conseguir información; si no, ¿qué está el gobierno esperando para liberar prisioneros?; doce prisioneros no es pedido excesivo: un avión y la publicidad no haciéndose remarcar se envían a otro país expedidos; yo estoy aquí y me empujan para pasearme y ciertamente el plazo exigido para liberar prisioneros está cumpliendo y si gobierno no libera prisioneros yo soy jodido, disparo en la nuca y encontrar mañana cuerpo con moscas en una cuneta.

Le habían enfundado en la cabeza una bolsa de deportes. Con las manos atadas a la espalda le obligaron a subir unos peldaños de madera. Notó el aire frío del exterior. Pisaba piedras, grava, rastrojos. Le conducían dos hombres: cada uno le agarraba de un brazo. A ratos el terreno se ondulaba, ascendían una trocha, descendían, cruzaron dos veces una carretera asfaltada, saltaron unos bloques de piedra, franquearon en vilo una acequia. Estuvieron caminando mucho tiempo, una media hora, pero Mr. Rajadran aseguraría que no habían recorrido una larga distancia. Estamos tornando en redondo, ellos están engañando a mí, soy viejo zorro astuto; en mi país apercibimos dirección por donde nos da el aire en el cuerpo; ahora están buscando dónde mejor darme el tiro de gracia.

Pero el recorrido terminó en un recinto enlosado, de altos muros, donde reencontró su colchoneta húmeda, su manta, su cuña higiénica. Le desataron y le quitaron la bolsa que como una vaina envolvía su cabeza calva. Lo primero que vio fue la rendija allá arriba y muchísimo más arriba un parpadeo de estrellas. Piscis. Cáncer nunca mantiene mucho sentimiento. Escorpio lleva al infierno y Piscis al cielo. Marte: el cuerpo no se disolverá fácilmente. El aire era frío y a la vez purísimo, jamás respirado. Se acurrucó en un rincón, envuelto en la manta y le entró una tiritona que pensaba no iba a reponerse nunca, tanto como había temido que en un momento cualquiera le apoyaran el cañón de un arma en la sien y le succionara el túnel negro y sin fin de la nada.

Bebió el tazón de leche que el monje le ofrecía. En los dos días y medio transcurridos desde que le habían trasladado a este lugar, al menos tres monjes distintos habían entrado en la celda. La primera vez que vio a un monje pensó que le habían enviado al otro mundo de una forma indolora y aquel personaje pertenecía al reino del pasado Kalpa, como los Hijos de la Mente, los Manasaputras de Brahma. Pero el bocadillo y el agua que le sirvió eran terrenales, como terrenal seguía siendo el hedor que desprendía su ropa y el que difundía por el pequeño recinto el recipiente donde excrementaba.

Tras el tazón aparecieron otros dos monjes que le vendaron los ojos, le pusieron unas cadenas en torno a sus muñecas y le condujeron de aquel modo esposado por corredores en cuyas bóvedas se multiplicaban las pisadas y el tintineo del metal. Traspasaron una puerta, le sentaron y le desvendaron los ojos, pero siguió encadenado.

Se encontraba en una enorme sala, a la que se accedía por un arco asentado en gruesas columnas, formadas por una sucesión de columnillas incrustadas. La bóveda se apoyaba en otras cuatro columnas centrales, y en unos nervios que en algún lugar sólo sostenían la luz del cielo. La luz del cielo, de un sucio añil que confirmaba la inminencia del amanecer. Por aquel hueco astillado revoloteaban y graznaban pájaros negros. Son por mí, buitres, esperan mi carne una vez decapitado.

Entonces vio el tribunal, formado por cuatro monjes con las capuchas sobre las cabezas y pañuelos negros tapándoles la nariz y la boca, enmarcados por dos velones encendidos. Detrás de ellos, letras de mercromina pregonaban en una sábana blanca:

ABAJO LOS MERCENARIOS OPRESORES
LIBERTAD PARA SALITRE
Y LOS OTROS ONCE COMPAÑEROS

Vio encima de su cabeza la pancarta que se balanceaba con el texto que ya conocía: TRIBUNAL DE LOS PUEBLOS OPRIMIDOS. Y una palabra más: LIBERADOS. Observó que a los lados de los monjes que le habían acompañado había otros dos velones, cuyas llamas inclinaba la corriente de aire. Uno de los cuatro monjes del tribunal empezó a hablar.

BERNAR-NEPTICO. — Empieza la sesión. El acusado ha de saber que esta tercera sesión es la última, y que al finalizarla dictaremos sentencia.

Se sentaban en altos sitiales, con no menos altos respaldos. La voz resonaba en la techumbre, donde la acompañaban los graznidos de los pájaros. No había a la vista ningún magnetófono. Ésta es la fin.

B.-N. — Oigamos una interesante declaración.

Entonces se extendió por toda la sala, amplificada por unos altavoces que no veía, su propia voz:

—Yo he vivido con mi primo Mahrabat a París, donde nosotros formábamos buena pareja después que él entrara en los negocios de mi primera esposa. Pero yo no he jamás participado a la venta de aviones los cuales la negociación era hecha directamente por mi primo y su esposa con mi secretario ejecutivo.

B.-N. — ¿Reconoces esa voz?

Mr R. — Sí: a mí pertenece.

B.-N. — Háblanos de tu primera esposa. ¿Vive todavía?

Mr. R. — No. Ella es muerta cuando mientras se ducha tenía un desvanecerse y en la caída su cabeza dio un golpe en el reborde de la bañera de la sala de baño.

B.-N. — ¿Qué edad tenía?

Mr. R. — Ella estaba joven entonces porque en mi país el matrimonio es muy joven. Ella me la dieron sus padres para casarse conmigo cuando era dieciséis años vieja.

B.-N. — Te la vendieron, quieres decir. ¿Qué negocios tenía con tu primo..., cómo se llamaba tu primo?

Mr. R. — Mahrabat. Sí, ellos tenían en mi país importaciones y exportaciones de productos farmacéuticos. Muchos buenos productos de fabricaciones europeos y americanos. Mi primo era también de industria farmacéutica.

JUANCRUZ-SANJORGE. — ¿Importaba en Europa productos asiáticos para la fabricación de estupefacientes?

Mr. R. — ¿Estupefiantes? Sí, muy probable. Productos asiáticos muy apreciados por fabricaciones industria farmacéutica. Pero si vosotros estáis preguntando por informaciones aparecidas en un hebdomadario satírico sobre cantidades exportadas no correspondiendo con cantidades importadas, yo estoy ignorante de esto también.

B.-N. — Háblanos de la esposa de tu primo y de tu segunda esposa. ¿O es que no hay segunda esposa?

Mr. R. — Sí. Ellas son hermanas. Ellas son todas las dos francesas. Yo la conocí la mía después que mi primo estaba casado. Ella venía de divorciar de un árabe. El cielo es testigo...

Elevó los ojos al boquete por el que se veía el cielo ya azul pálido, un cielo que, si era testigo, lo era con la pasividad de las mariposas disecadas. Los velones permanecían encendidos; se dibujaba la cambiante estela del humo que desprendían. El ruido de las cadenas en las muñecas de Mr. R. se intensificaba cada vez que los pájaros revoloteaban en torno a su cabeza, como si quisiera protegerla de su ataque.

PATO-CELESTINO (levantándose). — ¡El cielo caiga sobre ti con todo su peso si mientes!

Todos miraron entonces hacia el carcomido artesonado. Reprochaban a Pato haber invitado así a los dioses a que empujaran los restos de la techumbre.

Mr. R. — Mi mujer buscando un trabajo fue embochada, enganchada querer decir, como la secretaria de una entreprisa que trabajaba en exportaciones para países árabes.

J.-S. — ¿Exportaciones de qué?

Mr. R. — De alta tecnología. De sofisticada tecnología para aparatos aéreos.

B.-N. — ¿Y ella qué hacía?

Mr. R. — Viajar. Para conseguir contratos, viajar de un país árabe a otro país árabe, ir y revenir con más y más contratos.

P.-C. — ¿Y tú cuando la abrazabas por las noches no pensabas que aquel cuerpo se había dejado abrazar por otros para allanar el camino de la firma de un contrato? ¿Y cuando traía puñados de billetes no pensabas que eran las comisiones que percibía de jeques libidinosos o de capitalistas eurodolarizados no menos libidinosos?

La voz de Pato encontraba en la sala el eco de otras voces que durante siglos habían anatematizado desde allí mismo el descreimiento, la herejía, la superstición, la esquizofrenia, la epilepsia y el candor. Mr. R. escondía la cara en los puños.

Mr. R. — ¡Anne-Marie! ¡Anne-Marie...! Yo reniego, yo repudio. Juro divorciarme de ella si lo que dices es verdadero. ¡No admitiré en casa! ¡La echaré como una paria! Yo me repiento. ¿Qué más pedís de mí?

B.-N. — Tú te arrepientes y reniegas, pero este tribunal dictará sentencia. Tus amigos los gobernantes te han dejado solo. Ponte de pie para escuchar el veredicto.

Se puso de pie. Acercaron los velones, que quedaron colocados formando un rectángulo en torno a él, como si marcaran las cuatro esquinas de un túmulo funerario. Las manos se le estremecieron cuando empezó a ver que los grajos se inquietaban.

El primer monje se levantó y dijo:

—A muerte.

Y los siguientes:

—A muerte.

—A muerte.

Y el último, que tenía voz de mujer y no había abierto la boca hasta entonces:

—A muerte.

Por los altavoces resonó a toda potencia el canto terrible del oficio de tinieblas

Tenebrae factae sunt

210

las tinieblas se hicieron cuando los judíos crucificaron a Jesús,

mientras Mr. R. caía de rodillas,

et circa horam nonam
y hacia la hora novena, Jesús gritó con voz potente,
                              se colvulsionaba,

«Dios mío, Dios mío, ¿por qué me has desamparado?»,

un monje vino a cubrirle la cabeza con una especie de capirote hecho de cartón, de tres pies de altura, en el que aparecían pintados de diversas maneras signos astrológicos, y otro le metió por la cabeza un delantal, de color amarillo, con la cruz roja de san Andrés detrás,

   Exclamans Jesus voce magna
   Jesús gritó con voz potente

y delante un letrero que decía:
   «La sentencia se cumplirá si en el plazo de 48 horas no se deja
   en libertad a Salitre y los otros once encarcelados»,
mientras un tercer monje fornido se dedicaba a tomar fotografías del encapirotado, de frente y de espaldas,

   Pater in manus tuas
   Padre, en tus manos encomiendo mi espíritu

y sentía que el tattva Prithivi o tierra, donde opera la materia etérica, se desleía bajo sus pies.

—¿Yo adónde iría sin ti, paloma del alba?

No sonaba música alguna sino un suspiro de viento en los cristales. En el templo de Fierabrás, un tesoro encontrarás, muévete en tu drome-armario, dormirás por San Blas y ninguna cigüeña verás. Aleluya.

—En la casa de veraneo se oía el mar. Había un porche de madera. Te tumbabas en una hamaca a oír el mar. Venía papá y te decía: «¿Oyes el mar?». Y yo le respondía con una sonrisa. Él me acariciaba la cabeza. Continuaba su paseo, de puntillas, traía las botas de montar, sin hacer ruido, para que yo pudiera oír la respiración del mar. También había un cenador. Era una construcción metálica con forma de cesta de huevos, rodeada enteramente de rosales, con una mesa de piedra en el centro. Allí hacíamos teatro. A mi hermano Moncho le gustaba disfrazarse. Tenía un gran éxito cuando cantaba *El relicario* y al llegar a ese pasaje que dice, ¿te acuerdas?, sí hombre, cómo no lo vas a saber, «Y un relicario sacó del pecho, que yo en seguida reconocí», sacaba de debajo de la camisa un viejo calcetín lleno de agujeros. Mi tía Concha y mi hermana Coti se morían de risa. Mi tía, cuando venía a casa, lo primero que pedía era que le cantaran *El relicario* para poder reír con la escena del calcetín. Yo creo que nunca se reía así en ninguna otra ocasión de la vida. ¿Nunca te ha pasado a ti, sentir una cosa y ser consciente de que nunca jamás en ningún otro lugar ni circunstancia la volverás a sentir?

Carmela se sentaba en el suelo, con la espalda apoyada en las piernas de fray Arturo, que le cosquilleaba la cabeza.

—Qué dulce y argentina suena en medio de la noche la voz de los amantes...

—El cantar de los cantares.

—No. Romeo y Julieta.

—Dime, ¿no lo has sentido tú?

—Sí. La primera vez que te vi dormida. Creo que el amor es eso: ver dormir al otro.

—He de irme.

—Quédate a dormir.

—No puedo, Artur.

—Quédate para siempre.

—Artur: tú sabes que no hay siempre.

—Quédate sólo esta noche.

—Tampoco hay esta noche.

—Carmela: me iré contigo a donde quiera que vayas.

—¿Qué dices? Cada día estás más loco. San Arturo Legionario, loco y mártir.

—Dejaré el convento. Volveré al mundo. Pero contigo. Tú me llevas a donde tú vayas.

—¿Y yo cómo sé adónde voy?

—Como un perrito yo iré detrás de ti. Tú serás mi san Roque.

—Tu santa Roca.

—Firmes los dos en tu santa roca, nadie podrá con nosotros.

—¿Y a qué te dedicarás fuera de aquí?

—Me sentaré a tus pies y te escucharé hablar. Me hablarás del mar, de tu hermano muerto, de tu tía Concha.

—Pero yo he de hacer otras cosas que no son hablar. ¿Qué harás tú mientras tanto? ¿Para qué sirves tú, di?

—Yo sé encuadernar.

—¿Encuadernar?

—Sí: plegar, alzar, coser, hendir... Hacer cajos, tejuelos, nervios y cabezadas.

Carmela rió.

—¿Se reía así tu tía Concha con *El relicario*?

—No, tonto: se reía muchísimo más.

En esto sonaron unos golpes en la puerta de abajo. Carmela se incorporó de un salto, se pegó a la pared. Indicó con un gesto a fray Arturo que bajara él a ver quién llamaba.

Era Ángel-Leopoldo.

—Ábreme.

Fray Arturo cerró el postigo. Subió de tres en tres los escalones del altillo.

—Creo que vienen a buscarte. Es uno de tus compañeros. Por muy negro que sea todo, todo lo que está ocurriendo, ¿me dejarás ir contigo? Yo me haré muy pequeño y no se me verá apenas. Y un fraile siempre viene bien. ¿Te imaginas tú y yo entrando en un banco con una beretta y diciendo: Ave María Purísima, todo el mundo al suelo, esto es un atraco?

Ella sonrió y le hizo una leve caricia en la mejilla antes de bajar. Ángel-Leopoldo ya aporreaba de nuevo la puerta. Arturo la ayudó a calzarse.

—¡Oh, jamás rozará un pie tan leve el sílex perdurable!

—El Cantar de... No, Romeo y Julieta.

—Sí —dijo él con la cabeza.

Carmela bajó y abrió la puerta a Ángel-Leopoldo.

—¿Qué pasa?

—Bernar quiere que vengas inmediatamente.

Salieron pasillo adelante, a buen trote.

—¿Reunión general? —bisbiseó Carmela.

—No. Restringida.

—¿Tú y yo solos?

—No. Madona.

—¿Qué ha hecho?

—Se le ha escapado un novicio, me parece.

El sí-vicio, seguro, que quiere que le metan un puro.

—¿Y cómo sabe que se ha escapado y no está por ahí escondido?

Ángel-Leopoldo se encogió de hombros.

La verdad es que si se ha escapado estamos jodidos, fritos, la hemos cagado, mamado, nos han hecho la puñeta, la marrana, la pringamos y ahora a ver quién aguanta el flequillo de Bernar en medio de todo este vietnam.

—Entra, Lemming —gruñó Bernar—. Y tú, Ángel, quédate fuera y cierra la puerta.

Madona se apoyaba en una silla curul; se mordisqueaba el labio inferior; era extraño verla vestida de fraile, pues no tenía aspecto de fraile, ni de monja, sino de vendedora de bombón helado en el descanso de un cine. Sus ojos grisáceos delataban que había llorado o que hacía esfuerzos —cada vez más inútiles— para no llorar.

—Creo que después de esto, Bernar, me relevarás de mi puesto. Cuando lo ordenes abandonaré el comando.

—De eso hablaremos luego. Carmela: tú me hablaste de un novicio regordete que había intentado meterte mano.

—Sí, Lorencillo, el que tiene cerdas en vez de pelos.

—Ese lechoncillo con cara de culo se ha escapado.

—No ha dormido en su camareta.

—¿Tú crees que se ha escapado?

Carmela miró a Madona.

—Cuéntame qué ocurrió.

—Mientras hablábamos, se me arrimó y me puso una mano en el muslo. Entonces llamé a Fernando María. «¿Por qué lo llamas? —dijo él—. ¿No sabes que está enfermo?» «Sí, pero se encuentra mucho mejor; lo llamo para que estemos los tres juntos.» «Se encuentra mejor desde que has venido: ¿tú te has metido en su cama, como el ángel que, según cuenta, le trajo una manta y le dio un beso en la frente?» Yo entonces le dije algo de su tío dom Pancorbo y de su madre, pero se lo dije medio en broma: «A ver si es tu madre quien se acuesta con tu tío dom Pancorbo», algo así le dije, y quizá añadí «caradeculo» y entonces él..., entonces él se quedó muy pálido, perdió completamente la rojez de sus mofletes, pasó su brazo por mi cuello y apretó mientras decía: «Repite eso que has dicho de mi madre y de dom Pancorbo», y en esto apareció Fernando María, y Lorenzo me soltó..., pero antes de soltarme..., quiero decir en el momento de soltarme dejó deslizar lentamente su mano por mi pecho, sin llegar a palparme, pero sí pudo seguir la forma de mi pecho a través del hábito.

—¿No ocurrió nada más?

—Nada más. No dijo una palabra. Sus mejillas y sus ojos volvieron a recuperar sus colores habituales. Dio media vuelta y se fue. Fernando María me preguntó: «¿Te ha hecho daño?», mientras me miraba el cuello. Le pregunté: «¿Adónde crees que habrá ido?». «A su camareta, seguramente.» «¿Puedes ir a mirar?» Fue a mirar y no estaba. «¿Quieres que llame a fray Celestino?» «No, tú me avisas cuando vuelva a su camareta.» Pero pasaron las horas y no volvió. Y Fernando María y yo lo hemos buscado por todas partes y no lo encontramos. Y fue Fernando María quien dijo: «Se ha escapado; tenía un libro debajo del colchón, un libro al que quería mucho. El libro no está. Es lo único que se ha llevado».

—Si el libro era como me imagino, puede andar por ahí escondido, leyéndolo —dijo Bernar.

—No. Ahora sé que se ha escapado y que nos denunciará.

—¿Tú qué piensas, Lemming?

—Por una vez, creo que Madona tiene razón. Le ha herido en lo más hondo al insultar a su madre. Se ha largado, estoy segura. Además, está celoso de Fernando. Y al saber que eres una mujer irá a denunciarnos.

—No hay que alarmarse —dijo Bernar—. Lemming, tú conoces mejor el monasterio. Busca por todos los rincones.

—A la orden, Búfalo.

—¿Y yo qué hago? —preguntó Madona.

—Tú vuelves donde los novicios, Castor. Cada uno a su puesto, novicia.

La búsqueda duró casi dos horas. Carmela husmeó en los edificios arruinados —la antigua fábrica de cera, la antigua destilería o alcoholería, la galería de convalecientes ahora devorada por la yedra—, incluido el horno de pan, que tan bien conocía y donde todavía creyó oler un resto del tabaco que fumaba Bernar. La cueva de las ruinas, donde había estado varios días el cuartel general, apestaba aún a excrementos y a comida fermentada.

En el patio de las ortigas se encontró con fray Buenaventura, instituido prior por obra y gracia de Bernar.

—No te asustes, soy yo. ¿Qué andas buscando?

—Una oveja perdida.

—¿Alguien que puede ser un Judas, pero de verdad?

—Eso es.

—¿Sabes cómo llamaban antiguamente este patio? El patio de Matalobos. Aquí en invierno encerraban a los lobos y los mataban a palos. ¿Te imaginas la escena? Los lobos aullando, y los campesinos y los monjes a palos con ellos. En medio de semejante masacre, ¿quién no tendría las manos manchadas de sangre? Yo creo que era una manera como otra cualquiera de desahogar los instintos. Nuestra religión es muy sanguinaria. La violencia es la ley del Evangelio. ¡No he venido a traer la paz sino el puñal! Los cristianos no han puesto «la otra mejilla» para perdonar, sino el otro puño para golpear, el otro cuchillo para apuñalar, la otra cuerda para ahorcar, el otro fuego para quemar, el otro potro para torturar. Cristo era un agitador profesional, y Judas intentó quitar de en medio a quien llevaba en sí el germen de la violencia. Bueno, no te entretengo más. Ahora vete a velar al huerto. O a dormir. Ya veo que tienes prisa.

«Ahora vete a velar al huerto. O a dormir.» Carmela no entendió qué había querido decir con aquellas palabras. Volvió a la celda donde se había instalado Bernar y le dio cuenta de su infructuosa busca.

—¿Tú no crees que ha podido volver con su mamá?

—No.

—¿Le consideras capaz de denunciarnos?

—De vendernos, sí.

—¿Por qué habría de hacerlo? ¿Por dinero?

—No. Por un poco de notoriedad.

—La hora está cerca. ¿No se dice así? Cada uno a su puesto.

—Bernar: deberías marcharte. Nos las apañaremos solos. Tú tienes cosas más importantes que hacer fuera de aquí. Esto, como decía Madona, es una ratonera. Un lugar para un lemming, pero no para un búfalo.

—Todavía tenemos muchos recursos: nuestro hombre, y las cargas de pentrita; y el monasterio, con los monjes dentro, es nuestro. ¡La comunidad, la iglesia, el órgano, la campana, el tantum ergo, todo es nuestro! Ellos cantan para nosotros, rezan para nosotros. ¿Para quién, si no? ¿Para qué sirve todo esto, di? —Al decirlo señalaba el techo, y la ventana entreabierta, a través de la que se atardecía el claustro y se silueteaba el campanario—. Y quién sabe —continuó—, ratón, si no me quedo por ti.

Se espesó la atmósfera de la celda al decir aquello, y Carmela sintió sus piernas de algodón y una como fuerza de péndulo que la inclinaba hacia la zamarra entreabierta de aquel Bernar que se había hecho cada vez más alto y más ancho, más inaccesible y más inmensamente magnetizador, en suma. Pero él rompió la espesura del aire con la fría cuchillada de una frase:

—Hale, déjame ya. Tengo infinidad de cosas que hacer. No perdamos más tiempo. ¡Ah! Que nadie salga del recinto central. Tú tampoco.

Había dejado cosas suyas en el ruinoso refugio del horno de pan, cosas que seguramente iba a necesitar, pero ya no le importaba.

Salió.

No fue a dormir donde fray Arturo, sino a la camareta de novicio donde solía acompañarla el lechoncillo.

Al pasar, vio que sobre la cama de Madona alguien —seguramente Fernando María— había dejado una flor amarilla: un crisantemo.

36

Los periódicos publicaban la noticia con grandes titulares:
LOS SECUESTRADORES DE MÍSTER RAJADRAN ANUN-
CIAN SU CONDENA A MUERTE. Después hablaban de «la farsa intolerable de aquel simulacro de proceso», reproducían entre interrogantes las historias de los productos farmacéuticos y del negocio familiar de exportación («declaraciones que hay que poner en entredicho dadas las circunstancias en que fueron formuladas») para concluir de este modo: «Sólo nos falta ahora esperar que se cumpla este macabro anuncio y que en cualquier momento aparezca el cadáver de míster Rajadran, fríamente ejecutado...».

Los delegados a la CINUAFTI, que no habían reanudado las sesiones ni sabían cuándo empezarían a discutir el orden del día, leían los periódicos en los sofás del vestíbulo del Palacio de Congresos, y luego los doblaban cuidadosamente y los arrojaban a las papeleras sin pronunciar una palabra.

Mr. Ben Fakri, desde una cabina de teléfonos, hablaba en árabe con un interlocutor desconocido:

—Un crimen, eso es. Le van a descerrajar un tiro en la nuca de un momento a otro. Una pena. Habrá que preparar un texto funerario muy, pero muy elogioso. Cantar las excelencias del servicio a la causa de la fraternidad entre los pueblos, la entrega a los ideales de una paz justa y duradera, la paciente labor de cada día en el seno materno de la comunidad internacional... Sí, la típica necrológica.

—...

—Empieza a ser un poco fastidioso con sus declaraciones, oh la pobre víctima, en el fondo de mi alma le deseo una muerte dulce. Más vale una muerte dulce que una vida amarga, dice un proverbio del desierto.

—...

—Sí, redactaremos ahora mismo una Nota con nuestro Estupor ante el Hecho de que un Grupo de Fuera de la Ley se atribuya la capacidad de Juzgar a un Honrado Funcionario Servidor de la Comunidad Internacional y Elevaremos nuestra Enérgica Protesta porque Tamaño Desafuero pueda cometerse en la Sociedad de hoy Día, que se dice Astronáuticamente Civilizada.

La secretaria de Ben Fakri le hacía aspavientos para que cortara la conversación, y ante la aspavientez y la alta autoridad de su secretaria, colgó el auricular y salió ajustándose el nudo de la corbata.

—Le llaman del Ministerio del Interior, monsieur Fakri.

—¿Hay alguna novedad?

—Sí, creo que le han encontrado.

—Vamos, vamos de prisa.

Entró en su despachito de coordinador general de la Conferencia, y agarró como un stradivarius el teléfono sin cuerdas que le esperaba sobre la mesa de su secretaria, Françoise Bernini.

—¿Lo han encontrado, dice? En el maletero de un coche con un tiro en la nuca, naturalmente. ¿Que no? ¿Que está vivo? ¿Vivo? ¡No puede ser! Pero ahora falta liberarlo... Ah, ya. Así que saben dónde está pero todavía no lo han liberado. ¿Ha informado a New York? Formidable. Bravísimo. Felicite de mi parte a las fuerzas de la policía por su brillante actuación.

La brillante actuación de la policía se llamaba Lorenzo y era un novicio gordinflón de pelo cortado al cero que estaba sentado en un banco de madera en el cuartel de la Guardia Civil de Seca y que, en ese mismo instante, precisaba al cabo que tecleaba con dos dedos en la Underwood de la sección de atestados e informes:

—Estoy segurísimo de que era una mujer disfrazada de novicio porque la toqué y porque tenía las orejas agujereadas.

—... te·ní·a·las·ore·jas·agu·je·readas. Punto. Oye, pero está de moda que muchos tíos usen pendientes y tengan las orejas agujereadas.

—Si además de orejas agujereadas tienen tetas, no son tíos.

—Eso es verdad.

Al conocerse la noticia en Nueva York, la cadena NBC entrevistó al vicesecretario general de las Naciones Unidas, quien mostró su satisfacción por la gratísima noticia.

—Después de las angustias de estas últimas semanas, la noticia del descubrimiento del lugar donde permanece secuestrado ese ejemplar y valeroso funcionario que es míster Rajadran nos llena de optimismo y trae un rayo de esperanza a nuestros atribulados espíritus.

Al salir del estudio, todavía maquillado, preguntó a su secretario:

—¿Qué tal he estado?

—Muy bien. Muy natural.

—Ese imbécil de Rajadran. Sería mejor que hubiera desaparecido. Ya nos ha metido en bastantes líos.

En el hotel donde se hospedaba, un redactor y un fotógrafo de la revista *Carolina* asaltaron a Anne-Marie Rajadran, nacida Perche, esposa de Mr. Rajadran, cuando se dirigía al Salón de Coiffure.

—Estoy emocionada, no puedo dormir, tomo cuatro valiums par jour, el hogar, su hogar, nuestro hogar, le espera. Todo está preparado para su regreso: su sofá predilecto, sus cojines, su pipa, su Newsweek, su Dimple, su Pioneer, su Sony Betamax, y claro, su lecho damasquinado que nos trajimos de nuestra estancia en Nepal, para que se reponga y olvide cuanto ha sufrido. Tras unos días de reposo nos iremos a un lugar del Mediterráneo, o del Índico, o del Pérsico, pero no les diré cuál, porque lo esencial será la tranquilidad y el incógnito.

Luego la fotografiaron con un ejemplar de la revista en la mano, y en cuanto se fueron llamó por teléfono a su hermana, la esposa del primo Mahrabat.

—¿Te has enterado? Padmanabah vive, según parece, y la policía prepara un plan para dar el asalto y sacarle del lugar donde lo tienen encerrado. Yo que no habría dado un duro por su piel... Pero el muy cretino va a volver, ¿te das cuenta?, después de lo que nos ha pringado a ti y a mí con sus declaraciones. Y eso yo no se lo perdono, y espero que tu marido tampoco.

Ben Fakri llamó al comisario de la lucha antisubversiva.

—¿No van a dar la orden de asalto? —preguntó.

—Ah, mon ami, eso sería una temeridad. No sabemos cuántos son, ni con qué armas cuentan, ni con qué apoyos logísticos...

—Pero la opinión internacional...

—Sí, la opinión internacional nos observa con expectación. Por eso no podemos defraudarla. Todo se hará por sus pasos contados. Confíe en nosotros.

—Pero al menos tendrán dispuestas las fuerzas para el asalto... —insistió Ben Fakri.

—Naturalmente, mon cher ami. Todas las fuerzas necesarias, y algunas más, han ocupado los puntos estratégicos. Pero no harán ningún movimiento que ponga en peligro vidas humanas inocentes. Órdenes del señor ministro: sobre todo, ni una vida inocente en peligro.

El coronel Deciso fue nombrado coordinador general de las fuerzas operativas. El coronel nombró, a su vez, al comandante Molino jefe de la brigada de intervención inmediata.

El comandante Molino tomó como primera medida expedientar al cabo Rivera.

—Usted tuvo a esos facinerosos al alcance de la mano, y los dejó escapar.

—Deme otra oportunidad, mi comandante, y verá cómo se los trinco a todos.

—La última oportunidad. Vuelva a su puesto. De momento, la propuesta de ascenso queda en suspenso. Y de su traslado, no vuelva a acordarse.

—A la orden, mi comandante.

Cuando el cabo Rivera volvió a su cuartelillo, le dijeron que había alguien esperándole: Marcelo, el albañil.

—Yo venía por una denuncia, cabo: mis ladrillos, mi yeso, mi cemento, han desaparecido hace unos quince días. Se los llevaron al monasterio y allí nadie los ha visto. Yo quiero que alguien me indemnice. Uno es pobre, vive de su trabajo. El almacén de materiales de construcción me embarga si no pago el resto...

—Cuéntame: ¿por qué no has venido a decirme nada antes?

—Porque esperaba que los dos jóvenes volvieran.

—¿Qué jóvenes?

—Los de la furgoneta, los que me dieron el adelanto.

—¡Mira por dónde tú has colaborado con esos criminales! ¡Por apoyar y sostener y financiar bandas armadas te voy a enchironar! Venga, siéntate y cuéntame todo.

Marcelo contó todo: su vida con Encarna, la soledad de su hija Ignacia, la ausencia de Curro, la cuadrilla que formaba con el cuñado Jacinto, la llegada de la furgoneta de la Electra, el dibujo de los planos del monasterio,

—¡Los planos del monasterio! ¡Encubrimiento y complicidad! ¡De ésta te caen seis años, Marcelo!

el material que se llevaron del almacenillo, el dinero que le pagaron, la cita para levantar el chiscón del transformador la semana siguiente, la conversación con el hermano Benito, la lluvia, el viento que derribó la chimenea y por poco mata a Curro, el aviso del teléfono para la reparación urgente, la desaparición de fray Portero...

—Eso ya me lo sé. Con todo esto, y algo más que te hayas callado...

—¡Yo no me he callado nada, cabo!

—... lo menos que te caen son doce años. ¡Y ahora vuelve a casa, y olvídate de tus ladrillos, y si no se te presentan de nuevo esos dos sujetos, que no lo creo, no vuelvas a aparecer nunca jamás por aquí!

—Sí, mi cabo; sí, mi teniente; sí, mi coronel.

Y, ajustándose el cinturón, remachó Rivera.

—¡Porque te juro que te enchirono!

37

Bernar-Búfalo-Bonaparte se asomó al campanario y vio, o creyó ver, la polvareda de unos jeeps en el camino de Ocre.

–Unos prismáticos –pidió a Juancruz-ayudante de campo.

Pero no había prismáticos.

–¿Con todo el equipo que hemos traído y a nadie se le ha ocurrido incluir unos prismáticos?

Carmela le dijo que esperara. Bajó de dos en dos, de tres en tres, las escaleras, enfiló el corredor de las celdas, y golpeó la puerta que lucía en su montante la orla «San Cirilo, apóstol de los eslavos».

–Soy yo, fray Leopoldo, ábrame.

El tiempo se detuvo sobre los gusanos muertos. Quizá el alcanfor me proporcione la capacidad de sublimar las partículas de más allá que genera toda renunciación.

Carmela escribió en la pizarra, con tiza roja:

«Necesito un a modo de gemelos, prismáticos, anteojos, binóculos, o cualquier lente que permita ver a largas distancias».

«Nunca verás el más allá, pobre Eloísa»,

escribió él, y se dirigió a un mueble que parecía una artesa tapada, y extrajo un catalejo envuelto en un paño verde y se lo tendió a Carmela con gesto de colonizador que entrega al virrey, al pisar tierra, el pergamino de sus credenciales. Carmela besó aquella mano que la catalejizaba y volvió a la torre desde la que B.-B.-B. oteaba sin más ayuda que la visera natural de la palma de la mano izquierda el despliegue de bultos sospechosos y con la derecha dibujaba los hontanares y oteros que circundaban la plaza.

–Ten. Esto te servirá.

Bernar-Búfalo-Bonaparte-Buonarrotti graduó el instrumento y a cada centímetro que su cuerpo giraba en dirección contraria a la del sol, su ceño se espesaba; tanto, que se diría iban a fundirse sus ojos en el único orificio del catalejo.

–Toman posiciones. Han traído vehículos blindados, una tanqueta y una ambulancia. Hay por lo menos doscientos hombres.

–Ya dije que no saldríamos de aquí –balbuceó Madona.

—¿Te das cuenta? ¡Doscientos hombres contra nosotros siete! ¡Todo un batallón!

En esto algún monje se puso a tirar del badajo para llamar a vísperas y el primer campanazo los ensordeció.

—¡Agachaos!

Todos se tiraron al suelo. La campana sonaba con placidez sobre las tierras ásperas donde el sol, de bruces en el horizonte, había sembrado los regueros de algunas monedas de oro.

—Que no nos vean, que no vean a nadie. Que todo siga como si nada pasara. La vida del monasterio, la vida o la muerte, o lo que sea, ha de continuar. Esperaremos con tranquilidad el asalto. ¿Las puertas están bloqueadas?

—Las dos. Hemos reforzado con una tranca la que descerrajó el viento.

—Ahora tomarán posiciones y montarán el cerco para que nadie se escape. Pero no pensamos escapar, ¿verdad que no, Castor?

Castor-Madona negó con la cabeza.

—Ahora todos a la capilla. No creo que nadie se acerque hasta mañana pero, por si acaso, tú, Erizo, monta la guardia en la portería.

En la capilla sonaban las notas del órgano, con las inflexiones de una canción de cuna cantada a un niño de doscientos años. Uno de los monjes entonaba con voz soñolienta un himno a la luz del día que se apagaba:

> ¡Oh Trinidad, Luz beatísima!
> Unidad augusta, santísima;
> La luz del sol se extingue a tus servidores.
> Infunde tu luz y paz en nuestros corazones.

Otro, mientras tanto, encabezaba la procesión con una gran vela encendida, y con ella prendía las velas que los demás tenían en sus manos, y las alzaban, como las hojas de la Ctenanthe Oppenheimiana se alzan para despedir a los últimos rayos del sol.

Y de pronto, en medio de aquel parpadeo y aquella música dulcísima se oyó el ronroneo ensordecedor del motor de un helicóptero que volaba muy bajo, dando vueltas en torno al cimborrio.

Símbolo de Cristo,
Luz de los siglos,
Luz eterna,
Luz encerrada que ilumina a todo hombre que viene a la vida,

proseguía aquella ofrenda vesperal, mientras el motor del helicóptero atronaba el aire. Pero nadie movía la cabeza ni hacía el menor gesto, ensimismados como estaban en los resplandores que sustituían a la noche amenazante.

Luz en el altar, trémula, esquiva;
Luz en el ocaso, tenue, mortecina;
Luz en las almas, esplendorosa, viva.

Cuando iba a empezar el canto del magníficat, una potente voz surgió de las alturas:
—¡Rendíos! ¡Rendíos!,
gritaba el altavoz del helicóptero. Y el eco, al esparcirse por arcos, bóvedas, columnas, repetía:
—... díos... díos...
Dos, tres pasadas con el mismo mensaje, y luego el helicóptero se alejó.

Al terminar los oficios, en medio del silencio que algodonaba más la penumbra, todos abandonaron sus puestos haciéndose reverencias: Pato hizo una reverencia a fray Celestino, Perucho a fray Adolfo, Ángel a fray Leopoldo, Carmela a fray Arturo, Bernar a fray César, Madona al hermano Benito, quien, al levantar los párpados hacia ella le dijo algo parecido a esto con la mirada: desde ahora te llamarán dichosa todas las generaciones.

Luego en el refectorio, mientras comían los garbanzos preparados por Perucho y fray Adolfo, el antiprior Buenaventura hizo una comunicación:
—Mañana, hermanos, no habrá trabajo en el huerto. Cada uno se recluirá en su celda y hará allí lo que estime más adecuado para su santificación, de modo que no haya sólo escoba, aguja, pluma, pincel o gubia, sino oración al mismo tiempo.

El Rana vino a buscar a Bernar para decirle que Mr. R. no quería comer.
—Se declara en huelga de hambre —le sopló al oído—, el ruido

del helicóptero le ha puesto muy nervioso. Cree que una nube de paracaidistas va a descender del cielo para sacarlo de aquí.

B-B-B-B se levantó malhumorado.

—Desciendan los paracaidistas sobre su cabeza pelada y que la luz perpetua del infierno le incendie los sesos.

Entró en la celda-prisión y lo primero que vio fueron los garbanzos esparcidos por el suelo. Tomó un puñado de ellos y se los metió a la fuerza en la boca a Mr. Rajadran, que forcejeaba, arrodillado en el suelo, para no despegar los dientes.

—Trágalos. Qué huelga de hambre ni qué leches.

Mr. R. bordoneaba con los hocicos fruncidos. Al segundo intento de Bernar, le mordió la mano.

—Te acordarás de esto que has hecho. Rana, trae la escalera y empieza a tapiar el ventano aquel.

—Tú vas a emparedar. Tú no harás eso con mí, hombre fuerte y generoso.

—No te voy a emparedar. Vamos a tapiar hasta el último resquicio. Que no entre una hormiga. Que no entre una brizna de aire. Después llenaremos la habitación de gas. Gas. ¿Te enteras? Cianuro sódico en polvo que al contacto con la humedad desprende ácido cianhídrico, un gas letal que empieza por producir ceguera. Ceguera total e irreversible, ¿te enteras? Luego, al aumentar la dosis hasta tres miligramos por quilo de peso, sobrevendrá la muerte. Una muerte que también será total e irreversible.

—Yo no hago más no comer. Estaba sólo practicando el ayuno de mi religión. Comeré cuantos garbanzos el suelo contiene. ¿Ves?

Y se llevó a la boca restos de la comida.

Rana trajo la escalera, y unas tablas, y se puso a martillar. Se difundían los martillazos por todo el edificio, como si se estuviera alzando, donde la fuente central del claustro, un patíbulo.

Terminado el rezo de completas, los monjes se retiraron a sus celdas. Pero a los pocos minutos, una puerta se abrió y una sombra blanca se deslizó hacia la puerta marcada «Anastasio el Bibliotecario», donde se había recluido el ex prior Macario Neptico. Instantes después, otro fraile tomó el mismo camino. Y otro. Y otro.

—¿Qué hacemos, reverendo padre? Oriéntanos, sé nuestro pastor.

—Respetad la regla del silencio, hijos míos.

—Pero esos martillazos, parece que clavan a Cristo en la cruz.

—Y si no hablamos, ¿cómo mostrarte nuestra tribulación?

—Vienen tiempos de prueba, como los que sufrieron nuestros santa María Egipcíaca y san Julián el Pobre. Estad preparados, porque no se sabe el día ni la hora.

—¡Oh, cualquiera que seas —clamó fray César—, el que en la impetuosa corriente te ves más bien fluctuar entre tempestades que andar por tierra firme, no apartes tus ojos del resplandor de esta estrella, si no quieres ser oprimido de las borrascas!

—Yo ya dije que ella era una virgen y nadie me hizo caso. Esto nos ocurre por descreídos. Cuando la oí cantar me di cuenta de que venía del cielo. ¡Y tenía su estampa!

—Para mí que no podía ser siquiera Bernadette. Teníamos que haberle buscado un hombre, el fontanero por ejemplo, que es soltero y de buen ver; las mujeres se casan y se les acabó la revolución.

—A mí con la mirada me mató los gusanos. Desde que entró aquí perdí también el eje de la Tierra, que estaba a punto de tocar, y que consiste, como sabéis, en que el tiempo es igual a cero.

—Basta, basta. Callad. Arrodillaos, y recibid mi bendición. *Sit nomen Domine benedictum...* Ahora, id en paz.

38

Se formaron bultos, manchas, estacas, pajones, llantenes, roquetos, postes, sillares, tejas. Una neblina reptaba por todo aquello. Era el amanecer.

Con la neblina venía un picor que irritaba ojos y gargantas.

Con la amanecida, se dibujaban unas espaldas, unos brazos, unos quepis.

Acampaban a pocos metros, en las ruinas donde había permanecido oculto Mr. R. La cueva asaltada de noche, con gases lacrimógenos. Alguien les había conducido hasta allí. Seguramente el novicio-lechón. Les habría dicho: «Yo sé dónde gime encadenado el onusiano, ay mísero de lui, excelencia». Y un despliegue de fuerzas habría desgarrado saharianas en las zarzamoras, para a renglón seguido inundar de gases aquella cueva y, como remate final, descender con las máscaras, gritar «¡manos arriba! ¡quieto todo el mundo!» y encontrarse con dos murciélagos y una urraca que desgarraba un trozo de salchichón. «Y mira dónde vinieron a parar los ladrillos y el cemento y el yeso de Marcelo», dijo Rivera, mientras golpeaba con los nudillos el tabique de rasilla.

El comandante Molino se llevó a los labios un megáfono.

—¡Eh, vosotros! ¡Rendirvos! ¡Salgan con los brazos en alto! ¡No tenéis ex-capatoria! ¡Se rindan o asaltamos el convento!

Bernar-Búfalo-Bonaparte-Buonarrotti-Bartók hizo bocina con las manos y contestó:

—¡A ver si alborotáis menos! ¡Tendréis información más precisa si escucháis EC4/ZBH en 30 metros, 7,030 megahercios!

El comandante se retiró al jeep donde el cabo Basie manipulaba el emisor-receptor de radio. En 30 metros, 7,030 megahercios floreció la voz de Bernar:

—Aquí sir Charles Bright, jefe del comando. Primera advertencia: si se acercan un metro más volaremos el monasterio. Cinco cargas de explosivos están situadas en otros tantos puntos estratégicos. Queremos un helicóptero a nuestra disposición para trasladarnos al aeropuerto más cercano. Tengan preparado un avión con los doce compañeros privados de libertad cuya lista hemos proporcionado reiteradamente. Si no se cumplen estas condiciones mañana a las ocho horas, ejecutaremos a míster Raja-pán. Repito: mañana a las ocho horas. Corto.

Fray Arturo, que le había oído, garabateó una frase en su papel cuadriculado y entregó la hoja a Bernar:

«Me ofrezco como rehén en sustitución de míster Ramadán».

Ésta será mi redención. Al fin mi vida será inmolada por el bien de la humanidad, siguiendo el ejemplo de Cristo.

Bernar-Búfalo-Bonaparte-Buonarrotti-Bartók-Bright tuvo una idea. Asió de nuevo el micrófono del emisor.

—Bright al habla. Si mañana a las ocho no se cumplen nuestras instrucciones, ejecutaremos a un monje cada hora. Repito: un monje cada hora. Corto.

—Búfalo, tú no harás eso, ¿verdad? —Carmela le pellizcó la manga de la zamarra.

—A ti qué más te da. ¿Tanto te importa ese fraile?

—No tienes derecho a hacerles eso. Son unas almas cándidas. Salvo el novicio, se han portado bien, nos han acogido, han seguido sus bostezos de todos los días como tú les ordenaste...

—Llevas mucho tiempo aquí, ratón. Demasiado tiempo.

—Sí, demasiado tiempo.

—Hablas como si fueras uno de ellos.

—No soy uno de ellos, Bern, ¿no harías nada, nada por mí, nada que yo te pidiera?

Ahora Arturo escribía a Carmela:

«Un trineo nos espera, tirado por ocho parejas de renos, capaz de surcar los aires y conducirnos al templete de las siete columnas, donde corre constantemente una leche que reúne los sabores que se desean. Vámonos. Tú tenías en tu casa frente al mar una pista de tenis de cemento, por cuyas resquebrajaduras empecinaba la grama; allí pondremos una tienda de campaña, y viviremos felices: tú serás locutora de radio y yo encuadernaré».

Carmela leyó aquel papel y lo rompió en un sinfín de pedazos.

—Vete a misa, vete a misa y déjame en paz.

En el exterior, el jeep del comandante Molino había partido hacia el cuartel general, instalado en Ocre. El coronel Deciso le había citado a las 9 de la mañana. Cuando llegó, el coronel atizaba el fuego de una chimenea, que empezaba a entibiar la gelidez del destartalado despacho.

—A sus órdenes, mi coronel. Hay un ultimátum: nos conminan a que...

—¡Comandante Molino! Óigame bien: usted me desaloja el monasterio con todos los individuos que se encuentran dentro, sin más tardar. No quiero que quede una pulga dentro al ponerse el sol, ¿me oye? Y quiero a todo el mundo vivo, pero si es preciso no dude en utilizar las armas. ¡No podemos tolerar que ese secuestro dure una hora más! La opinión internacional se burla de nosotros, el estado mayor ha perdido la paciencia, el ministro me llama cada cuarto de hora para decirme ¿qué hace usted, es que va a quedarse pasmado toda la vida? ¡Acción! ¡Acción!

Dio una patada a un tronco de la chimenea, que chisporroteó y se desplomó del costado izquierdo.

—Sí. Sí. Como usted mande, mi coronel —dijo el comandante en actitud de firmes.

El coronel Deciso avanzó hacia su mesa. Se descongestionó ligeramente. Tiró hacia abajo de los faldones de la guerrera.

—En consecuencia, comandante, dígame qué piensa usted hacer.

—Yo... Mi coronel... Ordenar inmediatamente el asalto, utilizar toda la fuerza para tomar posiciones y efectuar el oportuno desalojo en las condiciones de eficacia y rapidez que siempre han honrado nuestro glorioso cuerpo...

—¿El desalojo? ¡Está usted loco, Molino! ¿A quién se le ocurre una cosa así, que pone en peligro vidas inocentes y al menos una de ellas, o dos, si contamos al prior, importantes?

—Pero usted, mi coronel, dijo hace un instante, hace dos minutos...

El coronel se acercó a él. Empezó a barrenar la pipa.

—Venga acá, comandante Molino. Usted no se da cuenta de que nosotros, los mandos, expresamos a veces en voz alta nuestros pensamientos, y eso es lo que he hecho cuando usted ha entrado. Pero otras veces damos órdenes, pues para eso somos mandos. ¿Me explico?

—Sí..., bastante, mi coronel.

—Así que le ordeno que todo el mundo quieto. A vigilar y todo el mundo quieto.

—Sí, mi coronel. Pero el ultimátum...

—Tranquilo, Molino, tranquilo. Recibirá usted instrucciones.

—A la orden, mi coronel.

La entrevista se cerró con un taconazo. Corrió el comandante al jeep, donde le esperaban el cabo Rivera y el número Benítez.

—Qué, mi comandante —preguntó Rivera—, ¿alguna novedad?

—¡Estoy hasta los mismísimos de esta situación! ¡Cabo, usted tuvo a esos delincuentes al alcance de la mano y se dejó engañar como un pardillo! ¡Usted es responsable de este intolerable abuso de autoridad por el que somos el hazmerreír de todas las naciones! ¡Usted termine de una vez con esta ridícula historia o le meto un puro que se acordará de mí toda su vida!

—Sí, mi comandante. A la orden, mi comandante.

El jeep se puso en marcha. El comandante Molino se atusó con cierta displicencia el poblado bigote.

—¿Y qué piensa usted hacer, eh, si puede saberse, cabo Rivera? ¿Dar el asalto?

—¿Dar el asalto? ¡Quite allá! Yo, tranquilo. Yo, quieto, parao.

—¡Ah, bien! Creía que usted..., bueno, pensaba que...

—¿Hago mal? ¿Qué haría en mi lugar?

—¿Yo? ¡Déjeme en paz! ¡Y usted, Benítez, pise el acelerador a fondo, que esto no es una carreta de la Virgen del Rocío!

Revueltas y traqueteos, chirridos y golpeteos, y frenaron al fin en el altozano del manantial del pan bendito, desde donde se divisaba, en toda su decrepitud de mayonesa cortada, el objetivo. Un guardia se acercó a dar el parte al comandante. Ninguna novedad. De vez en cuando sonaba una campana. Eso era todo.

—Bien, aquí usted y otros dos me corten el suministro de agua al convento.

—A la orden, mi comandante.

Un helicóptero de color azul evolucionaba ahora por encima del monasterio.

—¿Qué es eso? ¿Quién ha enviado ese helicóptero? ¿El ejército?

—Lo ignoro, mi comandante.

La radio del jeep crepitaba.

—Aquí Bright, jefe del comando. ¿Viene ese helicóptero a buscarnos? Corto.

Molino lanzó el jeep cuesta abajo, para que pudieran oírle con el megáfono.

—¡No! ¡No saldréis de ahí! ¡No hay pacto con vosotros!

—Pues que se retire inmediatamente o volamos el ala sur del monasterio, con la capilla incluida.

El helicóptero seguía circunvolando el recinto conventual.

—¿Qué hace ese helicóptero por ahí encima? ¡Que lo retiren inmediatamente!

—Es de la televisión, mi comandante.

—Bueno, si es de la televisión... ¡Comando Brait! ¡El helicóptero es de la televisión!

El hermano Benito, que oyó aquello, salió al claustro y se puso a pegar brincos:

—¡La televisión! ¡Unos minutos de celebridad! ¡Y después la gloria! ¡Éste es el sueño de mi vida, tantas noches acariciado! ¡Voy a salir en la televisión!

—Que se lleven a ése. Encerradlo en su celda.

Pero ya nadie iba a su celda. Macario Neptico atrajo a varios de ellos a la suya. El que había sido prior pacífico y corderil se mostraba ahora colérico y violento. Alzaba el puño, como san Servando en su relicario:

—¡Es el Maligno! ¡Ante sus ataques no cabe claudicar! ¡Aléjate, Satanás, vete al fuego eterno! ¡Hay que destruir la corrupción, quemar a los endemoniados, exterminar a los herejes! ¡Sea por siempre maldito Luzbel!

—¡Yo he visto a Herodes atado a una columna —exclamó fray César— y a san José, la Virgen y el Niño ofreciendo oro, incienso y mirra a los reyes de Oriente metidos en una cuna!

Fray Getsemaní recitó con los ojos enlosados, como en el adiós de fray Juan de Carrión a Zurbarán:

> ¡Sabe la tierra a hiel, y no me duelen
> sus muecas de infinitos aterrados!
> ¡Ya no hay cirios que velen
> ni *yo pecador*
> que lave los pecados!
> No hay otra cosa que tierra
> sedienta de sangre y llanto,
> ni más ángel que el ángel de la guerra
> ni otro campo de miel que el camposanto.
> A mí, esbirros, no me prenderéis,
> pues no soy Redentor. ¡A Él sí!
> ¡Le pondréis una soga al cuello y le llevaréis
> por la senda de espinas de Getsemaní!

Fray Leopoldo, enfervorizado, remató:

—¡Las puertas del abismo no prevalecerán! *¡Atténde, Dómine, et miserere, quia peccávimus tibi!* ¡Oh, muerte! Yo seré tu muerte; seré tu mordisco, ¡oh, infierno!

Entre tanto, otros frailes se agrupaban en torno al falso prior, fray Buenaventura Bakunin, quien les hablaba y les escuchaba con mansedumbre:

—Ahora que la navecilla de nuestra alma ha sido sacudida por el torbellino de las olas, entremos en la soledad como en un puerto seguro.

—¿Qué nos aconsejas, hermano, cantar los salmos con devoción y dulzura o encerrarnos en nuestras celdas para la meditación? —preguntó fray Celestino.

—Si queréis tener conversación amistosa e íntima con Dios, guardad silencio. En el silencio y en la esperanza está nuestra fortaleza.

—Y si el cerco continúa, ¿cómo haremos para comer? —se preocupó fray Adolfo—. Me han prohibido ir a la cocina.

—El Señor ha dicho: «Ese tipo de demonios sólo podréis alejarlos de vosotros con el ayuno y la plegaria». Que, en consecuencia, todos los hermanos reciten el oficio divino, los laudes y las oraciones, por los vivos y por los muertos. ¿Habéis olvidado que Francisco de Asís prescribe el ayuno desde Todos los Santos hasta la Natividad del Señor?

—Ya que mañana será el último día —propuso fray Arturo—, deberíamos celebrar una misa esta noche.

—El acceso a la iglesia está prohibido. No podemos salir de este ala.

—Yo pediré autorización. Si la obtengo, ¿aceptarás decir esa misa? Nunca te hemos oído decir una misa. Sabemos que vienes de los suburbios, pero no recordamos casi lo que era aquello: un suburbio. Sólo que el santo padre san Jerónimo habló así: «¿Hasta cuándo estaréis debajo de la sombra de las casas? ¿Hasta cuándo os ha de encerrar la cárcel de las ciudades llenas de humo?». ¿Es verdad que las ciudades están llenas de humo? ¿Había humo en tu suburbio?

—Sí. Había un humo anaranjado de una metalurgia, y un humo blanco, más lejano, de una cementera. Y los humos de las chimeneas de pequeñas casas de adobe y hojalata. Y luego había en invierno la niebla del río, que no quería despegarse del suelo, y que convertía el sol en una especie de sartén anaranjada, allí solo y con aire de decirse: estos humanos no quieren saber nada conmigo. —Todos le escuchaban en silencio, sentados en el suelo en torno a él, que se apoyaba en la mesa prioral, presidida por un crucifijo de policromía medio borrada por chafarrinones de humedad—. Yo os digo que aunque san Jerónimo haya escrito en su epístola a Marcela «quédese allá lejos la populosa ciudad con su vida agitada y su ruido ensordecedor», y aunque el salmo insiste: «He aquí que me he alejado huyendo, y permanecí en la soledad», os digo que añoro aquel humo, porque debajo había hombres y mujeres y niños que tosían, que juraban, que escupían, que se emborrachaban, que se amaban, que se insultaban, que enfermaban, que parían, y aquí en la pureza del aire no hay más que soledad y frío glacial. Os agradezco, hermanos, que hayáis acudido a mí. Esto me ha traído calor. ¡Calor! ¿Os dais cuenta de lo que es eso? ¡Hasta Jesús necesitó para nacer el calor de un establo! Joyce llamó a Dios «un ruido en la calle». Según él, pues, Dios no podría estar aquí, en este silencio solemne. Y tú, Arturo, ve a pedir esa autorización, ya sabes por intermedio de quién: de ese ser pequeño y esmirriado que se nos coló un día, y que algunos han considerado un enviado del demonio y que yo considero nada menos que nuestra conciencia. Que esa conciencia te proteja.

Fuese Arturo en busca de Carmela. Hallóla sin demasiado enrevesamiento en lo que había sido su celda, ahora transformada en centro de comunicaciones radiofónicas.

—¡Ya he dicho mil veces —tronaba Bernar-Bertha—, que las cámaras de televisión y la prensa han de estar a una distancia mínima de quinientos metros! ¿Que el avión está preparado? Bien, eso demuestra que empiezan ustedes a ser razonables. ¡Ah! Y enhorabuena por transmitir en nuestra frecuencia. Empezaba a ser un tanto incómoda la historia del megáfono.

Arturo había escrito en un papel:

«Pedimos autorización para una misa esta noche en la iglesia».

Y le pasó el papel a Carmela, quien se lo enseñó a Bernar.

—¿Qué pasa? Corto. ¡No hay permiso para la iglesia! ¡La iglesia está minada!

—Es su iglesia, y es su noche, y es su misa...

—Que hagan lo que tú quieras, Lemming. Tuya es la responsabilidad si alguien toca un solo cable. Esa carga la vamos a dejar activada a partir de la madrugada.

Carmela volvió con Arturo a la celda prioral y le dijo a Buenaventura:

—Esa misa será como las que se celebraban en las fortalezas antes de que se produjera el asalto final.

—O también las que les dedicaban a los condenados a la última pena: la pena de separarse.

—Bakunin. ¿Me perdonas por haberte puesto este nombre?

Él, por toda respuesta, le rodeó la espalda con el brazo derecho y la apretó una décima de segundo contra sí.

La noche. Desde las siete de la tarde no se veían sino los resplandores de las hogueras en las que se recalentaban los enviados especiales de la prensa, la radio y la televisión de varios continentes. Formaban una media luna parpadeante en un altozano.

El monasterio estaba a oscuras. Al corte de agua había sucedido el de la corriente eléctrica.

—Nos han dejado sin transmisiones —comentó Bernar—. Se ve que no consideran necesario comunicarse con nosotros. ¡Pues peor para ellos!

Desde la mañana, y por orden de Bernar, no habían vuelto a sonar las campanas.

—¿Crees que atacarán esta noche? —preguntó Juancruz.

—Me da en la nariz que no. ¿Cómo va el prisionero?

—Muerto de miedo.

—¿Habéis montado el número del veneno?

—Sí. Echamos por el suelo una capa de yeso del que sobró del tabique y le dijimos que era cianuro sódico, y al momento se puso a toser y a decir que se moría. Se llevaba las manos a la garganta, luego a los ojos, luego otra vez a la garganta. «Me ahogo, me vuelvo ciego», decía. Era un poema verlo. Le hemos metido una dosis de somnífero en la vena. Una dosis doble para que deje de dar la lata durante un buen rato. Él creía que le inyectábamos para rematarlo. Seguro que ahora sueña que se mece en el nirvana de la muerte. ¿Y del avión qué hay?

—Me han prometido que el helicóptero estará a nuestra disposición mañana a las siete. Nos llevaremos algunos frailes con nosotros como rehenes. Aplazaremos la voladura de la capilla hasta esa hora, pues.

—No me gusta nada esto.

—Si no llega a ser por el novicio mamón, habríamos alcanzado nuestros objetivos. Aun así, nuestra acción ha tenido un eco internacional. ¡La prensa, la radio, la televisión, se ocupan de nosotros!

En algún lugar cercano, entre unas encinas, en el jeep del comandante Molino había sonado la voz del coronel Deciso que ordenaba escuetamente: «En marcha la operación Zapata».

Ángel y Perucho distribuyeron unos bocadillos a todo el mundo: a quienes montaban la guardia cerca de las puertas que daban al exterior y a los monjes, que continuaban encerrados en dos celdas: la del prior Neptico y la del antiprior Buenaventura.

Poco antes de la medianoche, Carmela y Pato fueron a la celda de Buenaventura. Estaban con él fray Celestino, fray Adolfo, fray Arturo y los novicios Eduardo y Fernando María.

—Vamos —dijo Pato—. Tenemos la llave de la iglesia.

Tras él salieron los novicios, portando sendas velas. Luego los otros frailes y, por último, Carmela. Al pasar ante su celda, fray Arturo la agarró por la bocamanga.

—Ven. Entra un momento.

A la luz de una vela le enseñó una diminuta cartulina. Por un lado tenía dibujadas unas estrellas y el letrero «Signos del Zodiaco». Por el otro había un texto.

—Hace muchísimos años, antes de hacerme monje, en la feria de Húmeda había una caseta; echabas una moneda y te salía un cartón con tu suerte. Lo he conservado todo este tiempo. Es para ti. Es cuanto poseo. Léelo:

Predicciones de la adivina

Vas a recibir una visita que traerá un cambio
importante a tu vida.
Mereces la felicidad que vas a obtener, sigue
siendo sincero y fiel
con aquellos que te rodean.
De todas formas, si deseas, como imagino,
conservar esa felicidad, te recomiendo
que no seas muy confiado.
Quizá el amanecer te traiga alguna sorpresa.
La amatista es tu piedra; llévala contigo
y la suerte te sonreirá.

—No llevo ninguna amatista. A lo mejor por eso la suerte no me ha sonreído hasta tu venida. Ahora corramos, que nos estarán esperando.

Penetraron en la iglesia en el momento en que Buenaventura, desde las gradas del altar, entonaba un canto de salutación:

> Su nombre es El Señor y pasa hambre,
> Su nombre es El Señor y está desnudo,
> Su nombre es El Señor y está en la cárcel...
> ¿Cuándo vendrás, Señor, cuándo vendrás?
> Nos dicen que mañana, y nunca llegas,
> nos dicen que vivamos resignados,
> cambiaron el sentido a tus palabras
> al grito de lo urgente han puesto freno.

Cuatro velas le flanqueaban; cuatro velas y la oscuridad espesa en que se alzaban, como si fuera la noche final de la especie humana, los bultos ateridos de Arturo, Celestino, Adolfo, Carmela, Fernando María y Eduardo.

Pato, en el armonio, interpretaba a Leonard Cohen:

> Oh Dama Medianoche
> las estrellas toman tu cuerpo
> y el viento te hace fría.
> «Aunque lloráramos ahora —dijo ella—,
> nadie nos haría caso.»
> Y yo caminé en la mañana
> la dulce y temprana mañana.

—Sed bienvenidos a esta última misa —les dijo Buenaventura abriendo los brazos en cruz.

Luego se santiguó con estas palabras:

—En el nombre del Pueblo, y del Hombre, y del Espíritu Humano.

Todos se santiguaron y respondieron:

—Amén.

—Nos salven o no, pensemos en nuestros pecados. Yo confieso ante vosotros, pueblo de Dios, que tengo miedo. Dios todopoderoso tenga tanto miedo como nosotros para que sepa lo que es ser Dios en el miedo eterno.

—Señor, ten piedad de Ti.

—Cristo, ten piedad de Ti.

—Señor, ten piedad de Ti.

Pato desgranó en la pausa unos compases de Jacques Brel:

> Uno se esconde
> al levantarse el viento
> por temor a que nos arrastre
> hacia combates demasiado brutales.

—Gloria al hombre al ras del suelo y beatífica desaparición en el cielo de las grandes palabras. Te admiramos, hombre sencillo; te acogemos; te abrimos los brazos; nos acercamos a ti; te damos gracias. Hombre humilde y terrenal, padre o hijo sin fortuna ni poder, cordero entre lobos. Pobre hijo de Adán: tú que lavas las inmundicias del mundo, te admiro y respeto; tú que te sientas tras haber trabajado de sol a sol, recibe mi saludo. Porque sólo tú eres grande, sólo tú admirable, hermano del sudor y el pan y las manos encallecidas. Amén.

Descendió las dos gradas del altar y les rogó:

—Ahora oremos cada uno de nosotros por lo que más desea-mos. Oremos por mis antiguos feligreses Paco *el Canela* y Matías *el McLaren*, que se encontraban en la cárcel cuando supe de ellos por última vez.

—Por mi padre —dijo Carmela—, para que vuelva a su barco, y a su brújula, y a su pipa, para que vuelva a sonreír.

—Por el hijo que tuve —dijo fray Adolfo— hace veinte años y del que nunca he vuelto a saber. Por su madre, que regresó a Puerto Príncipe cuando mi permiso de residencia caducó.

—Por Laura M. —dijo el novicio Eduardo— que cerró la tapa del piano de un golpe y nos echó del salón a mi hermano y a mí.

—Por ti —susurró fray Arturo, sin levantar la vista del suelo.

—Por los ochocientos millones de personas que se irán esta noche a la cama con el estómago vacío —musitó Fernando María.

—Por las canciones cantadas con los amigos en las tabernas de Turbia —levantó la voz Pato, y dejó evaporarse unos compases de Haendel en el armonio.

Buenaventura volvió al ara.

—Lectura de la carta del apóstol san Pablo a los Romanos —leyó el novicio Eduardo—: «Hermanos: sabed que ya es hora de despertar del sueño. La noche pasará corriendo y el día llegará.

Sacudamos, pues, de nosotros las obras de las tinieblas y vistamos las armas de la luz».

—Lectura del Evangelio, según san Lucas —leyó el novicio Fernando María—: «Y habrá portentos en el sol y en la luna y en las estrellas, y en la tierra angustia en las gentes, por confusión del estrépito del mar y de las olas. Y secaránse los hombres por el temor y expectación de lo que amenaza a la tierra entera, porque las fuerzas del cielo se conmoverán».

Entre una lectura y otra Pato interpretó fragmentos que Dave Brubeck había compuesto para Louis Armstrong en *The Real Ambassador*.

> *All I do is play the blues*
> todo lo que hago consiste en tocar blues
>
> *and meet the people face to face...*
> y encontrarme cara a cara con la gente...
>
> *in my humble way*
> a mi modesta manera.
>
> «Explicaré y diré con claridad:
> represento a la raza humana.»
> «Dicen que parezco Dios...
> ¿puede Dios ser Negro?»

A continuación Buenaventura recitó el credo:

—Creo en que todo lo visible y lo invisible desaparecerá si el mundo no busca la paz. Creo que la huella del hombre la borrará el hombre por los siglos de los siglos. Creo que la luz será un destello que nos aniquile si nadie impide el loco despeñamiento hacia la catástrofe nuclear. Creo que las guerras nacieron hace tiempo, y hubo crucifixiones, torturas, asesinatos, padecimientos de la población civil, bombardeos, campos de concentración, deportaciones en masa, y nadie resucitó al tercer día, ni jamás ha habido el menor diálogo entre los vivos y los muertos. Porque el reino de la destrucción no tiene fin. Creo que sólo de la fraternidad vendrá la vida. Que haya una patria para todos, y que se olviden los nacionalismos y las luchas estériles que ponen en peligro de muerte el mundo futuro. Amén.

Los seis se sentaron. Buenaventura inició la oración de los fieles:

—Para que los oprimidos encuentren la libertad.

—Escúchanos, Señor.

—Para que tengamos siempre presentes a los pueblos que carecen de alimentos, de viviendas, de higiene, de ropas, de escuelas, de trabajo, de lo más elemental —se levantó fray Adolfo.

—Escúchanos, Señor.

—Para que se queden paralizados los miembros de aquellos que vayan a decidir una guerra —se levantó fray Celestino.

—Escúchanos, Señor.

—Para que el espíritu de Bangla Desh se extienda a todos los hombres del mundo —dijo Pato.

—Para que las cárceles se vacíen.

—Para que no haya hombres que se enriquezcan a costa del trabajo de otros hombres.

—Para que todo sea de todos.

—Para que dediquemos nuestras fuerzas a servir al prójimo, en vez de aprovecharnos de él.

—Escúchanos, Señor.

—Orad, hermanos, para que no haya más sacrificios inútiles y que toda sangre de pueblo derramada fructifique en libertad y en justicia.

—Amén.

—La paz esté con vosotros.

—Y con tu espíritu.

—En verdad es justo y necesario que las sumas astronómicas que se dedican a armamento sean empleadas en educación. Que haya trabajo para todos, y que los hombres sean nuestros iguales. Que se destruyan los arsenales existentes y que el pueblo se levante cada día con un canto en los labios que diga:

Harto, harto, harto,
harto está el universo
y el cielo y la tierra de esta escoria.
Malditos los misiles en nombre de la tensión.
Desnuclearización del cielo.

Pato interpretaba a Paul McCartney y Stevie Wonder:

Ebony and ivory,
live together in perfect harmony.
Oh, Lord, why don't we.

Carmela coreó con él esta canción. Buenaventura continuó:

—El ébano y el marfil viven juntos en perfecta armonía. Oh, Señor, ¿por qué nosotros no? Que blancos y negros sean hermanos, Señor. Como cuando juntos se repartieron el pan en los campos de concentración. Que todos los hombres sean hermanos, como lo son cuando derraman su sangre en los campos de batalla. Siento hablar de muerte, pero de ese germen de hermandad vendrá nuestra salvación. El pan y el vino que compartimos con nuestros hermanos es el pan y el vino de la resurrección. Recordemos ahora a quienes han muerto con la esperanza puesta en este ideal.

—Recordemos a Salvador Allende —dijo Carmela.

—A Martin Luther King —añadió fray Celestino.

—A Benigno Aquino —dijo Fernando María.

—A Óscar Romero —dijo Arturo.

—A John Lennon —subrayó Pato con unas notas de *Imagine*.

—A Steve Biko —concluyó Buenaventura—, y a tantos otros que como ellos, a través de los tiempos, cantaron hasta su última gota la libertad.

Después permaneció un rato en meditación.

—Que nos reunamos, Padre, en un reino mejor, junto con toda la creación, libre de contaminación y de vertidos nucleares, libre de un consumismo estéril y vano, y con un reparto justo de todos sus bienes.

—Amén.

—Fieles a la recomendación de nuestras conciencias y siguiendo los dictados de nuestro corazón nos atrevemos a decir:

—Hermano nuestro que estás en el suelo —entonaron todos— y eres poco más que un nombre en una cartilla del seguro. Ven con nosotros: eres el pueblo. Levántate y que tu voluntad alumbre la tierra y el cielo. El pan nuestro de cada día amasémoslo hoy; evitemos las deudas, que nos deban y ser deudores; y no caigamos en la explotación. Libres, libres hasta el final.

—Libres vivamos de males y protegidos de toda perturbación, en la serenidad de esta noche, y conformes con el espíritu de paz y unidad. Por los siglos de los siglos.

—Amén.

—La justicia, la paz y la libertad sean siempre con vosotros.

—Y con tu espíritu.

—Daos fraternalmente la paz.

Él descendió otra vez para abrazarlos a todos. En aquel momento se escuchó una pasada de helicóptero. Fernando María tomó la mano de Carmela y la apretó y la besó. Después Buenaventura sacó de un zurrón unas rebanadas de pan y unos tomates. Se sentaron en las gradas del altar y se repartieron aquella cena, mientras el ronco motor hacía vibrar las cristaleras.

—Paloma de Picasso, que quitas las armas del mundo, extiende tus alas sobre nosotros y danos la paz —exclamó Pato, y a renglón seguido se puso a cantar a Brel:

> *Nous n'irons plus au bois la colombe est blessée*
> No iremos más al bosque, la paloma está herida
>
> *nous n'allons pas au bois nous allons la tuer.*
> no vamos al bosque, la vamos a matar.

A medida que cantaba, el ruido del helicóptero se alejó hasta perderse del todo.

Su marcha coincidió con la irrupción de Juancruz, quien comunicó sofocado un mensaje de Bernar:

—Que terminéis de una vez, dice el jefe, que si creéis que esto va a durar tanto como una función de ópera: los frailes a la celda prioral y que ninguno se mueva de allí hasta que él lo ordene.

—Gracias, hermanos —los despidió Buenaventura— por esta noche de amor y de despedida. Podéis ir en paz.

La cuchilla plateada que dibujó el horizonte certificaba el fin de la noche y modulaba el lentísimo desperezarse del amanecer. Gotas de lluvia resonaban en los aleros. Algunas gárgolas escupían, desde la piedra, borbotones de agua en los cristales. Carmela, con las manos levantadas, exclamó:

—¡Lluvia in excelsis Deo!

Bernar sonrió y le apretó la cara entre las manos, recogió su óvalo como agua en un cuenco y, como agua de bautismo, la besó levemente en la boca. Ella se le acurrucó en el pecho; frotaba su frente contra el cuello de él, como los potros se frotan contra sus madres; él le acariciaba con lentitud de sinfonía pastoral la espalda. No se decían nada.

Retumbó el intenso bordoneo del helicóptero, que no había vuelto a oírse desde que acompañó el himno de paz de la misa de medianoche. Unos destellos cruzaron la ventana, como señales luminosas de un barco varado en la estepa.

—Es para nosotros, vienen a buscarnos —se agitó Bernar—. El sonido fue amortiguándose hasta desaparecer—. ¿Tú crees que se ha posado?

—Se ha ido.

—Quizá espere a que haya más luz para posarse en el patio. ¡Y ese imbécil del megáfono, por qué no dirá nada!

—Qué va a decir. Quizá ha sido una pasada para inspeccionar el terreno. Ahora volverá. No te pongas nervioso.

—¿Está todo el mundo preparado?

—Sí. ¿No me ves a mí en tus brazos y con el chubasquero puesto?

Aparecieron Madona y Juancruz.

—¡El helicóptero, Búfalo! ¿Crees que han aceptado nuestras condiciones y que nos trasladarán al aeropuerto?

—Espera un poco para saberlo. Ya vuelve.

El ruido del motor era más intenso ahora. El rateo de los engranajes de las palas martilleaba los ángulos del patio.

—Esta vez se posará.

Volvió a esfumarse en la lluvia.

—¿Veis algo por ese lado?

—Nada: el patio está tan negro como cuando mataban a los lobos.

Bernar tecleaba con la uña del pulgar los dientes inferiores. El sonido que les arrancaba imitaba el traqueteo del helicóptero.

—Cálmate, Búfalo.

Madona quiso ponerle una mano en el hombro, pero él la rechazó.

—Que me traigan a esos curas. Vamos a empezar el escarmiento —dijo.

—No, Búfalo. No lo hagas. El helicóptero volverá.

Fue él mismo, armado con su beretta, a sacarlos de la celda prioral en la que habían dormido, hacinados. Los condujo a empellones hasta la pequeña biblioteca abandonada que se abría en un ángulo del claustro.

A Ángel y Perucho les ordenó que trajeran a míster Rajadran. «Su Excelencia el Rajá Pan», lo llamó. Ángel lo agarraba por los pies y Perucho por los brazos. Vestía todavía el sambenito. Lo dejaron tirado en el suelo, por el que rodó el arrugado capirote. Seguía inconsciente. La vestimenta de condenado a garrote vil y su inercia de tronco de encina hacían pensar en el cuerpo sin vida de un ejecutado.

—¿Veis lo que le ha ocurrido a éste? Lo mismo haremos con vosotros si ese helicóptero no viene a buscarnos antes de las ocho. Uno a uno iréis cayendo cada media hora que pase. Ya podéis empezar a rezar.

Pero en ese instante sonaba por tercera vez el motor y casi se sentían los remolinos de aire de las hélices, y ahora sí, ahora sí Rana, que montaba guardia en el otro lado, vino corriendo a decir que se había posado dulcemente, con un balanceo de gaviota, en el patio trasero; que estaba allí, inmóvil y solitario en medio del cardizal, como un igloo pintado por un niño, con unas luces rojas fijas y una blanca que destelleaba; que era suficientemente grande como para transportar diez a doce personas.

—Dos de vosotros vendréis como rehenes —se dirigió Bernar a los monjes—. Tú, el de las barbas —señalaba a fray Sanjorge—, y tú, el prior Neptico. Pato, Erizo, vosotros os pegaréis a ellos, que nos servirán de escudo. ¿Estáis listos, Rana, Castor, Lemming?

—Sí, jefe.

Carmela se situó a la derecha de Bernar. Fray Arturo se adelantó hacia ella e hincó una rodilla en el suelo, sobre una losa cuya inscripción recordaba *Hic jacet humatus vir in omni vita beatus*, aquí yace enterrado un hombre feliz en toda su vida.

—Llévame contigo, amiga mía.

Levantaba los ojos hacia ella, al tiempo que le daba tironcitos al hábito.

—¿Qué dice este loco?

—Viviremos en una tienda bajo el sol, nos alimentaremos de dátiles. Tú dijiste que viajaríamos en la grupa de un caballo alado. Los dos vimos un navío que lucía de mascarón una musaraña capaz de guiar al timonel a través de la niebla

—¿Es verdad eso, ratón? —Bernar reía y reía—. ¿Te vas a instalar en un quiosco de malaquita con esa cabeza de podenco pelado?

Fray Arturo esperaba de rodillas. Continuaba pellizcando el hábito de Carmela.

—Si vais a llevar a dos frailes, ¿por qué no a mí? —suplicaba—. Llévame, mi Carmela, hija de Jerusalén.

Madona reía a carcajadas.

—Anda, contéstale, hi-ja-de-Je-ru-sa-lén.

—Sí, ¿tú qué dices, ratón? —bromeaba Bernar.

Carmela se zafó de Arturo con un gesto brusco. El fraile rodó por tierra.

—¡Eres un pobre memo, Arturo! —le soltó—. ¿Qué te has creído? Pero vamos a ver, ¿por quién me has tomado? ¿Porque me has tocado una vez te crees con algún derecho? Quédate con tus rezos y tus cilicios, y tu potaje asqueroso, y las pulgas de tu cama, pobre idiota. Menudo chóu has montado con tu Jerusalén del carajo.

Arturo abrió unos ojos de pim-pam-pum borracho. Se incorporó, tambaleante. Miraba ahora los capiteles del claustro: los centauros gemelos, unidos por el pecho; los sagitarios con pezuñas de toro; los ciervos con los cuernos enredados; los basiliscos con cola de reptil, cuerpo de ave y cabeza de yelmo picudo. Echó a andar como un autómata hacia el claustro. A su paso, Pato y Rana le propinaron un empujón y una patada. No pareció sentirlos: le atraía el capitel de las dos águilas que sostenían una liebre en sus garras. Pasó bajo él, saltó el pequeño pretil que circundaba el jardín y continuó por los paseos de boj hacia la fuente de los peces rojos.

—¿Dónde va ése? He dicho que quieto aquí todo el mundo.

Entonces surgieron, como por ensalmo, de los tejados que cerraban el claustro, las figuras armadas de cuatro, luego seis, luego diez guardias civiles que le apuntaban con sus subfusiles, mientras junto a la chimenea que se alzaba sobre el reloj de sol el novicio lechón gritaba desaforadamente:

—¡Es uno de ellos que quiere escapar! ¡Se han disfrazado de monjes!

El cabo Rivera, agarrado al pararrayos, dio el alto:

—¡Alto!

Fray Arturo corría en medio de la luz púrpura del amanecer por entre el boj y las hortensias secas.

—¡Fuego!

Corría hacia la niña de los tirabuzones y la gran pamela y el vestido blanco con lazos que le tendía sus gordezuelas manos, pero él no podía alcanzarla porque su espalda se llenó de punzadas secas que estallaban al penetrarle, hasta que su corazón alcanzó el peso de un camión cargado de hierro y lo aplastó contra una mata de cinamomo.

Carmela irrumpió en el claustro, se lanzó hacia él y cuando lo alcanzó, meció su cabeza ensangrentada en su regazo y lo sacudió entre sollozos:

—Mi Artur... Mi mejor caballero... Santo patrón, que curaste a Bárbara de Amaya de parálisis, que restituíste la vista a una criada del senador Sicorio, que libraste del demonio a Nepociano y Proseria, que a Manuela Navarro en la villa de Azofre, enferma de maleficio y tullida, la levantaste y anduvo por la casa, que resucitaste a una niña del lugar del Prado, y a otros tres niños arrojados en un horno sin que el fuego les tocase en parte alguna, ¿qué haces? ¿qué haces que no devuelves la vida a Arturo, a mi Arturo? ¿Qué haces, santo de pacotilla? Artur: mira el amanecer. Artur, abre los ojos... Oh, es verdad, no tenías que haber confiado en el amanecer. ¿Te acuerdas? *Quizá el amanecer te traiga alguna sorpresa* ... Mi Artur, mi rey...

Se oyó el helicóptero que despegaba. El cabo y su gente empezaron a arrojar desde el tejado granadas de gases lacrimógenos.

—¡Nos han engañado! —gritó Bernar—. ¡Hay que salir de aquí!

Fray César llegó donde el cadáver de Arturo a recitar la oración fúnebre que había ensayado durante tantos años:

—¡Duélome de tu tránsito, carísimo Arturo, no porque éste sea digno de lástima, sino porque te han arrancado de mi lado! Se me han arrancado mis entrañas y se me dice: «¡No lo sientas!». Lo siento, lo siento mucho, y me duele, y mi dolor está siempre en mí. Con tu muerte queda herido mi corazón, profundamente lacerado. ¡Oh, muerte! ¿Dónde está tu victoria? ¡Oh, muerte! ¿Dónde está tu aguijón?

Entre las carreras y los disparos, míster Rajadran despertó de su inyección de evipán. Soy despertado en la mitad precisa de una guerra. ¡La guerra amenazadora ya está aquí! Mis fuerzas no me flaquearán para mi liberación procurarme. De pie, flotaban al aire los faldones de su escapulario amarillo. ¡Veo los cables y el dispositivo de un radioaficionado por el que transmitir Ese O Ese al entero mundo! ¡Yo reconocer estos mecanismos fáciles para un experto como yo ser!

Y como experto que se creía, pulsó una palanca de aquella caja negra y una enorme explosión sacudió el ala del claustro que comunicaba con la capilla. En el muro interior de ésta se abrió un monumental boquete, y las pilastras del coro cedieron, rodaron cabezas de ángeles y se vinieron abajo tarimas, envigados y cielos rasos, entre una polvareda que parecía formada por todos los volquetes de la tierra circulando a la vez por todos los desiertos. Y cuando terminó de desprenderse fragorosamente el friso del coro, la mayor de sus piedras labradas, un bloque de tres metros por dos metros, en el que aparecía esculpido un beatífico cordero, tras rebotar con estrépito en el contrafuerte, vino justamente a desplomarse sobre la cabeza de Rajadran, y la aplastó de tal modo que cráneo y masa encefálica formaron con la cruz de san Andrés una delgada torta sanguinolenta que costaría una grúa y un día y una noche despegar del suelo.

—¡Salgamos por ahí! —alertó Bernar, señalando la brecha que la explosión había formado en la capilla, y a través de la cual la polvareda permitía entrever un paisaje de cardos y ceñigos.

Carmela seguía aferrada al cuerpo de Arturo: le balanceaba como a una muñeca empapada en sangre. Los ojos de él la miraban fijos, como los ojos de los conejos muertos. Madona fue a por ella; la agarró con tal fuerza que le desgarró una manga del hábito.

—¡Carmela! ¡Ven con nosotros!

—«A atrancar la sangre/que no pase nadie/que pasen mis abuelos/comiendo buñuelos...» —canturreaba Carmela, mientras intentaba con su ropa frenar los surtidores que fluían aún de los agujeros de Arturo.

—Ahora eres tú quien se comporta como una imbécil.

Madona tosía por los gases lacrimógenos. Pato la arrastró por la fuerza, la separó de Carmela y la condujo por en medio de la humareda hacia los cascotes donde se abría la salida.

El novicio lechón, cubierta la boca con un pañuelo, se movía entre los guardias arengándolos:

—¡No os fiéis! ¡Van disfrazados! ¡Hasta las mujeres se han puesto los hábitos!

Cada uno de los diez guardias había apresado, en medio del polvo y el gas, a un monje, y ahora los reunían a todos junto a la fuente, en el centro del claustro.

—No falta ninguno —dijo el comandante Molino—. Esta vez enhorabuena, cabo Rivera. ¡Buen servicio! Le propondré para un ascenso. A ver, tú, el de las gafas, ¿cómo te llamas?

—Soy el prior dom Macario Neptico.

—¿Y tú?

—Fray Leopoldo Cano de Tolosa.

—¿Y tú, joven?

—Soy el novicio Eduardo.

Los restantes eran fray Sanjorge, fray Adolfo, fray Celestino, el hermano Benito, Fernando María y los novicios Pancracio y Estanislao.

—¡Me engañáis! —rugía Molino—. ¡No sois frailes! ¡Cantad en latín si sois verdaderos frailes!

—Hermanos, cantemos el *Laudate Dominum* —pidió a los demás el prior Neptico.

Y los diez cantaron a coro, muy juntos, como los antiguos cristianos cantaban ante las fauces abiertas de los leones:

Laudate Dominum, omnes gentes:
Laudate eum omnes populi.
Quoniam confirmata est super nos misericordia eius:
et veritas Domini manet in aeternum.

Fernando María, que intentaba salvar a Carmela, se había aproximado a ella y la sacudía:

—Canta, canta.
—«Duérmete mi niño,
duérmete mi bien,
que mañana es fiesta...»
—Canta en latín, no seas tonta. *Laudate Dominum*...
—... y pasado también».
Atronó la voz aguardentosa del comandante:
—¡Apresad a esa que no sabe cantar en latín! ¡La del hocico de ratón! Los otros, ¿dónde están? ¿Dónde están? ¿Dónde, dónde están?

La polvareda se disipaba y por la batería que mellaba los muros de la iglesia divisaron a otro grupo de frailes que corrían por una ladera con dispersas encinas, como liebres perseguidas por galgos. Mientras corrían y sorteaban matorrales iban desprendiéndose de sus hábitos, que enzarzaban en los espinos sus crespones blancos, y al aligerarse de la vestimenta engorrosa que les trababa las piernas corrían más y más,
hasta que se perdieron monte arriba,
se perdieron monte arriba,
se perdieron monte arriba...

Epílogo

Todos los personajes, lugares y situaciones de este libro son imaginarios.

Pese a ello, a algunos lectores les interesará saber, antes de doblar la última página, que la Conferencia imaginaria se clausuró al día siguiente y su comunicado final consistió en este imaginario párrafo:

«La Conferencia expresa su confianza en que las propuestas de seguridad permitirán el estudio de una reunión que en un plazo prudencial preparará el terreno para que una nueva conferencia examine los esfuerzos que se han hecho para una mejoría de la situación que dio lugar a esta convocatoria».

Míster Ben Fakri fue ascendido al puesto de Mr. Rajadran, y el mundo continuó imaginariamente dando vueltas. El alma de Mr. Rajadran fue a convivir con sus antepasados, y juntos recibieron ofrendas de todos los colores en el imaginario túmulo de su pueblo natal.

Por haber amado horrores, sabemos de fuente fidedigna que fray Arturo salvó su alma imaginaria.

El monasterio fue abandonado. Cubierto de maleza y de malas hierbas desapareció del paisaje hasta tal punto que hoy no es posible hallarlo en ningún plano, mapa ni guía turística, reales o imaginarios.

Se dice que algunos de los monjes han sido vistos como empleados de gasolineras, servicios auxiliares de aeropuertos, campings, puestos de socorrismo y brigadas contra incendios forestales. Pero este extremo no ha sido confirmado, y puede obedecer más bien a las elucubraciones del deseo que a las coordenadas de la realidad. En cualquier caso, habría que buscar informaciones complementarias en otro libro no menos imaginario que éste.

Carmela pasó cinco años en una cárcel imaginaria y, después de vivir con sus padres, su hermana Coti y su tía Concha, durante un verano y medio otoño, se casó con un marino imaginario que iba para Trieste y tuvo con él, o al menos eso aseguran las notas de sociedad de Turbia, dos hijos más imaginarios todavía.

Por lo que respecta a Bernar, Madona, Pato, Juancruz, Ángel,

Perucho, Rana y Buenaventura Bakunin —que escapó con ellos—, tras descender por la otra ladera del monte se subieron al mehari imaginario que Madona, siempre previsora, había escondido en la mina de yeso abandonada.

Su pista se perdió para siempre en los insondables meandros del reino de la imaginación.

Esta novela se inició el día 23 de agosto de 1971, festividad de santa Rosa de Lima, en el monasterio de Cardeña (Burgos), y se terminó en Barcelona, el 11 de septiembre de 1983, festividad de santa Teodora y Diada Nacional de Cataluña. La mayor parte de su texto fue escrito (por este orden) en: Cadaqués, París, Ezcaray, y en «La Charlotte», a orillas del lago de Neuchâtel.

LAVS DEO

LIBRARY OF DAVIDSON COLLEGE

Books on regular loan may be checked out for **two weeks.** Books must be presented at the Circulation Desk in order to be renewed.

A fine is charged after date due.

Special books are subject to special regulations at the discretion of the library staff.